novum pocket

AF288863

Renato Stiefenhofer

... vorne links
vom Drachenflieger zum Jumbo-Kapitän

novum 🔺 pocket

© 2011 novum publishing gmbh

ISBN 978-3-99010-117-9
Umschlagfoto: Renato Stiefenhofer
Umschlaggestaltung, Layout &
Satz: novum publishing gmbh
Innenabbildungen: Renato Stiefen-
hofer (48)

Die vom Autor zur Verfügung
gestellten Abbildungen wurden in
der bestmöglichen Qualität gedruckt.

Gedruckt in der Europäischen Union
auf umweltfreundlichem, chlor- und
säurefrei gebleichtem Papier.

www.novumpocket.com

Bibliografische Information
der Deutschen Nationalbibliothek:

Die Deutsche Nationalbibliothek
verzeichnet diese Publikation in der
Deutschen Nationalbibliografie.
Detaillierte bibliografische Daten
sind im Internet über
http://www.d-nb.de abrufbar.

Alle Rechte der Verbreitung, auch
durch Film, Funk und Fernsehen,
fotomechanische Wiederga-
be, Tonträger, elektronische
Datenträger und auszugsweisen
Nachdruck, sind vorbehalten.

AUSTRIA · GERMANY · HUNGARY · SPAIN · SWITZERLAND

Inhalt

Vorwort

Liebe Freunde der Luftfahrt.

„Schreib doch ein Buch", hat er mir gesagt.

Klar doch, das macht schließlich jeder, der genügend Zeit hat, die Welt verbessern will und/oder sich den Frust von der Seele schreiben möchte. Oder vielleicht sogar Geld damit verdienen will. Doch keine Bange: Nichts davon trifft voll ins Schwarze.

In dieser, unserer Zeit, wo zwanzigjährige Superstars, Schöngeister und sogar Fernsehköche ihre Memoiren schreiben (lassen), versuche ich nun, mein statistisch hoffentlich erst halbes Leben in Worte zu fassen und Ihnen gleichzeitig einen kleinen Einblick in die Tätigkeit des Langstreckenpiloten zu geben.

„Er" ist übrigens ausgebildeter Psychologe (und Ex-Lufthansa Kapitän) und meint, dass nicht wenige seiner Psychologie-Kollegen die Seelenklempnerei gewählt hätten, um sich selber zu kurieren! Na ja.

Zu mir. Ich habe mit (für mich) kaum sichtbaren Schäden die Vierzigermarke seit geraumer Zeit überschritten und möchte Sie nun mit der Story meiner bisherigen Zeit auf Erden beglücken.

Ja, zugegeben; auch ein bisschen als Selbsttherapie.

Mit diesem Buch versuche ich zudem die Brücke von der Populär- zur Fachliteratur zu schlagen. Dabei begebe ich mich bewusst auf dünnes Eis, denn als Hobby-Schreiberling verstehe ich von Literatur schließlich soviel wie ein Privatpilot von der Berufsfliegerei.

Und um diese geht es hier vornehmlich. Meine Erfahrung mit meinen Mitmenschen hat aber auch gezeigt, dass sich die wichtigen Kernfragen dieser Sparte auf fast jeden anderen Beruf übertragen lassen. Und wenn ich ab und zu in die Politik abschweife, ist das pure Absicht. Ich bitte sie deshalb um Nachsicht. Ich kann einfach nicht anders. Es sind zu viele Sachen, die mich (und vielleicht auch sie) ärgern. Es muss manchmal einfach raus. Also: geteiltes Leid, doppelte Freude.

Eines auch grad vorneweg; es sind schon sehr viele Bücher über Piloten und die Fliegerei geschrieben worden. Viele hervorragende übrigens. Doch für meinen Geschmack wird dieser Beruf in den meisten Büchern immer noch zu sehr glorifiziert. Auf der anderen Seite gibt es aber auch Subjekte im Lager der Journalisten und/oder der verhinderten Piloten, die es sich zur Maxime gemacht haben, unseren Berufsstand durch den Kakao zu ziehen. Beides ist natürlich Unsinn, und so versuche ich die Goldene Mitte zu treffen und etwas Aufklärungsarbeit zu leisten.

Diese ist dringend nötig, denn ich wurde in den letzten zwanzig Jahren mit einer Unmenge von Fragen bombardiert. Angefangen damit, ob denn ein Freizeit-Pilot einen Airliner landen könnte bis hin zur Frage, ob man jetzt mit 50 oder doch erst mit 55 in den wohlverdienten Ruhestand geschickt wird.

In diesem Buch werden sie auch einige Sachen zu lesen bekommen, welche bisher selten veröffentlicht und schon gar nicht von aktiven Piloten geschrieben wurden. Aus Angst vor Repressalien seitens des Arbeitgebers oder einfach, weil es sich keiner getraute Ihnen, liebe Leser, die Wahrheit zu sagen. Zum Beispiel über die Flugsicherheit.

Es steht natürlich jedem frei, mir zu widersprechen. Ich darf meine Kritiker nur bitten, mir den Vorschuss an

Sympathie entgegenzubringen, ohne den es eine objektive Diskussion über die Probleme in der Fliegerei, aber auch in der Gesellschaft nicht gibt.

Sehr oft lassen die gängigen Fachbücher auch etwas wichtiges vermissen; nämlich wie man heutzutage (nach 9/11, Finanzkrise, Ölpreishype, Swissair Grounding) Pilot werden kann, und ob man diesen Schritt überhaupt ins Auge fassen soll. Vor allem aber vermisse ich in diesen Büchern die Wahrheit darüber, wie hoch der finanzielle Preis dieses Traum-Erfüllens heute wirklich ist.

Und: Wie groß sind die Chancen, als Normalbegabter auch wirklich mal als Kapitän im Cockpit einer Passagiermaschine zu landen? Oder ist es tatsächlich so, dass nur Söhne reicher Eltern es sich leisten können?

Und hier noch eine Bitte an meine weibliche Leserschaft: Ich respektiere Sie natürlich genauso wie die männlichen Leser. Es ist nur so, dass es meiner Meinung nach furchtbar kompliziert wird, bei jedem Satz (der Political Correctness zuliebe) beide Geschlechter einzeln zu erwähnen. Ich bleibe deshalb beim Männlichen. Ich bitte Sie, verehrte Damen, deshalb um Verständnis.

Mit diesem Buch möchte ich mich vor allem bei meiner lieben Frau, meiner Marietta, bedanken. Sie hat mich in Momenten des Tiefs bestärkt und mich in Zeiten des Hochs zur Bescheidenheit bewogen.

Vor allem aber hat sie mich, nicht zuletzt auch auf ihre Kosten, meinen Traum erfüllen lassen.

Danke!

Mein Sonnenschein, Marietta (auf dem Flimserstein).

Ach ja, noch etwas. In der Fliegerei wird vieles mit Abkürzungen und englischen Ausdrücken gewürzt. Dafür möchte ich mich im Namen aller Aviatiker entschuldigen. Es hat tatsächlich wenig mit Angeberei zu tun. Es geht einfach kaum mehr ohne dieses Kauderwelsch. Ich werde versuchen, dieses wo nötig zu übersetzen und auch zu erklären.

Dieses Buch soll nicht als bequeme Bedienungsanleitung für angehende Piloten verstanden werden. Es soll viel mehr aufzeigen, wie sich mein beruflicher Werdegang entwickelte:

Vom Drachenflieger zum Jumbo-Kapitän.

Und wer Rechtschreibfehler findet, darf sie behalten.
Viel Spaß beim Lesen.

Ihr *Renato Stiefenhofer*

Streite dich nie mit einem Idioten.
Er zieht dich auf sein Niveau hinunter
und schlägt dich dank seiner Erfahrung.

In diesem Sinne: Sit back, relax and enjoy the ride!

Einleitung

Eine der faszinierendsten Fakten der Fliegerei ist, dass viele Millionen Passagiere das Fliegen über sich ergehen lassen, ohne genau zu wissen, wie „es" funktioniert. Gewiss, auch Autofahren tut fast jeder, ohne zu wissen, wie ein Motor funktioniert. Trotzdem ist es irgendwie einfacher zu verstehen, warum ein Auto fährt, als warum ein Flugzeug fliegt.

Es scheint sogar fast magisch zu sein, wenn ein vierhundert Tonnen Jumbo-Jet von der Piste abhebt und elegant gen Himmel steigt.

Mit Copperfields Magie hat es natürlich sehr wenig zu tun. Vielmehr mit einem Trick. Dieser Trick heißt „Aerodynamik" und hat mit Luft zu tun. Und zwar wie der Name sagt, mit bewegter Luft. Doch davon etwas später. Dass ein Schiff schwimmt, glauben wir schließlich auch, ohne dass wir viel von Wasserverdrängung oder spezifischem Gewicht verstehen. Wir sind schließlich alle schon mal in einem Paddelboot gesessen und sind damit über den Teich gerudert.

Mit dem Fliegen scheint es offenbar etwas anders zu sein. Seit Menschengedenken träumt der Mensch vom Fliegen. Nicht wenige Testpiloten haben ihr Leben seit Gustav Weisskopfs erstem motorgetriebenen Flug (1901) verloren, damit wir heute gemütlich und vor allem sicher einen Campari Soda oder Martini in der First Class Bar auf 10 000 Metern schlürfen können.

Ach ja richtig, es waren nicht etwa die berühmten Wright-Brothers, welche 1903 den ersten Flug machten. Zwei Jahre zuvor schon hatte der gebürtige Deutsche (der sich nach seiner Übersiedlung nach Amerika Gustave A. Whitehead nannte) einige Flüge mit seiner Eigenkonstruktion unternommen. Über eine Meile weit war er damit geflogen, doch dummerweise hatte ihn dabei keiner gefilmt oder fotografiert. Und somit kennt ihn heute fast kein Mensch.

Die meisten Menschen (etwa 70%) fliegen naturgemäß nicht besonders gerne. Das sagen verschiedene Statistiken und es deckt sich mit meinen Erfahrungen. Das ist auch völlig verständlich, denn wie soll ich in Reihe 37, eingeklemmt zwischen zwei verschwitzten Sitznachbarn den Flug genießen, wenn ich nicht mal vernünftig nach draußen sehe? Und wenn ich was sehe, ist es der Flügel, der bedrohlich auf und ab schwingt und dann teilweise nicht mehr sichtbar ist, weil so dichter Nebel herrscht.

Zusätzlich sind wir dabei irgendwelchen, wildfremden Menschen ausgeliefert. Vor allem den beiden Typen dort vorne im Cockpit ... Sind die Piloten gut ausgebildet, mental ausgeglichen und auch anständig bezahlt, oder sind sie vielleicht schlecht gelaunt oder gar depressiv?

Diese Machtlosigkeit, dieses Ausgeliefertsein stört uns bewusst oder unbewusst. Dies führt zu einer gewissen Anspannung. Für fast jeden von uns. Sehr gut sichtbar zum Beispiel an der Art wie unsere Mitpassagiere dasitzen. Der eine mimt den Vielflieger und legt seine Zeitung auch während des Starts mitten im Schneegestöber nicht weg. Sehr cool, doch das ist sehr oft nur Show, denn er könnte uns nach dem Start höchstwahrscheinlich nicht mal sagen, was er da genau gelesen hat.

Der andere kratzt sich dauernd oder starrt auf den Vordersitz. Der dritte versucht es mit pausenlosem Reden. Ich habe es hundertfach beobachten können.

Zugegeben, auch ich bin, wenn ich als Passagier unterwegs bin, in erhöhter Alarmbereitschaft. Speziell während des Startlaufs und bei der Landung. Ich schaue zum Beispiel unbewusst auf den Sekundenzeiger meiner

Uhr und checke, ob das Flugzeug nach einer gewissen Zeit auch abhebt. Nützt zwar nichts, aber trotzdem. Vor allem aber schaue ich mich vor dem Flug um, wo denn mein nächster Notausgang wäre. Just in Case. Man weiß ja nie.

Das sind alles natürliche Vorgänge. Völlig normal. Denn hätte der liebe Gott gewollt, dass wir fliegen können, hätte er uns bestimmt Flügel gegeben. Redbull lässt grüßen.

Nachdem Sie dieses Buch gelesen haben, besteht berechtigte Hoffnung, dass Sie weniger Flugangst haben werden. Denn um diese zu verlieren, müssen Sie nämlich zuerst verstehen, wie ein Flugzeug in etwa funktioniert.

(Es gibt drei simple Regeln, ein Flugzeug sicher zu fliegen. Leider kennt sie keiner).

Wählen Sie dann eine gute Airline aus (nicht die billigste!) und versuchen Sie, einen Fensterplatz möglichst am Notausgang zu bekommen. Der ist nicht nur sehr sicher, sondern er bietet Ihnen auch am meisten Platz!

Ich will Jumbo-Kapitän werden!

Jeder Mensch hat seinen Traum. Hoffentlich. Doch mit zunehmendem Alter und entsprechend schlechten Erfahrungen (Weisheit?) nimmt leider auch die Bereitschaft ab, etwas mehr zu riskieren, um sich diesen Traum zu erfüllen.

Blättern wir zurück in die frühen Achtzigerjahre. Der weltbeste Golfer ist weiß und der verblichene King of Pop Michael Jackson ist (damals noch) schwarz. Ich bin Anfang zwanzig und es geht mir ganz ordentlich. Auch im Job als Maschinenzeichner/Konstrukteur bin ich ziemlich glücklich. Dreizehn Mal pro Jahr bekomme ich das bescheidene Gehalt auf mein Konto einer Schweizer Bank überwiesen. Nicht sehr viel, aber dafür regelmäßig. Ich bin auch sonst ganz zufrieden mit meinem Leben. Ich bin gesund, habe sogar eine Freundin, ein Motorrad und Arbeit. Was will ich mehr?

Gleichzeitig führen mir die Medien täglich das lockere Leben der Promis vor. Diese Schickimicki-Menschen scheinen auf der wirklichen Sonnenseite des Lebens zu sein. Diese Schönen und Reichen. Diese Halunken und Schwätzer, diese Superstars, die Halbgötter in Weiss und natürlich auch die Piloten. Alle anderen. Nur ich nicht.

Also doch nicht so ganz zufrieden? Ich bin sogar drauf und dran meinen Bubentraum, Pilot zu werden, aufzugeben. Schade eigentlich.

Nein, ein Verbrechen! Aber eben. Die Realität sieht anders aus. Hand aufs Herz; die meisten von uns sind damals wie heute heilfroh, einmal im Jahr mit der Familie im geleasten Mittelklassewagen ans Meer zu fahren und trotzdem der geliebten Ehefrau Ende Monat ein ausgeglichenes Konto vorzuweisen. Von Euphorie keine Spur.

Nein, schnödes überleben. Rechnungen, Steuern, Mietzinserhöhungen und so weiter versperren uns den Blick auf unsere Träume. Bis sie nicht mehr da sind!

Zudem herrscht in Europa in dieser ach so finsteren Zeit immer noch Kalter Krieg zwischen Ronald Reagan und Michail Gorbatschow. Auch Nenas 99 Luftballons sind kurz vor dem Zerplatzen. Es herrscht die „no future" Stimmung. Es ist mal wieder kurz vor dem großen Knall!

Auch in der Wirtschaft, denn geldgeile Manager sind keine Erfindung der Jahrtausendwende. Allerdings sind diese im Vergleich zu den heutigen Fat-Cats bloß kleine Diebe.

Auch die Herren Politiker denken von Berufes wegen seit jeher in erster Linie an ihre Wiederwahl. Um jeden Preis. Der einzige Unterschied von damals zu heute ist vielleicht, dass man wenigstens noch über Umweltschutz redet und auf die Straße geht, ohne dass man gleich (wie Al Gore und Co.) mit globaler Klimakatastrophe drohen muss!

Vor diesem doch etwas grauen Hintergrund an eine rosige Zukunft zu denken ist daher eher blauäugig, wenn nicht sogar naiv.

Allerdings findet der Homo Sapiens auch immer wieder eine gute Ausrede, Stubenhocker zu sein und abzuwarten, bis alles besser wird. Es auszusitzen. Wird schon werden.

Doch positiv denken war und ist glücklicherweise meine Stärke. Schlimmer noch; ich bin ein hoffnungsloser Optimist.

Mein Motto: Raus aus dem Büro – rein ins Cockpit!

Wie werde ich Pilot?
(Zu Risiken und Nebenwirkungen lesen Sie bitte ...)

Wie wird man denn nun Flieger? Ein Motto allein wird wohl nicht reichen. Kein Mensch kann mir dafür zu jener Zeit eine vernünftige Antwort geben. Außer, dass ich es mir aus dem Kopf schlagen soll.

„Junge, lern etwas Vernünftiges!" ist der Grundtenor. Ja schon, aber was bitte ist vernünftig und gleichzeitig auch faszinierend schön?

Nun, vernünftig ist bestimmt, sich mit ein paar grundlegenden Fragen auseinanderzusetzen. Und faszinierend ist, von einem erreichbaren Ziel zu träumen und versuchen, es gezielt zu erreichen. Und vor allem; es nicht aufzugeben!

Was ist, wenn es nicht klappt?

Richtig. Was ist wenn ...?

Diese wichtige Frage sollte mich meine ganze Karriere bis zum heutigen Tag begleiten. Als Pilot lernt man nämlich immer eine Alternative bereitzuhalten, falls ein System versagt oder der Flugweg durch äußere Einflüsse, wie zum Beispiel schlechtes Wetter oder technische Störungen, geändert werden muss.

Am Anfang meiner Laufbahn als Flieger gab es nicht wenige Leute, die verhindern wollten, dass ich Jet-Pilot werde. Quereinsteiger waren damals überhaupt nicht gefragt. Und es wäre ihnen übrigens auch beinahe gelungen. Aber zum Glück nur beinahe.

Um es trotzdem zu schaffen, brauchte ich, neben etwas Ehrgeiz und sehr viel Geld, auch das bekannte Quäntchen Glück. Oder sogar eine ganze Menge davon! Doch wie ich heute weiß, hat man nicht zwangsläufig nur zufälligerweise Glück. Oft ist Glück auch eine Kombination von gezielt herbeigeführten Ereignissen, die man zeitlich möglichst geschickt, aufeinander abstimmen muss. Puah ...! Timing heißt das auf Neudeutsch.

Oder noch gescheiter ausgedrückt; Glück ist, wenn Vorbereitung und Gelegenheit zusammentreffen.

Wer kann Pilot werden?

Es gibt grundsätzlich absolut keinen Grund, warum nicht jeder gesunde, durchschnittlich gebildete Mensch Flugkapitän werden kann. Ob Mann oder Frau.

Genau: Jeder kann Pilot werden!

Meine (teilweise) stolzen Kollegen mit den goldenen Streifen am Ärmel werden mich dafür steinigen! Aber da müssen sie durch. Es muss endlich gesagt werden dürfen, dass diese Damen und Herren in ihren tollen Uniformen kein Deut besser sind als der durchschnittliche Rest unserer Erdenbewohner.

Neben einer guten Portion Fleiß und einer soliden Grundausbildung hatten es aber vor allem die „Umstände" besser mit ihnen gemeint. Das Leben war gut zu ihnen! Zu sehr vielen jedenfalls. Letztlich natürlich auch zu mir.

Viele Mitglieder meiner Berufsgattung wollen dies nicht wahrhaben. Sie verdrängen es oder haben schlicht Alzheimer. Sie wollen sich partout nicht mehr daran erinnern, wie knapp sie damals durch diese oder jene Prüfung, im zweiten Anlauf und mit etwas Schummeln durchgekommen sind. Oder wie sie sich ihren ersten Job erschleimt haben. Vielleicht sogar schlecht über andere Mitbewerber geredet haben.

Nein, denn das sieht man ihrer schönen Uniform ja zum Glück nicht an. Man sieht dieser Uniform allerdings auch nicht an, mit wie viel Mühe und Stress dieser oder jene in Ehren ergraute Kapitän heute noch, trotz großer Erfahrung, zweimal pro Jahr durch die gesetzlichen Simulatorprüfungen ächzt! Sich jedes Mal fast in die Hose macht aus Angst, seinen Job zu verlieren. Aber auch davon später. Damit wir uns richtig verstehen; ich bin keinesfalls ein Nestbeschmutzer! Dafür liebe ich meinen Job zu sehr. Aber es ist an der Zeit, dass jemand aus unseren Reihen den Anfang macht und „der Welt" erklärt, was es mit diesem Beruf auf sich hat.

Je früher wir Piloten kollektiv kapieren, dass wir nur qualifizierte Berufsgenossen sind, um so eher gewinnen wir auch die Leute wieder für uns, welche denken, dass wir verwöhnte, überbezahlte, streiklustige, uniformierte Kotzbrocken sind.

Der Beruf und vor allem die Qualifikation zum Berufsflugzeugführer hat sich in den letzten zwanzig Jahren doch etwas verändert. Waren früher Abitur/Matura und bedingungslose Hörigkeit gegenüber dem ranghöheren Besatzungsmitglied ein absolutes Muss, steht heute das kommunikative Zusammenspiel im Cockpit im Vordergrund. Oder sollte zumindest. Natürlich hilft es auch heute, wenn man ein Abi hat oder wenn man auch sonst nicht die größte Flasche in der Schule war.

Die weitgehende Automatisierung verschiedener Flugführungs-Komponenten hat einerseits (bei richtiger Bedienung) sehr zur Flugsicherheit beigetragen. Gleichzeitig hat sich aber das Fünfmann-Cockpit aus den 1950er Jahren zum heutigen Zweimann-Cockpit reduziert.

Wobei ‚reduziert' das falsche Wort ist, denn die Arbeitslast hat sich für die verbliebenen zwei, den Kapitän und den Kopiloten, mindestens verdoppelt. Die vielen neuen, komplizierten High-Tech-Instrumente, welche uns den Job einfacher machen (sollten), wollen bis ins

Detail verstanden und korrekt bedient werden, sonst kann ein Routineflug bei schönstem Wetter im Desaster enden.

Das war früher wesentlich anders. Bei fünf Leuten im Cockpit, welche ihren relativ kleinen Teil der Arbeit beherrschten, hat sich damals mindestens einer erlaubt, dem Kapitän bei einer brenzligen „Situation" zu widersprechen, um somit vielleicht ein Unglück zu verhindern. Heute ist man eben nur noch zu zweit.

Die vielen Unfalluntersuchungen ergeben, dass vor allem die Kommunikation im Cockpit sehr viel wichtiger genommen werden müsste. Wobei ich bewusst „müsste" sage, denn die Airline Manager wehren sich größtenteils, diesen Teil ihres Business ernst zu nehmen.

In einem modernen Cockpit ist es absolut zwingend, dass der Copilot seine Sicht der Dinge, auch wenn sie falsch ist, dem Kapitän sagen darf und sogar sagen muss. Nur so kann ein latenter Gefahrenherd als solcher überhaupt erkannt und dann mittels Checkliste, Erfahrung und gesundem Menschenverstand eliminiert werden.

Zum Teil wird eben auch bewusst, um Kosten zu sparen, auf ein solches spezielles Training der Crew verzichtet. Ab und zu einen Unfall zu riskieren kostet offenbar weniger als die Piloten psychologisch optimal aus- und weiterzubilden.

Bevor man sich jedoch die tolle Jacke mit den zwei (Second Officer), drei (First Officer) oder sogar vier Streifen (Captain) am Ärmel überziehen darf, gibt es ein paar Voraussetzungen, die erfüllt sein wollen:

Erste Hürde:
Der medizinische Test (Medical)

Es sollte eigentlich für jeden zivilisierten Menschen selbstverständlich sein, sich ab und zu von einem Arzt untersuchen zu lassen. Auch wenn es unangenehm ist. Früherkennung ist logischerweise besser als Therapie oder gar eine Operation.

Ist man einigermaßen gesund, und das kann jeder selber am besten einschätzen, durchläuft man den fliegereispezifischen Gesundheitstest ohne Probleme.

Übrigens haben Brillenträger heute praktisch die gleichen Chancen wie Sportschützen, sofern die Belastbarkeit der auf 100 Prozent korrigierten Sicht innerhalb gewisser Limiten ist.

Dieses sogenannte „Medical" wird alle sechs Monate fällig. Das heißt leider auch, dass man zweimal pro Jahr dem Onkel Doktor ausgeliefert ist. Er ist gnadenlos, denn sein Job ist es, etwas zu finden. Somit kann der Traum vom Fliegen also sehr schnell ausgeträumt sein.

Es zwingt einen andererseits aber auch, einigermaßen gesund zu leben, etwas Sport zu betreiben und sich ausgewogen zu ernähren. Und das hat schließlich noch keinem geschadet.

Zweite Hürde:
Der Eignungstest (Screening)

Matura/Abitur-Kenntnisse in Physik, Geometrie, Mathematik und ein gutes räumliches Vorstellungsvermögen gehören zu den Voraussetzungen. Dazu ein gutes technisches Verständnis und eine durchschnittliche psychische Belastbarkeit.

Das klingt natürlich etwas kompliziert. Nun, was heißt das alles?

Pilot ist in erster Linie ein sehr technischer Beruf. Man muss neben dem Flair für die Funktionen der Physik, der Hydraulikanlagen, Elektrik, Pneumatik und der Elektronik natürlich auch mit dem Computer umgehen können. Moderne Flugzeuge fliegen sich größtenteils über die Eingaben in den Bordcomputer, dem sogenannten Flight Management System (FMS).

Dazu kommt naturgemäß, dass man das Flugzeug auch bei Ausfall besagter Technik manuell entweder zum geplanten Zielflughafen oder im Notfall auf einem Ausweichflughafen heil runter bringen muss. Das Ganze möglichst so, dass CNN und BBC nichts davon erfahren.

Außerdem werden ausnahmslos alle (!) Starts und die allermeisten Landungen manuell (also von Hand) ausgeführt. Das gilt für alle Flugzeuge. Auch für die modernsten, wie zum Beispiel die A380 oder die B787.

Ein Flugkapitän macht pro Jahr durchschnittlich nur etwa fünf automatische Landungen, je nachdem, wo sein Einsatzgebiet ist. In Europa fallen etwas mehr solcher Landungen an als auf dem Rest der Erde. Grund dafür ist, dass unser Kontinent im Winter von einer fast permanenten Hochnebeldecke und häufigem Morgennebel eingehüllt ist. Bei horizontalen Sichtweiten unter etwa 200 Metern muss man generell „automatisch" landen, denn bei Anfluggeschwindigkeiten von bis zu 300 km/h ist der Mensch viel zu langsam, um das Flugzeug im Nebel manuell zu landen. Man stelle sich vor, dass man von dem Moment an, wo die Scheinwerfer der Landebahn durch den dichten Nebel zu erkennen sind bis zum Moment des Aufsetzens nur gerade zwei Sekunden vergehen! Abweichungen sind keine erlaubt, sonst crasht man neben die Piste. Auch für einen manuellen Durchstart wäre es jetzt zu spät.

„Automatische Landung" heißt für den Piloten, das Flugzeug bei dichtem Nebel über die Eingaben in den Computer zu landen. Die Computer geben der Hydraulik (über den Autopiloten) die nötigen Inputs um das Flugzeug exakt auf Kurs, richtiger Sinkrate und konstanter Geschwindigkeit zu halten. Dabei ist es die Aufgabe der Piloten, je nach Phase des Anfluges, die Landeklappen zu setzen, die Geschwindigkeit zu selektieren, das Fahrwerk auszufahren und dabei aufzupassen, dass alles richtig funktioniert.

Das tut es nämlich nicht immer! Und für eine automatische Landung müssen alle Parameter zwingend übereinstimmen, respektive das Flugzeug und die Bodenanlagen müssen perfekt funktionieren. Zudem muss es fast windstill sein. Die Piloten müssen eine spezielle Ausbildung für das Durchführen von automatischen Landungen haben und müssen zusätzlich alle sechs Monate einen Prüfungsflug (im Simulator) mit vielen automatischen Landungen machen. Mehr darüber im Kapitel „Was macht eigentlich der Autopilot".

Stellt man sich beim Autofahren nicht allzu dusselig an, bestehen gute Chancen, sich nach entsprechendem Training auch in einem kleinen, einmotorigen Sportflugzeug zurechtzufinden. Die ausgeklügelten Eignungstests für angehende Berufspiloten filtern hier zum Glück bereits frühzeitig die etwas Unbegabteren heraus. Das ist durchaus auch in deren eigenem Interesse. Sie sparen sich so langfristig eine Menge Ärger und natürlich auch sehr viel Geld für eine teure Ausbildung.

Sollte man das riesige Glück haben, von einer großen Fluggesellschaft zu einem dieser Eignungstest (Screening) eingeladen zu werden, werden diese Eigenschaften sehr professionell getestet und ausgewertet. Airlines können es sich schließlich nicht leisten, Flugschüler einzustellen, welche im Verlaufe der Ausbildung Mühe bekunden und folglich dann eventuell frühzeitig entlassen werden müssen. Eine zweieinhalbjährige Grundausbildung zum angehenden Copiloten verschlingt schnell einmal über hunderttausend Euro.

Eine weitere Eigenschaft für zukünftige Flugzeugführer ist, wie gesagt, ein gutes räumliches Vorstellungsvermögen. So nennt man die Fähigkeit, sich mit Hilfe von Höhenmesser, künstlichem Horizont, Kompass und Geschwindigkeitsanzeige im dreidimensionalen Raum, sprich in der Luft, bei Nacht und Nebel zu orientieren.

Neue Untersuchungen haben ergeben, dass sich dabei die Herren der Schöpfung etwas leichter tun als die Damen. Grund dafür ist, dass die weibliche Spezies für die Orientierung zusätzlich die Intuition gebraucht. Obwohl für sehr viele Sachen im täglichen Leben äußerst wirksam und deshalb uns Männern weit überlegen, zeichnet sich genau diese Fähigkeit im dreidimensionalen Raum als kleines Handicap aus. Eines aber, das im Verlauf des Trainings eliminiert werden kann.

Räumliches Vorstellungsvermögen ist vergleichbar mit Autofahren unter erschwerten Bedingungen: Versuchen sie mit dem linken Vorderrad auf dem Mittelstreifen bei konstanter Geschwindigkeit eine Bergstraße mit vielen Kurven und Abzweigungen und bei dichtem Nebel hochzufahren, mit der rechten Hand das Handy zu bedienen, einfache Rechenaufgaben auf Englisch zu lösen und dabei noch unverkrampft ein Liedchen zu summen.

Das geht! Braucht aber ein bisschen Übung. Speziell das mit dem Liedchen.

Nur kommt im Flugzeug noch die dritte Dimension dazu: nämlich die Höhe über dem Boden. Spätestens jetzt hören die meisten mit dem Summen auf, denn wie wir ja wissen ist nicht das Fliegen an sich das Gefährliche, auch nicht der Absturz. Nein, es ist der Aufprall ...

Im Ernst; um alle diese Fähigkeiten zu testen, hat die Psychologie in den letzten Jahren ganze Arbeit geleistet. Die Eignungsabklärungen sind heute sehr treffsicher. Wenn man denn von einer unabhängigen Stelle mit erfahrenen Psychologen geprüft wird! Oder eben noch besser von einer großen Airline, welche die hohen Ausbildungskosten und somit das Risiko selber trägt.

Besonders schlaue, natürlich umsatzorientierte Flugschulen bescheinigen logischerweise jedem, der ein dickes Portemonnaie hat, dass er es dereinst zum Flugkapitän bringen wird. Dabei gehen diese „Pilotenschmieden" teilweise skrupellos vor. Mit einem Schnupperkurs werden junge Leute geködert, um ihnen nach zwei, drei Platzrunden in der kleinen Cessna zu bescheinigen, dass gerade sie besonders viel Talent mitbringen. Der Katzenjammer, wenn's nicht klappt mit dem Kapitänwerden, ist naturgemäß vorprogrammiert. Aber das merken die Jungs und Mädels leider erst viele tausend Euro später!

Und so gibt es heute tausende von verhinderten Piloten, welche sich zwar eine teure Ausbildung geleistet haben, aber aufgrund fehlender Qualitäten ohne Job sind und nun vor einem riesigen Schuldenberg stehen.

Der Eignungstest gibt auch Aufschluss darüber, ob man vom Typ her dereinst als Kapitän geeignet ist, eine Crew zu führen, ohne dass sich diese gegängelt fühlt. Denn einerseits wird in der heutigen Fliegerei großer Wert darauf gelegt, dass man zwar durchaus ein netter Zeitgenosse sein darf und soll, andererseits man als angehender Kopilot auch seinem Kapitän klipp und klar sagen muss, wenn dieser Mist gebaut hat, und dann notfalls auch selber das Steuer übernimmt, um einen Unfall zu verhindern.

Diese Gratwanderung zu testen ist schon weit schwieriger. Jeder Pilotenanwärter wird sich natürlich bemühen, diesen Test zu bestehen. Man will ja Pilot werden, und man versucht deshalb die Fragen so zu beantworten, wie es der Herr Psychologe gerne hätte. Im Internet findet man eine Unmenge von Tipps, wie man ein solches Prozedere übersteht. Aber das wissen die Psychologen natürlich auch; sie sind ja nicht auf den Kopf gefallen!

Früher oder später betrügt man sich damit aber selber. Am besten gibt man sich so, wie man ist. Die Flug-Psychologen haben schon jeden erdenklichen Fall erlebt. Sie wissen, dass die Probanden alles tun, um psychologisch unauffällig zu sein.

Natürlich sind die Psychologen auch nur Menschen und urteilen nicht immer nach Buch. Das heißt, sie lassen auch mal jemanden Pilot werden, wenn er ihnen besonders sympathisch ist. Ein Gehirn lässt sich eben nicht einfach durch einen Scanner schieben, um den Inhalt zu überprüfen.

Dabei herrscht übrigens ein Glaubenskrieg zwischen Psychologen und Neurobiologen. Fast wie zwischen Klassischer- und der Naturmedizin. Die Neurobiologie hat die mühsame Laborarbeit gemacht und dadurch große Fortschritte erzielt. Die Psychoanalyse hingegen hat sich in Grabenkämpfen erschöpft und sich selber den Weg versperrt, sich weiter zu entwickeln. Auch viele Jahre nach Sigmund Freuds Schaffen sind sie nicht wirklich weiter gekommen. Obwohl Millionen von Menschen jährlich die Hilfe von Psychologen in Anspruch nehmen, kriegen nur die wenigsten von ihnen, was sie wirklich brauchen.

Wie ich anfangs schon erwähnt habe, wählten viele Psychologen offenbar ihr Fach, um sich selber zu kurieren. Und, Hand aufs Herz, jeder von uns kann, wenn ihm genügend Geld dafür geboten wird, eine Stunde lang geduldig wildfremden Menschen zuhören.

Die wenigen guten Psychologen indes haben in der schieren Masse der Scharlatane kaum eine Chance die Lage der Menschen zu verbessern. In einer Welt wie dieser, wo Depressionen und andere psychische Krankheiten förmlich nach guter Hilfe schreien, haben selbst ernannte Freizeitpsychologen ein leichtes Spiel.

Die Flug-Psychologen hingegen haben ein großes Interesse daran, die absolut besten Kandidaten herauszufinden. Denn genau diese Psychologen fliegen letztlich selber zum Teil kostenlos mit den Airlines, für welche sie den Nachwuchs rekrutieren.

Beim Eignungstest wird auch geprüft, ob die Kandidaten mit Stress umgehen können. Es werden ihnen mögliche, aber auch unmögliche Tests vorgelegt. Das heißt, es gibt für gewisse Tests gar keine Lösung.

Stress: ein heutzutage häufig gebrauchter Ausdruck. Da wir in dieser unseren Zeit leben, haben wir uns auch deren Regeln zu unterwerfen. Oder etwa nicht? Schon mal versucht, gegen den Strom zu schwimmen? Mühsam. Soll aber zur Quelle führen. Das Dumme beim Stress ist, dass er von uns allen produziert wird. Bewusst oder unbewusst. Genau! Sind nicht wir es, die immer so tun, als ob wir alles können, beherrschen, wissen? Und sind es nicht wir, die mit dem Finger auf diejenigen zeigen, die nicht mal zum Beispiel das Zehnfingersystem auf dem Computer beherrschen?

Damit wir uns richtig verstehen; dieses Buch wurde mit System Adler geschrieben. Zweimal kreisen und voll drauf auf die Taste. Ich habe es leider nie gelernt, das

Maschinenschreiben. Es gab sogar eine Zeit, da mussten Schüler die Klasse wiederholen, weil sie das Zehnfinger-System nicht konnten.

Wir pushen uns dauernd gegenseitig und tun so, als würden wir alles aus dem Effeff beherrschen. Dabei machen wir unseren Mitmenschen und letztlich auch uns selber das Leben unnötig schwer.

Was heute leider noch nicht getestet werden kann, ist, ob man auch nach zwanzig Jahren immer noch gerne Pilot ist und man infolgedessen seinen Job immer noch zu hundert Prozent gut macht.

Hat man zu guter Letzt noch Grundkenntnisse der englischen Sprache, steht einer Pilotenausbildung fast nichts mehr im Wege. Genau, Grundkenntnisse in Englisch reichen durchaus aus. Es ist manchmal erfrischend zu beobachten, wie schlecht manche Piloten Englisch sprechen. Zum Beispiel abends an der Bar des Hiltons, Holiday Inns oder Sheratons. Und das hat wenig mit dem zuvor konsumierten Scotch zu tun. Weit entfernt vom Oxford Englisch. Nicht nur geografisch. Eine der Ursachen für das relativ schlechte Englisch vieler Piloten ist, dass man im Flugfunk eine spezielle Phraseologie mit vielen Abkürzungen benutzt. Ein englisches Kauderwelsch eben. Und das hat zur Folge, dass man nach einer gewissen Zeit das gelernte Schulenglisch etwas vernachlässigt und sich nur noch mit den etwa zweihundert Aviatik-Englisch-Sätzen durchmogelt. Außer, man verbringt längere Zeit im Ausland. Erst dann fällt einem das ganze übrigens wirklich auf. Eine Zeit lang galt es sogar als schick, mit deutschsprachigen Kollegen bewusst englisches Kauderwelsch zu sprechen. Das ganze hat sich, glaube ich, etwas gelegt, denn nach einer gewissen Zeit nervt es andere Anwesende, und sie hören dann aus Protest bewusst weg.

Was ich bei mir selber feststellen muss, ist die Tatsache, dass ich durch meine jahrelange Tätigkeit im

Ausland bisweilen nach dem richtigen deutschen Wort suchen muss. Das kann in einer deutschen Konversation schon mal als überheblich rüberkommen. Auch um dieses Buch zu schreiben und die hoffentlich richtigen Worte zu finden, bedurfte es nach teilweise längerem Suchen in den verwinkelten Ecken meines Anderthalb-Kilo-Schwammes im Kopf. Doch Langenscheidt sei Dank beschränkte sich dies auf ein Minimum.

Seit kurzer Zeit ist es für die Piloten übrigens per Gesetz erforderlich, ab und zu eine Englischprüfung abzulegen. Erreicht man eine Sechs, muss man für den Rest der Karriere zu keinem Test mehr antreten. Für schlechtere Ergebnisse ist es erforderlich, den Test nach zwei Jahren zu wiederholen. Es passierten einfach zu viele Unfälle, weil sich die Fluglotsen und die Piloten missverstanden hatten. Und besonders mit der Masse an neuen asiatischen Piloten war es unumgänglich, speziell diesen auf den Zahn zu fühlen.

Dritte Hürde: Zeit und Geld, Money, Knete, Scheine ...

Last, but not least; halten sie bitte etwa 100 000 Euro bereit. Plus Lebenskosten für etwa drei Jahre! Träume erfüllen kostet halt was.

Dabei kann es sich durchaus lohnen, beim Vater Staat Stipendien zu beantragen. Einen Kredit dafür aufzunehmen ist hingegen in verschiedener Hinsicht riskant. Was ist, wenn ...

Ich habe mich damals trotzdem für einen Ausbildungskredit entschieden, weil meine Eltern sich für dieses Geld bei der Bank verbürgt hatten. Zusätzlich haben sie einen großen Betrag aus dem eigenen Sack bezahlt! An dieser Stelle noch einmal vielen Dank an Mama und Papa. Nach etwa zehn Jahren im fliegerischen Berufsleben war ich (speziell auch dank der Unterstützung meiner Frau!) endlich schuldenfrei.

Bis man sich als Junior-Copilot bei einer Fluggesellschaft bewerben darf verstreichen im Durchschnitt etwa drei sehr intensive, nervenaufreibende und teure Jahre. Dabei kommt es darauf an, ob man die Ausbildung modular (aufgeteilt und somit berufsbegleitend, dafür länger) oder integriert (am Stück) macht. Diese drei Jahre am Stück können durchaus intensiver sein als manches Hochschulstudium. Diese Behauptung stammt nicht von mir, sondern basiert auf vielen Gesprächen mit Ex-Studenten, welche nach ihrem Studium in die Fliegerei gewechselt hatten und heute mit mir im Cockpit sitzen. Ein Studium kann in der Regel semesterweise hinter sich gebracht werden, und man hat dann dazwischen Gelegenheit, das Gelernte zu verdauen oder eben Semesterferien zu machen. Ist leider nicht bei einer Pilotenausbildung. An Schul-/Studiums-Stunden gerechnet dauert eine Ausbildung bis zum Copiloten auf eine B737 oder einen A320 sogar wesentlich länger und ist immer selektiv. Wie teilweise ein Hochschulstudium natürlich auch.

Einer meiner Copiloten ist Doktor der Medizin (und war Chirurg auf der Intensivstation) und durfte erst mit 32 Jahren die Pilotenausbildung beginnen. Seine gestrengen (chinesischen) Eltern waren nicht sehr erbaut darüber, waren sie doch beide Chirurgen, respektive Professoren an angesehenen Universitäten in Los Angeles.

Erst mit dem Doktortitel in der Hand durfte ihr Filius endlich seinen Traumberuf Pilot beginnen. Strenge Sitten. Er ist heute total zufrieden als Jumbo-Copilot und würde um kein Geld in der Welt zurück in den Operationssaal wechseln.

Die Prüfungen

Ja, es gibt sie leider. Die Aufnahmeprüfungen, Zwischenprüfungen, Schlussprüfungen etc. Doch diese sind halb so wild, wie sie dann später von denen, die sie knapp bestanden haben, geschildert werden!

Klar muss man sich gut vorbereiten. Es trifft auch zu, dass das Themengebiet recht groß ist. Im Vergleich zu anderen Berufsprüfungen ist es bei fliegereispezifischen Prüfungen richtig und wichtig, dass der zu Prüfende die Antworten weiß und nicht einfach nur stur auswendig gelernt hat, um die Prüfung zu bestehen. Es gibt praktisch kein Fach, welches unwichtig ist. Als Pilot muss man auch Jahre nach der amtlichen Prüfung sein Wissen auf dem neuesten Stand haben. Im Vergleich zu anderen, akademischen Berufen ist nach der Diplomübergabe nicht einfach „Hut in die Luft werfen und Schluss".

Für den ATPL (Airline Transport Pilot Licence), der einen Teil der theoretischen Ausbildung ausmacht, gibt es zum Beispiel eine ziemlich umfassende Fragensammlung. Etwa 3000 Fragen mit den richtigen Antworten darf man sich als Hilfe zu Gemüte führen. Diese Fragen sind äußerst schlau gestellt und können nicht einfach mit A, B oder C beantwortet werden. Man muss wirklich sattelfest sein und die Antworten auch herleiten können. Ein beherztes Raten hilft also in den wenigsten Fällen.

Das Internet bietet heute sogar die Möglichkeit, ganze Theoriekurse online als Fernstudium zu machen. Das bedingt allerdings eiserne Disziplin und ist aus verschiedenen Gründen nur für sehr wenige Leute sinnvoll. Im Klassenzimmer hat man aber meiner Meinung nach einfach die besseren Voraussetzungen, das zu Lernende durch „blöde" Fragen der Mitstudenten zu vertiefen. Durch diese Fragen meiner Kameraden habe ich nicht selten selber erst richtig begriffen, was der Instruktor zu erklären versuchte. Im Klassenzimmer hat man zudem auch die Möglichkeit, Freunde fürs Leben zu finden. Gemeinsamer Schweiß verbindet schließlich, und nach einem Auf und Ab in der persönlichen Leistungskurve hilft es ohne Zweifel, wenn man zwischendurch von den Klassenkameraden neu motiviert und mitgezogen wird. Auch bei der gemeinsamen Jobsuche können sie sehr hilfreich sein. Bei einem Fernstudium hat man diese Hilfe nicht.

Das Klassenzimmer bietet auch eine exzellente Plattform, CRM zu üben. Das heißt, der gemeinsame Erfolg einer ganzen Klasse kann zu einem Fernziel gemacht werden. Es ist übrigens bemerkenswert, wie man während des Pilotenkurses schon merkt, wer in Zukunft zum Instruktor geeignet ist, respektive zum Checker promovieren wird. Aber auch davon etwas später im Kapitel „Das Simulator-Fliegen".

Grundsätzlich wird bei den Prüfungen nichts abgefragt, was man nicht zuvor gelernt hat. Klingt natürlich etwas simpel, ist aber die Maxime der guten Pilotenschmieden. Dort unterrichten nämlich aktive Berufspiloten, welche auch „up to date" sind, was an den Prüfungen gefragt werden könnte. Zusätzlich vermitteln diese Instruktoren auch, was in der täglichen Praxis gebraucht wird.

Zu meiner Zeit wurden bei der staatlichen Prüfung aber, und das muss (darf, soll) ich fairerweise sagen, auch hundsgemeine Fangfragen gestellt. Um die Fragen überhaupt zu verstehen, musste man sie drei-, viermal durchlesen. Ein versteckter Numerus clausus unter Zeitdruck, welcher immer dann zur Anwendung kommt, wenn gerade wieder zu viele Piloten auf dem Markt sind.

Das soll sich aber gebessert haben. Heute kann man sich viel gezielter auf die Prüfungen vorbereiten. Die guten Pilotenschulen trainieren ihre zahlende Kundschaft professionell auf diese Prüfungsfragen hin.

In der Regel muss man die Fragen für jedes Fach zu achtzig Prozent erfüllen, um die staatliche Gesamtprüfung zu bestehen. Besteht man einzelne Fächer nicht (maximal drei), kann man diese nach Vorweisen eines Nachholunterrichts nochmals prüfen lassen. Seit die neuen Regelungen der europäischen JAA (Joint Aviation Authority) in Kraft sind, wird auch daran dauernd herumgeändert und „verbessert". Die JAA-Beamten beschäftigen sich offensichtlich selber. Typisch EU. Ganz anders in den USA. Dort hat man begriffen, was ein Pilot wissen muss, um ein Flugzeug sicher von A nach B zu fliegen. Zwar sind die theoretischen Prüfungen dort etwas einfacher, doch wird sehr viel Wert auf die Praxis gelegt. Auf unserem Kontinent versucht man zunehmend, mehr Fächer zu prüfen, was logischerweise nur sehr bedingt zu besseren Piloten führt. (Ich habe übrigens beide Lizenzen, die US- und die Schweizer Lizenz von A bis Z gemacht und weiß, wovon ich spreche. Letztlich glaube ich, dass eine Kombination der beiden Ausbildungen die beste Lösung wäre).

Geprüfte Theoriefächer sind in der Regel:

Aerodynamik (Lehre der Flugmechanik. Warum fliegt ein Flugzeug etc.)

Meteorologie (Wetterkunde. Wie entstehen Wolken, Nebel, Fronten etc.)

Luftfahrtsgesetz (wann darf ich wo und wie fliegen, wann vor allem nicht etc.)

Basic/IFR Navigation (wie fliege ich mit Hilfe von Kompass und Radionavigation bei Nacht und Nebel von A nach B etc.)

Flugzeugmechanik (wie funktioniert ein Flugzeug, die Elektrik, Hydraulik, Pneumatik etc.)

Jet-Basics (wie funktioniert ein Düsentriebwerk. Grundlagen der Strahltriebwerks-Aerodynamik etc.)

Kartenkunde (Flugkarten, Flughafenkarten, An- und Abflugskarten etc.)

Astronavigation (Positionsbestimmung mit Hilfe der Sterne, resp. Sextant und Almanach. Wird nur noch selten geprüft)

Instruments (Funktion aller Instrumente im Cockpit inkl. Notverfahren etc.)

CRM (Crew Ressource Management. Verhalten im Cockpit als Crew etc.)

Human Performance (Biologie des Körpers und die Auswirkungen der Fliegereiberufe auf denselben)

Will ich es wirklich?

Klar will ich. Aber kann ich, auch wenn ich diese Tests nicht bestehen sollte, trotzdem immer noch in meinem angestammten Beruf arbeiten? Und vor allem: Kann ich dabei auch wieder glücklich sein? Eine nicht zu unterschätzende Frage!

Bevor ich Pilot wurde war ich, wie gesagt, ausgebildeter Maschinenzeichner/Konstrukteur. Ein vernünftiger Beruf mit guten Aufstiegschancen. Es wäre für mich damals jederzeit möglich gewesen, wieder ins Büro zurückzukehren. Aber ich musste zum Glück nicht. Und hier auch gleich meine erste Empfehlung für junge Pilotenanwärter: Lernt zuerst einen Beruf!!! Wenn möglich, einen technischen. Es hat sowieso zu wenige Ingenieure, und diese werden in Zukunft, nach der Krise, wieder sehr gefragt und folglich auch sehr viel besser bezahlt werden als heute!

Gleich nach dem Abitur/Matura die Berufspilotenschule zu machen ist mit vielen Risiken behaftet. Merke: Als Pilot braucht man immer eine Alternative zum beabsichtigten Flugverlauf und Flugziel. Dazu gehört auch, dass man bei Verlust der Flugberechtigung infolge Krankheit oder Unfall einen anderen Job ausüben kann. Und nur ein Abi oder Matura sind heutzutage sehr dürftig bei der Suche nach einem Arbeitsplatz.

Wichtig ist aber, dass sie es versuchen! Ich höre heute von vielen Menschen, dass sie es versäumt hätten, ihren Traumberuf zu verwirklichen (es muss ja nicht Pilot sein). Sie hätten dabei zu sehr auf andere gehört. Oder „die Umstände" hätten es nicht erlaubt.

Aber ganz ehrlich; nur wenige konnten wirklich nichts dafür, dass sie es nicht mal versuchten. Es fehlte an der Energie, sich aufzuraffen und die Extrameile zu gehen. Den inneren Schweinehund usw., sie wissen schon.

Immer unterwegs

Bevor man sich denn wirklich für den Beruf Pilot entscheidet hilft es, sich ein paar Fragen zu stellen. Und zwar möglichst ehrlich!

Erstens: Fühlt man sich berufen und ist man gewillt dauernd auf Achse zu sein? Wenn ja, wie steht's mit der Familie, dem Partner?

Der Lebenspartner macht das Gelingen des Berufswechsels überhaupt erst möglich oder eben unmöglich. Das darf man keineswegs auf die leichte Schulter nehmen!

Das geht nur, wenn man ihm ehrlich sagt, was auf ihn zukommen könnte und vor allem was das für die Beziehung bedeuten kann. Mit allen Konsequenzen.

Ich war während meiner Ausbildung Single. Das hilft, sich auf das Wesentliche zu konzentrieren.

Erst nach der Ausbildung lernte ich meine Frau, Marietta, kennen. Sie hat meine Karriere nach der Ausbildung eins zu eins miterlebt. Mit allen Höhen und Tiefen. Nicht dass sie es besonders easy nahm. Gewiss nicht. Aber sie zeigte es mir kaum und bestärkte mich, nicht aufzugeben und weiterhin Bewerbungsschreiben zu verschicken. Handgeschriebene natürlich.

Zweitens: Ist man bereit, für den Rest des neuen Berufslebens aus dem Koffer zu leben? Nein, nicht Louis Vuitton, bestenfalls Samsonite.

Klingt nach großer, weiter Welt, kann aber auch heißen: Basel, Paderborn oder Hahn. Hahn? Where the hell is Hahn? Tja Freunde, die Zeit der langen Layovers (mehrtägige Aufenthalte an sonnigen Destinationen mit einsamen Stewardessen und Cai Pirinhas) ist spätestens seit den Neunzigerjahren vorbei. Leider! Heute tendieren die Billigfluggesellschaften (für die fliegt man die ersten paar Jahre) die wenig attraktiven Vororte von Ballungszentren anzufliegen. Zum Teil bis zu hundert Kilometer außerhalb, im Outback. Dort sind nämlich die Landegebühren sehr viel tiefer und die Crewhotels billiger. Entsprechend schlecht ist der Service. Geiz ist geil. Aldi ...

Hahn ist übrigens ein ausgedienter Militärflughafen und liegt im Hunsrück und nennt sich stolz Frankfurt-West(!), über eine Autostunde vom richtigen Frankfurt entfernt.

London, Paris und Rom sind schöne Destinationen, welche man selten länger als 18 Stunden besucht. Und dies nach einem anstrengenden Tag mit vier Starts und Landungen in Schnee, Nebel oder Regen. Nicht zu vergessen die netten Passagiere, welche sich über die fünfzehn Minuten Verspätung ärgern. Man hat schließlich 79 Euro für den Flug bezahlt.

Drittens: Hat ihr Partner Verständnis dafür, dass die Firma dauernd die Einsatzpläne ändert und man deshalb eher selten bei wichtigen Anlässen wie Geburtstagen, Hochzeitstagen, erster Schultag der Kinder etc. zuhause ist?

Vielleicht haben sie dereinst sogar das „Glück", endlich die großen Brummer auf der Langstrecke zu fliegen. Trauen sie es sich zu, nach dem 9-tägigen Trip um die halbe Welt und mit einem Jetlag in den Knochen freudig und ohne Fehlzündungen ihren ehelichen Pflichten nachzukommen?

Dann vielleicht noch das Sahnehäubchen für die Unerschrockenen unter ihnen: Wollen sie alle sechs Monate von teilweise frustrierten, alten Check-Piloten im Flug-Simulator geprüft, respektive gedemütigt werden und trotzdem den Spaß an der Fliegerei nicht verlieren? Bei 3500 Euro im Monat brutto Anfangsgehalt als Junior-Copilot. Wirklich?

GRATULATION!!!
Willkommen im Club (schon wieder ein Masochist)

So machte ich es

Ich wollte, vielleicht wie sie, schon als kleiner Bub Pilot werden. Ich hatte schon viele Modellflugzeuge gebaut und konnte schon als kleiner Junge detailgetreu Flugzeuge zeichnen. Ich las jeden Artikel über Flugzeuge. Ich verschlang alles, was im Entferntesten mit der Fliegerei zu tun hatte. Wenn die Lehrer mich fragten, was ich denn einmal werden wollte, sagte ich natürlich: Pilot! Was mir jeweils ein mitleidiges Kopfschütteln seitens der Lehrer und der Mitschüler einbrachte.

Lerne erst etwas vernünftiges, wurde ich ja schon belehrt. Und mit Recht, wie ich heute weiß. Das war auch das erste und einzige Mal, wo ich bewusst und glücklicherweise auf jemand anderen gehört habe. Und zwar auf meinen Vater.

Nach einem abgebrochenen Versuch, das Gymnasium eines Klosterschule-Internats in den Schweizer Bergen erfolgreich hinter mich zu bringen, fand ich mich plötzlich mit der Wahl meiner beruflichen Zukunft konfrontiert: Bub, was soll aus dir werden?

Siebzehn Jahre alt, einigermaßen gut allgemein gebildet (was heißt das eigentlich?) suchte ich nach einem Beruf, der es mir dereinst erlauben sollte, mit möglichst wenig physischem Aufwand ein möglichst attraktives Gehalt einzufahren. Viel Freizeit stand auch auf der Wunschliste, und natürlich sollte der Beruf auch in der Gesellschaft einigermaßen anerkannt sein. Ingenieur oder so. Mindestens. Man gönnt sich ja sonst nichts. Ein Spagat war also gefragt.

Für alle klassischen Traumberufe (Arzt, Pilot etc.) sei mein Zug sowieso längst abgefahren, wurde mir schnell klargemacht. Okay, Polizist oder Feuerwehrmann wäre noch zu schaffen gewesen.

Der amtliche Berufsberater (ein absoluter Vollgummi) hatte mir ziemlich gelangweilt ein paar Vorschläge gemacht. Vom Koch bis hin zum Buchdrucker war sein Spektrum für meine Zukunft. Hilfe! Er war mir also keine Hilfe. So nahm ich mein Leben selber in die Hand. (Soso ...)

In der nahegelegenen Kleinstadt war die „Lehrstelle für Maschinenzeichner" zu besetzen (damals gab es noch Lehrstellen). Die Zeit drängte und Maschinen begeistern schließlich jeden Jungen. Freudig unterschrieb ich den Lehrvertrag. Bloß weg von der Klosterschule.

Vier Jahre dauerte die Lehrzeit. Eine Ewigkeit für einen Teenager. Ich brachte sie mehr oder weniger problemlos hinter mich. Immer mit dem Ziel, so wenig wie möglich dafür zu tun. Effizient quasi.

Parallel dazu besuchte ich die Berufsmittelschule. Besuchen, genau. Das waren dann pro Woche zwei Tage Schulunterricht und drei Tage Konstruktionszeichnungen im technischen Büro anfertigen. So war das Arbeiten ziemlich erträglich.

Als junger Bursche hatte ich natürlich alles andere im Kopf als zu lernen. Um die wöchentlichen Schulprüfungen trotzdem zu bestehen, begann ich während meiner Arbeitszeit im Büro ausgeklügelte, klitzekleine Spickzettel anzufertigen. Geschrieben in 0,1 Millimeter dünner Tuscheschrift. Jedes ein Unikat, welches auch meinen Klassenkameraden (für eine kleine Gegenleistung) zugänglich war. Es war dann meist so, dass ich selber den Zettel im Ernstfall gar nicht mehr brauchte, weil ich ihn mir ja mittlerweile gemerkt hatte.

Vier sehr lange Jahre später dann die mit Schrecken erwarteten Abschlussprüfungen. Diese waren glücklicherweise exakt nach meinem Gusto. Geschafft!

Während dieser ganzen Zeit war ich (neben der Suche nach dem weiblichen Geschlecht) sehr damit beschäftigt, wie ich Pilot werden könnte. Es musste doch eine Möglichkeit geben. Im Büro klebte ich jeweils am Fenster, wenn wieder eine Mirage oder ein Hunter Kampfflugzeug der Schweizer Luftwaffe im absoluten Tiefstflug durch das enge Tal fegte. Zum Glück war auch mein super Lehrmeister von der Fliegerei begeistert, und so schauten wir beide den Jets nach. Ich hätte damals alles dafür gegeben, einmal in einem solchen Jet mitfliegen zu dürfen. Mit Lorenz hatte ich einen tollen, intelligenten und humorvollen Lehrmeister erwischt. Irgendwann würde ich es schon schaffen, meinte er.

Irgendwann aber konnte ich die Standardsätze der anderen Erwachsenen nicht mehr ertragen; ohne Matura/Abitur kannst du's vergessen oder; Pilot werden nur ganz erlesene Leute mit enormem Wissen, Sportlerfigur und überhaupt; um Flugkapitän zu werden, muss man zuerst Militärpilot sein. Absoluter Unsinn.

Zugegeben, Quereinsteiger gab es damals nicht sehr viele, aber irgendwie wusste ich, dass ich es schaffen würde. Ja, dass ich es schaffen musste!

René, zu jener Zeit mein bester Freund, hatte mir schon mit siebzehn Jahren das Drachenfliegen beigebracht. Nein, nicht steigen lassen. Selber fliegen!

Leider hatte ich mich dabei nicht immer besonders geschickt angestellt und crashte anfangs einige Male. Glücklicherweise ohne mich dabei ernsthaft zu verletzen. Ich bewundere heute noch seinen Mut, mir trotzdem seinen Drachen zu leihen und mich somit in die Geheimnisse der Aviatik (lat. Avis = der Vogel) einzuweihen. Ohne ihn wäre ich ganz bestimmt nicht Pilot geworden.

Doch aller Anfang ist schwer. Bevor der Drachen mich ins Tal tragen würde, sollte ich ihn viele Male den

Hang hinauftragen. Üben, üben, üben. Das war sehr anstrengend, aber es lohnte sich auf jeden Fall. Die Krönung war dann der erste, sogenannte Höhenflug. Ich werde ihn nie vergessen! Das unbeschreibliche Gefühl, über tausend Meter nichts als gähnende Leere unter sich zu haben und bloß an einem einzigen, acht Millimeter dicken Karabinerhaken zu hängen, ist der blanke Horror. Nur ein einziger Haken! Tausend Meter!

Nach monatelangem „Hüpfen" in unmittelbarer Nähe des Bodens und nach unzähligen Starts und Landungen/ Crashs auf dem fast flachen Übungsgelände war es dann endlich soweit: Der lang ersehnte Höhenflug war angesagt! Unser Startplatz befand sich auf über zweitausend Meter über Meer. Schon die Fahrt hinauf im Land Rover war ein Abenteuer. Der Fahrer kannte sich ausgezeichnet mit seinem Gefährt und dem Gelände aus. Trotzdem; mit ihm wieder hinunterfahren war für mich keine Option.

Mit jedem Höhenmeter stieg die Spannung. Bin ich denn auch wirklich bereit für den ganz großen Sprung? Innerlich zweifelte ich. Ich hatte sogar etwas Angst, doch mein Instruktor sah mich nur lächelnd an und meinte, dass es schon schief gehen würde. Während die anderen lachten, blieb mir selbiges im Halse stecken.

Ziemlich nervös packte ich meinen eigenen, auf Raten (noch nicht ganz ab-) bezahlten Gebrauchtdrachen aus und steckte die Rohre zusammen. Nur diesmal noch viel konzentrierter als sonst. Ich befestigte die Schrauben mit fast klinischer Genauigkeit.

Das Wetter war herrlich. Es war fast windstill und auch angenehm warm. Trotzdem zitterte ich wie Espenlaub. An einem so schönen Tag sterben? Tausend Gedanken kreisten in meinem Kopf. Soll ich es wirklich wagen? Es ist doch bestimmt gefährlich, oder? Rein statistisch schon, sagen doch alle. Drei Tage zuvor war wieder einer tödlich verunglückt. Bei schönstem Wetter.

Und außerdem hat es mir mein Vater doch ausdrücklich verboten. Was ist, wenn ich abstürze und es irgendwie überlebe? Was würde er sagen?

Die Profis schwangen sich gekonnt in die Luft. Sogar Frauen waren dabei. Wenn eine Frau es kann, dann …

Da gab mir mein Fluglehrer plötzlich ein Zeichen und meinte, dass es jetzt Zeit für mich wäre. Es schien, als ob der Sensenmann mir auf die Schulter klopfte. Ich suchte händeringend nach einer Ausrede. Zwecklos. Alle schauten zu mir, den Rookie. Mein Herz pochte. Ich war dran! Es gab kein zurück! Ich bin doch noch so jung.

Eingehängt, angepasst, Luftraum frei, Windrichtung o.k. Ich ging die kurze Checkliste mental durch. Ich realisierte kaum, was um mich herum geschah. Ich musste kurz warten, bis das Fähnchen etwas Aufwind signalisierte. Ich schaute Richtung Fluglehrer. Irgendwie schien er zu grinsen. Und dann: „Bereit, und Start!" hörte ich ihn ganz weit weg.

Tunnelblick total! Also; Arschbacken zusammen und: Los, in Richtung Abgrund!

Ich hatte mir aus Angst fast in die Hose gemacht. Sieben, acht Schritte. Ich rannte mit meinem Drachen in Richtung Felskante. Es gab kein zurück. Ich schob den Bügel etwas vor und schon spürte ich die Gurte. Der Drachen riss mich förmlich in die Luft. Ich flog! Und alle Schutzengel folgten mir. Alles ging mechanisch. Erst nach einer Minute oder so begriff ich, dass ich endlich richtig flog. Nicht einfach nur hundert Meter weit und zehn Meter hoch. Nein, mehr als tausend Meter reinstes Nichts unter mir. Aaah! Mit einem etwas schüchternen Jauchzen tat ich dies dem Rest der Welt kund. Unter mir waren ein paar Wanderer, der Wald, Felsen und viiiel Luft. Von Genießen konnte keine Rede sein. Viel zu nervös war ich. Mir war zum Kotzen.

Hab ich denn auch alle Schrauben richtig angezogen?

Durch das lange Training in Bodennähe bekam ich zusehend Vertrauen in mich und in mein Fluggerät. Zum ersten Mal hörte ich auch das Knacken der Rohre und das Flattern des Segels. Auf den kurzen Übungsflügen war dafür schlichtweg keine Zeit. Denn kaum gestartet war ja schon wieder die Landung angesagt. Ich hatte nun endlich etwas Zeit, die Vogelperspektive zu genießen. Sofern man hier von Genießen sprechen kann. Vorsichtig machte ich Links- und Rechtskurven. Und mein Drachen reagierte sehr gutmütig. Toll!

Dort weit unten machte ich das Landefeld aus. Mit dem Windsack (zeigt die Windrichtung an) und dem großen Stall, und gleich daneben die Hochspannungsleitungen! Oh, Mann, die Hochspannungsleitungen. Die sahen von unten so unscheinbar aus. Aber von hier oben glichen sie einem bedrohlichen Spinnennetz. Unter Starkstrom! Jetzt bloß nicht die Nerven verlieren. Etwas später konnte ich sogar meine Freunde erkennen. Nur nichts überstürzen. Ich kreiste wie ein Geier über dem Landeplatz, möglichst weit weg vom Strom. Und tatsächlich schaffte ich es, kurz vor meinen Freunden aufzusetzen. Auf den Beinen natürlich, den zittrigen.

Megacool! Das war er also; mein erster Höhenflug. Ich war der glücklichste Mensch.

Es ist bis heute der schönste Tag in meinem Leben! (Fast)

Drachenfliegen ist, wie ich heute weiß, die mit Abstand schönste Art zu fliegen. Kein Motorenlärm, kein Funkgerät, fast keine Regeln. Nur das Rauschen des Windes. Einfach fliegen wie ein Adler.

Gesteuert wird der Deltasegler übrigens nur mit Gewichtsverlagerung des Körpers. Das heißt, wenn ich nach links fliegen will, verlagere ich mein Gewicht etwas nach links und schon legt sich das Fluggerät sanft in eine Kurve. Meistens wenigstens. Das ist fliegen pur.

Etwa 1982, Drachenfliegen im Domleschg/Schweiz

Eine vielleicht noch schönere Art zu fliegen betreibt der Schweizer Yves Rossy. Der ehemalige Mirage-Pilot und aktuelle SWISS-Airbus Kapitän hat einen aufklappbaren Flügel entwickelt, den er sich kurzerhand auf den Rücken schnallt und damit zum Beispiel den Ärmelkanal überquert. Mit vier winzigen Modellflugzeug-Düsentriebwerken bestückt, fliegt er damit etwa 300 km/h schnell. Gesteuert wird mit dem Körper! Der Jet-Man, wie er sich nennt, kommt somit dem Vogelflug am nächsten. Er ist für mich im Moment der absolut tollkühnste Flieger.
Es lohnt sich, seine Website anzuschauen: (www.fusionman.ch)

René hatte mich später auch in die Helikopterfliegerei eingeführt. Am Doppelsteuer seines Helis durfte ich ab und zu Pilot spielen. Auch dafür bin ich ihm noch heute sehr dankbar. Der Hubschrauber ist eine geniale Erfindung. Und wenn man sich nicht überschätzt, kann es durchaus ein tolles Hobby sein. Ein sehr teures leider. Im Vergleich zum Kleinflugzeug ist der Heli mit größerer Konzentration zu bedienen. Fehler werden nicht so einfach verziehen wie beim kleinen, einmotorigen Flugzeug. Hier gilt der Grundsatz: Tausend Stunden braucht es, um einigermaßen sicher durch die Lüfte zu fliegen. Es gibt natürlich auch Hirsche, die weniger dafür brauchen.

Es dauert aber schon eine Weile, bis man einen Hubschrauber zähmt. Speziell das Schweben an Ort erfordert viel Finger- und Zehenspitzengefühl, denn die Vorwärts-, Seitwärts-, und Rückwärtsbewegungen werden mit der rechten Hand in Kombination mit den Füßen und der linken Hand gemacht, welche auch für das Gasgeben zuständig ist. Koordinieren nennt man das. Bis man den Hubschrauber aber wirklich beherrscht, dauert es viele Jahre. Berufs-Helikopterpiloten sind denn auch die eigentlichen Könner in der Fliegerei. Exaktes Fliegen mit Außenlasten bei Wind und Wetter erfordert sehr viel Können und permanente Konzentration. Und das bei mehr als fünfzig Starts und Landungen pro Tag. Chapeau!

Mit dem Stick und Pitch (Steuerknüppel) in der Hand den Hubschrauber zu führen war für mich immer wieder ein tolles Erlebnis.

Von da an wusste ich, dass ich Jumbokapitän werden musste.

Wie geht es weiter?

Wie gesagt befinden wir uns ja Mitte der 1980er Jahre, und die Swissairs und Lufthansas dieser Welt stellen nur „Übermenschen", sprich Leute mit besten Beziehungen ein. Der jüngste Kapitän auf der Boeing 747 ist bereits über fünfzig Jahre alt und hat graue Schläfen.

Dreißig Jahre warten, um Jumbo-Kapitän zu werden? Das will ich auf keinen Fall! Eine Abkürzung muss her.

Doch wie es sich für einen guten Schweizerbürger gehört ist zuerst Militärdienst angesagt. Die Schweiz will schließlich verteidigt werden. Unsere Miliz-Offiziere haben zu dieser Zeit wenigstens noch einen richtigen Feind im Osten.

Nun ist es leider nicht so, dass man sich als junger Eidgenosse wünschen kann, bei welcher Einheit man die nächsten dreißig Jahre seine obligatorische Dienstpflicht ausübt. Nein, nach einem bestimmten, für Laien undurchschaubaren Auswahlverfahren entscheiden die Militärs, wer wofür geeignet ist. Klar hab ich denen erklärt, wie sehr ich an der Fliegerei hänge. Nur war es halt so, dass mein Heimatort in den Bergen im „Ernstfall" viel zu weit von einem sogenannten Kriegsflugplatz entfernt lag. Und so kommt es, dass die Offiziere für mich von all den spannenden Truppengattungen die relativ unspektakuläre Kavallerie auswählen! Zu den Pferden wollen die mich schicken!

Pferde sind ja o.k., aber wie sich ziemlich schnell herausstellt, möchten diese frühmorgens gefüttert und gestriegelt werden. Da ich kein überzeugter Frühaufsteher bin und auch sonst nicht viel am Hut habe mit Pferdebetreuung (von reiten spricht hier keiner), muss ich das verhindern. Aber wie, ohne zu tricksen?

Also trickse ich. Ich lüge, was das Zeug hält! Mit Hilfe meines Lehrmeisters schicke ich einen handgeschriebenen Brief an den zuständigen Offizier. Ich lüge ihm vor, dass ich privat schon einige Pilotenlehrgänge besucht hätte und es für mein geliebtes Vaterland doch von Vorteil wäre, mich bei den Fliegern unterzubringen. Wenn nicht als Pilot, dann doch wenigstens als Flugzeugmechaniker. Ich schließe den Brief mit „jeder Mann am richtigen Ort!" und „mit kameradschaftlichem Gruß" (Schleim) und lege mein Dienstbuch bei. Zwei Wochen später erhalte ich es wieder zurück. Mit dem Stempel „Fliegersoldat". Klasse! Dies kam quasi einem Ritterschlag gleich. Meine Eigeninitiative wurde tatsächlich belohnt. Oder eben wieder „Schwein" gehabt!

Mittlerweile 21-jährig komme ich als Rekrut bei der honorigen Schweizer Luftwaffe zum ersten Mal mit Flugzeugen in Kontakt. Wir dürfen sogar den Flugzeugtyp auswählen. Mirage III, Northrop F-5 Tiger, Helikopter oder den Hawker Hunter. Ich entscheide mich für den Kampfjet vom englischen Typ Hawker „Hunter" Mk58, Baujahr 1958.

Flugplatz Mollis, als Soldat im Militärdienst (Hawker Hunter)

Doch bevor man uns ans teure Flugzeug lässt ist Marschieren, Schießen, Überlebenstraining und Salutieren angesagt. Auf das Salutieren wird in der Schweizer Armee besonders Wert gelegt. Am allerersten Tag exerzieren wir richtiges, militärisches Grüßen und lernen die Dienstränge auswendig. Man muss sich daran gewöhnen, angeschrien zu werden; und andere anzuschreien.

Nach vier Wochen geht's endlich ans richtige Flugzeug. Zuerst werden wir natürlich wieder mit viel Theorie eingedeckt. Der Sommer ist heiß und unser rühriger Instruktor, Adjutant Vögeli, versucht wirklich alles, uns bei Laune zu halten. Doch schon nach relativ kurzer Lernzeit dürfen wir an Kampfflugzeugen herumschrauben. Unter professioneller Aufsicht natürlich. Etwas später dürfen wir richtigen Militärpiloten ins Cockpit helfen und sie anschnallen. Sogar duzen dürfen wir sie, die Cracks (allerdings nur die ganz jungen). Was würde ich geben, einen solchen Jet zu fliegen. Auf meine Frage hin, ob es denn gefährlich sei, ein Militärflugzeug zu fliegen meinte einer locker: Es dürfte etwa so gefährlich sein, wie es aussieht.

Als überzeugter Militärgegner aber ebenso überzeugter Flugzeugenthusiast schlagen zwei Herzen in meiner Brust. Bei den Fliegertruppen wird das Indianerspielen, also die Basisausbildung mit Gewehr und Handgranaten, glücklicherweise auf ein Minimum gedrosselt. Man muss sich ja schließlich auf den Job als Mechaniker konzentrieren können.

Die Ausbildung zum Flugzeugwart ist für mich äußerst interessant. Als Maschinenzeichner kenne ich viele der Flugzeugkomponenten aus der Theorie. Jetzt heißt es damit umzugehen und sie in die Hand zu nehmen. Das bedeutet zum Beispiel, an fast unmöglichen Orten irgendwelche Schmierstoffe einzufüllen oder Schrauben an Stellen zu lösen, wo man sich fast immer blutige Finger holt, weil gerade dort ein scharfkantiges Teil den Zugang erschwert. Einer der Gründe für diese wartungsunfreundliche Platzierung der Geräte ist, dass dieser Jet damals in den frühen 1950er Jahren in sehr großer Eile entworfen und hergestellt wurde. Und seither wurde er immer „weiterentwickelt". Als Ganzes zwar ein großer Wurf, aber im Detail doch eher kompliziert und wartungsaufwändig.

Bevor wir jedoch den flugbereiten Hunter „unseren" Piloten übergeben können, ist eine Menge Arbeit angesagt. Warten nennt sich das. Da sind zum Beispiel die Bremsen zu kontrollieren und nachzustellen, das Cockpit muss für die Piloten bereit gemacht werden, Instrumente gecheckt werden. Der Bremsschirm, der das fast sieben Tonnen schwere Flugzeug bei der Landung auf eine für die Radbremsen erträgliche Geschwindigkeit reduziert, muss auch frisch zusammengefaltet und wieder korrekt eingebaut werden. Da es sich um Kampfflugzeuge handelt, werden natürlich auch scharfe Bomben und Raketen angehängt und die Bordkanonen aufmunitioniert. Zu guter Letzt wird das Triebwerk nach jedem Flug auf äußere Schäden inspiziert. Wobei dieser Ausdruck etwas verwirrt, muss man doch dafür gelegentlich ins Innere des Triebwerkes klettern. Bewaffnet mit Spiegel und Taschenlampe. Nichts für Klaustrophobiker. Am Schluss wird das Flugzeug mit etwa 3000 Litern Kerosin, welches übrigens ein etwas modifizierter Diesel ist, vollgetankt. Der Sprit reicht dann für eine knappe Stunde.

Diese sogenannte Zwischenflugkontrolle wird sehr oft unter Zeitdruck ausgeführt. Uns bleibt eine Stunde von der Landung bis zum nächsten Start. Dabei sind pro Flugzeug fünf Soldaten im Einsatz. Ich weiß nicht, ob sich unsere Militärpiloten bewusst sind, wieviel Schweiß wir vergießen, nur damit sie ein bisschen in der Gegend herumkurven können. Aber was soll's. Der Job macht mir Spaß und ist außerdem besser als Pferde füttern.

Die „Flugzeugübergabe" an die Piloten ist jedes Mal eine choreografische Inszenierung. In Achtungsstellung aufgereiht erwarten wir die Piloten. Es wird fast andächtig still, wenn diese Herren in ihren grünen Druckanzügen, Springerstiefeln und Helm so betont lässig die geheimen, unterirdischen Hallen betreten um ihre Jets zu besteigen. Sie kommen nicht einfach rein. Nein, sie ereignen sich! Eine spezielle Aura herrscht. Keiner wagt zu husten.

Zudem wissen wir, dass diese Stars Gewinner eines mörderischen Auswahlverfahrens und im Zivilleben meist Piloten bei der hochheiligen Swissair sind und somit die Verantwortung über hunderte von Menschenleben haben. Sie steuern riesige, millionenteure Passagierflugzeuge bei Wind und Sturm rund um den Globus. Ganz zu schweigen von ihrem fürstlichen Gehalt und dem daraus resultierenden gesellschaftlichen Stellenwert. Und so ganz nebenbei fliegen sie noch Militärjets und verteidigen die Schweiz. Die haben es also geschafft! Eine Mischung aus Tom Cruise und James Bond. Scheinbar Übermenschen auf der wirklichen Sonnenseite.

Die meisten jedenfalls. Oder zumindest solange sie lebten, denn einer unserer Miliz-Militärpiloten musste ein Jahr zuvor seinen Kampfjet wegen eines technischen Defektes frühzeitig und in großer Höhe verlassen. Wobei das Wort ‚verlassen' nicht einmal ansatzweise richtig ist. Bei Tempo 600 herauskatapultiert mit dem Schleudersitz. Und zwar mit einem kräftigen Tritt in den Hintern. Die dabei kurzfristig auftretende Belastung von etwa 16 G's soll angeblich sehr schmerzhaft sein, denn für kurze Zeit lastet dabei das 16-fache des Eigengewichtes auf dem Körper. Die Innereien werden nach unten gepresst und die Wirbel ineinander gestaucht. Und zwar so fest, dass man nach einem solchen Ausstieg bis zu zwei Zentimeter kürzer ist. Aber nach einer Therapie normalisiere sich das wieder, sagt man.

Auf meine Frage hin, was für ein Gefühl es denn sei, wieder ins Flugzeug zu steigen meinte dieser Pilot lakonisch: „Ich weiß, was damals falsch gelaufen ist. Das gibt mir Vertrauen in die Technik." Nun, genau einen Monat später ist er leider mausetot. Tragischerweise bei schönstem Herbstwetter, von der Sonne geblendet, morgens um neun mit einem Kameraden beim Tiefflug in der Luft zusammengestoßen. Beide sofort tot. Was für eine Verschwendung. Sie hinterlassen Frau und Kinder. Das Unglück ereignet sich zudem genau über meinem Heimatdorf. Und mein Vater schaut zufälligerweise zu.

Noch Wochen nach dem Crash kommen Dorfbewohner mit verbogenen Flugzeugteilen zu mir und wollen wissen, was sie denn da gefunden hätten. Ziemlich makaber, speziell der verlorene Pilotenstiefel.

Nach vier Monaten Rekrutenschule und dem Geruch von Kerosin in der Nase kehre ich um viele Erfahrungen reicher nach Hause zurück. Ich reife zum Mann. Bereit fürs richtige Leben. Wirklich?

Ich beginne meinen ersten Job als nun fertig ausgebildeter Maschinenzeichner. Das Büro liegt hoch über dem Zürichsee und hat riesige Fenster. Büro ist eine Untertreibung. Es ist die Villa meines Chefs. Er hat sie zum Ingenieur-Büro umgebaut. So verkürzt sich sein Arbeitsweg auf knappe zehn Treppenstufen.

Fachgebiet dieser Firma ist die Konstruktion von Baumaschinen für den Tunnelbau. Das sind diese zweihundert Meter langen Monster, die unmittelbar hinter der Bohrmaschine angehängt sind. Nachdem sich die Bohrmaschine langsam in den Berg frisst, werden gleichzeitig die Tunnelwände mit Betonelementen gesichert und der Bauschutt über Förderbänder und Eisenbahnwaggons hinaus ins Freie transportiert. Um solche Anlagen zu entwerfen ist sehr viel Ingenieurskunst und Erfahrung gefordert. Ein recht spannendes Gebiet also für einen frischen Berufsmann. Ich muss schnell lernen, denn ich bin fast der einzige Nicht-Ingenieur im Betrieb. Hydraulik, Pneumatik, Elektrik und zum Teil auch Elektronik sind tägliches Brot, wenn es um den Bau dieser Kolosse geht. Mein Einsatzgebiet umfasst praktisch alle Komponenten. Das heißt, dass ich überall ein bisschen mitkonstruieren darf. Als Krönung meiner zweijährigen Zeit bei dieser Firma darf ich selbständig einen Hydraulik-Kran entwerfen. Mit allem Drum und Dran. Auch wenn ich bei der Materialstärke etwas übervorsichtig kalkuliert habe; der Chef ist begeistert, und die Maschine geht in Produktion.

Nach wie vor bin von der Fliegerei besessen. Sollte ich wirklich mein ganzes Leben in einem Büro verbringen? Montagfrüh bis Freitagabend? Vier Wochen Urlaub pro Jahr? Ein durchschnittliches Gehalt? Hilfe!

Etwa zur gleichen Zeit sind in meiner Gegend einige Abstürze mit Deltaseglern zu beklagen (scheint eine verhexte Gegend zu sein). Mein Vater will mir das Drachenfliegen nun endgültig verbieten. Da ich aber schon einundzwanzig bin lasse ich mir natürlich gar nichts vorschreiben und fliege ohne sein Einverständnis weiter. Mein „Produzent" scheint sich Sorgen um mich zu machen. Er ist schlau und unterbreitet mir einen Deal: Er bietet mir an, die Hälfte eines Privatpiloten-Lehrgangs zu bezahlen, wenn ich meinen Drachen verkaufe und nie mehr diesen gefährlichen Unsinn betreiben würde. Mit anderen Worten: Er bietet mir an Pilot zu werden! Pilot auf richtigen Flugzeugen. Zwar nur auf Sportflugzeugen, aber immerhin.

Ich überlege kurz, obwohl ich mich längst entschieden habe. „Deal!"

Der Privatpiloten-Schein

Meine Arbeit im Büro ruht jeden Montagmorgen zwischen halb elf und elf Uhr. Der Grund: Die Schweizer Kunstflugstaffel, die Patrouille Suisse, hat dann ihr wöchentliches Akrobatik-Training. Und zwar genau vor meiner Nase, was natürlich auch meinem Chef nicht entgeht. „Werden Sie doch Pilot!" meint er. Wie recht er doch hat! Doch ich muss mich noch etwas gedulden. Ich muss mir schließlich noch die zweite Hälfte des Privatpiloten Lehrgangs erarbeiten. Ist schließlich auch kein Pappenstiel. Der Kurs kostet 1985 insgesamt umgerechnet etwa 6000 heutige Euro. Nach sparsamen zwei Jahren habe ich endlich genug Geld zusammen. So lange habe ich auch gebraucht, um herauszufinden, wo ich optimal meine Ausbildung machen kann. Das heißt, wo ich in der kürzesten Zeit die gesetzlich geforderten 35 Flugstunden und die dazugehörende Theorie absolvieren kann. Da ich pro Jahr wie die meisten im normalen Arbeitsprozess gefangenen Mitteleuropäer nur vier Wochen Urlaub zur Verfügung habe, muss ich damit sehr haushälterisch umgehen. Um Fliegen zu lernen ist man zusätzlich auf einigermaßen schönes Wetter angewiesen. Und wo gibt es in der Schweiz am meisten Sonne? Klar, in unserer Sonnenstube, im Tessin. Also entscheide ich mich für eine Flugschule in Locarno. Schließlich verdienen sich auch die angehenden Schweizer Militärpiloten ihre Flügel hier auf diesem Flugplatz. Stabiles Wetter, italienisches Ambiente und nur eine gute Motorrad-Stunde von zuhause entfernt finde ich hier also optimale Bedingungen, um den Schein zu machen. Eine preiswerte Bleibe für die nächsten vier Wochen ist auch schnell gefunden. In Gordola, nahe dem Flugplatz, bekomme ich eine alte, aber sehr saubere Wohnung für relativ kleines Geld.

Also schwinge ich mich auf meine Yamaha und zische ab in den Süden, der Sonne hinterher ... Es sollte ein toller Sommer werden. Der beste meines Lebens. Jung, dynamisch und den Kopf voller Ideen. Alles war möglich, nichts war ein Muss. So richtig frei. Das Leben ist schön! Frühmorgens komme ich in der Flugschule an. Ich bin nicht der einzige Pilotenaspirant in Locarno-Magadino. Wir sind insgesamt fünf. Zwei reiche Schnösel aus Italien und Deutschland und zwei Brüder mit dem unscheinbaren Namen „Huber" haben sich angemeldet.

Die Hubers: Kurt und Gregor. Die würden garantiert auch ein Buch füllen! Um sie vorsichtig mit einem Wort zu beschreiben, würde ich für sie „unkonventionell" wählen.

Vater Huber hatte ihnen schon vor Jahren das Fliegen auf dem Eigenbau-Holzflugzeug beigebracht. Er hatte ihnen eigentlich alles beigebracht; vom Autofahren bis zur Getränkeproduktion. Huber & Co. ist eine Familie, die auf den ersten Blick sehr chaotisch anmutet, aber einen enormen Zusammenhalt aufweist. Hubers halten zusammen wie Pech und Schwefel. Und vor allem hat sie der liebe Gott mit einem äußerst gesunden Menschenverstand ausgestattet. Viel zu gesund für die meisten Schweizer, denn dauernd hinterfragen sie alles. Alles! Und da kann es hin und wieder auch (zwangsläufig) vorkommen, dass sie mit dem Gesetz in Konflikt geraten. Die örtliche Polizei kennt die Familie Huber nur zu gut.

Bei den Söhnen geht es also nur noch darum, endlich den Flugschein zu machen, damit sie auch „offiziell" mit dem hauseigenen Flugzeug fliegen dürfen. Dazu gehört eben leider auch das Erlernen des theoretischen Fachwissens und die dazugehörende amtliche Prüfung.

Vor den Erfolg haben die Götter ... sie wissen schon. Also pauken wir gemeinsam Flugzeug-Bücher. Navigation, Wetterkunde, Flug-Recht und Flug-Technik werden zu unserer Bettlektüre. Natürlich sind alle diese Fächer sehr interessant, aber wir wollen eigentlich nur fliegen. Wir kommen tüchtig voran. Wir sind ein tolles Team und wir haben eine Menge Spaß.

Unser Fluglehrer nennt sich Hardy. Er ist Schweizer Nepal-Veteran, der zu diesem Zeitpunkt noch fest daran glaubt, seine Fliegerkarriere gemächlich als Privatpiloten-Instruktor ausklingen zu lassen. Ein Irrtum, wie sich herausstellen wird. Jahrelang flog er einen PC-6 Pilatus-Porter, ein kleines Transportflugzeug, inmitten der Achttausender des Himalayas. Bei jedem Wetter und mit verschiedenster Fracht. Von Yakmilch bis zu verunglückten Bergsteigern (oder was von ihnen übrig blieb) hat er alles transportiert. Er hat alles gesehen, alles gemacht. Alles? Nun, einen Challenge sollte er noch bekommen. Die Ausbildung der Huber-Brothers!

Als notorischen Nachtmenschen fällt es ihnen äußerst schwer, sich dem straffen Lernplan Hardys unterzuordnen. Sie erscheinen sehr oft zu spät zum Flugunterricht und wurden von ihm schon mehrmals angezählt. Um nicht rausgeschmissen zu werden versprechen sie ihm, in Zukunft etwas pünktlicher zu sein. Großes Ehrenwort.

Die Hubers sind Pragmatiker, und als solche parken sie ihren alten Amischlitten kurzerhand vor den Piloteneingang. An sich nichts Ungewöhnliches. Doch zwecks Geld sparen, Geld war immer knapp bei Hubers, schlafen sie im Auto. Bei offener Tür und mit den Füßen an der frischen Luft!

08:00 Theoriebeginn.

Hardy muss unweigerlich über ihre Füße stolpern … und somit erscheinen sie on-time zum Unterricht. Natürlich unrasiert, ungewaschen und unvorbereitet. Aber pünktlich. Unser Fluglehrer ist wirklich nicht zu beneiden.

Er fängt bei Adam und Eva an. Schon nach kurzer Zeit langweilen sich die Hubers und haben auch schon einen Plan, wie man die Sache verkürzen könnte. Sie bieten Hardy an, mir die Theorie in ihrer „Freizeit" beizubringen, wenn wir dafür die Theorie im Klassenzimmer auf ein Minimum reduzieren könnten. Als Klassenzimmer dient die Terrasse vor dem Büro der Flugschule. Es ist schließlich Sommer. Hardy ist einverstanden, denn auch die reichen Söhne aus den Nachbarländern haben schon einige Erfahrung mit Papas Flugzeug gemacht und kennen die Theorie. Ich selber werde übrigens nicht wirklich gefragt, was ich von diesem Vorschlag halte. Aber er sollte gut sein!

Am Nachmittag steht schon der erste Flug auf dem Programm. Unser Schulungsflugzeug ist die Piper PA-28, Warrior. Ein kleiner Vierplätzer. Bewaffnet mit Pilotenbrille und Flugplatzkarte schreiten Hardy und ich zum Flugzeug. Nach einem ausführlichen Rundgang desselben ist es endlich Zeit, einzusteigen. Die vielen verschiedenen Handgriffe, vom richtigen Türschließen bis zum Verstellen des Pilotensitzes, sind schnell eingeübt, und wir können zum eigentlichen Teil des Fliegens übergehen. Wie starte ich einen Flugzeug-Motor? Dazu muss man sagen, dass in der Kleinfliegerei vorwiegend Motoren aus der Steinzeit benützt werden. Nur einfach einen Zündschlüssel drehen ist nicht! Einen Motor zu starten erfordert Fingerspitzengefühl. Und da macht es einen wesentlichen Unterschied, ob der Motor kalt oder heiß ist, ob die Außentemperatur hoch oder niedrig ist oder ob der Motor auf Meereshöhe oder zum Beispiel auf dem 1700 Meter hohen Flugplatz von Samedan St.Moritz gestartet werden soll. Die Dosierung des Gemisches und das Einspritzen des Flugbenzins (hoch-oktaniges Autobenzin) wollen gelernt sein, sonst springt der Motor nicht an.

Hardy zeigt mir, wie es geht. Schluss mit Ruhe. Das Ding macht so einen Krach, dass wir uns über das Intercom (Kopfhörer und Mikrofon) verständigen müssen.

Ich bin ziemlich überwältigt von den vielen Instrumenten, Schaltern, Knöpfen und Hebeln. Doch Hardy winkt ab und meint: Vergiss die vielen Instrumente. Du musst dir zunächst nur diese drei merken und nicht aus den Augen verlieren: den Geschwindigkeitsmesser, den Höhenmesser und den Kompass. „Die sind deine Lebensretter. Sie sind Pflicht. Die anderen Instrumente sind Kür. Die lernst du später noch kennen", brüllt er ins Mikro. Soso. Also gut, was immer du sagst.

Vom Kontrollturm erhalten wir die Freigabe, zur Piste Nummer 26 Center zu rollen. Vorsichtig schiebe ich den kleinen schwarzen Hebel vor und löse gleichzeitig die Parkbremse. Gesteuert wird mit den Füßen! Wenn ich nach rechts fahren will, drücke ich den rechten Fuß und nach links eben den linken. Auch Bremsen geschieht mit Hilfe der Füße. Der obere Teil der Pedale, welche übrigens auch das Seitenruder bewegen, ist mit separaten Pedälchen ausgerüstet. Drückt man sanft mit den Zehenspitzen auf sie, wird das Flugzeug gebremst. Linker Fuß, linke Radbremse, rechter Fuß rechte. Die Motorik wird offenbar bereits beim Rollen gefordert.

Wir stehen vor der Piste. Eine alte Bücker landet vor uns punktgenau auf der Grasbahn, und wir bekommen die Erlaubnis, auf die Piste zu rollen. Klappen gesetzt, Mixture Rich, Piste frei und Vollgas! Es rumpelt gewaltig und die kleine Maschine gewinnt langsam an Fahrt. Bei etwa 60 Knoten sagt Hardy „Zieh ein bisschen" und schon fliegen wir. Natürlich hat er etwas nachgeholfen. Ich hab gar keine Zeit rauszuschauen. Ich konzentriere mich voll auf die Geschwindigkeit, Höhenmesser und Kompass. Irgendwie hängen wir zur Seite. Hardy erklärt mir, dass mit Hilfe des Seitenruders das Drehmoment des Motors, respektive des Propellers ausgeglichen würde und so das Flugzeug in die richtige Lage gebracht wird. Wie bitte? Keine Ahnung, wovon er spricht. Aber ich tu es und siehe da, wir fliegen geradeaus. Ich muss offenbar noch einiges an Theorie mit den Hubers lernen. Wir steigen auf 4500 Fuß (ca. 1500 Meter, in der westlichen Fliegerei wird alles in Fuß und Meilen gerechnet) und Hardy beginnt mir zu zeigen, wie man eine Kurve fliegt. Und zwar ohne dabei an Höhe zu verlieren. Sieht wirklich einfach aus. Jetzt komm ich dran, doch ich habe schon größte Mühe, das Ding einigermaßen gerade ausfliegen zu lassen. Nach zwei Minuten bin ich endlich soweit. Ich steuere nach links, wie beim Auto. Und das Flugzeug legt sich tatsächlich in eine Linkskurve – und beginnt zu sinken „Du musst jetzt natürlich etwas am Steuerhorn ziehen, um den Auftriebsverlust zu kompensieren", raunt Hardy etwas genervt. Schon wieder diese Theorie. Aber es hilft. Je mehr Querlage ich habe, umso mehr muss ich am Steuerhorn ziehen, damit ich die Flughöhe beibehalten kann. Und gleichzeitig etwas Gas geben.

Nach ein paar weiteren Links- und Rechtskurven beschließen wir wieder zum Flugplatz zurückzukehren. Wir beginnen sachte den Sinkflug und wieder scheint das Flugzeug zu „schieben". Hardy erklärt mir, dass der Motor jetzt praktisch im Leerlauf dreht und wir deshalb auch wieder mit dem Seitenruder korrigieren müssen. So langsam dämmert's mir. Beim Gas geben, Fuß drücken. Beim Gas wegnehmen, Fuß wegnehmen.

Jetzt wird's spannend. Weit links unten mache ich den kleinen Flugplatz aus. Drei Bahnen zu je 800 Metern, eine davon ist asphaltiert. Wieder sollten wir auf der 26C landen. Ich weiß ehrlich gesagt nicht, wie man diese kleine Fläche kurzgeschnittenes Gras treffen sollte. Hardy beruhigt mich. Schritt für Schritt beginnen wir nach Checkliste und Flugplatz-Anflugkarte in die Platzrunde einzufliegen. Wir sind jetzt etwa 500 Meter oder eben 1500 Fuß querab der Piste. Wir reduzieren auf 90 Knoten (etwa 170 km/h) und fahren die erste Stufe der Landeklappen aus. Die Piste ist jetzt hinten links und Hardy sagt mir, dass ich mir genau das Pistenbild einprägen soll. Pistenbild? Jetzt drehen wir weiter nach links und fliegen rechtwinklig zur Anflugsachse. Ich glaube immer noch, dass wir viel zu hoch sind, doch Hardy wird schon wissen, was wir tun.

Jetzt drehen wir wieder um 90 Grad nach links und haben die Piste genau vor uns. Die Klappen werden weiter gesetzt und wir verlangsamen auf etwa 60 Knoten (etwa 110 km/h), die Geschwindigkeit für das Landen. Ich versuche den richtigen Winkel zur Piste beizubehalten. Hardy korrigiert und erklärt. Ich bin klatschnass. Die Konzentration und die Hitze im Flugzeug bringen mich ganz schön ins Schwitzen. Wir nähern uns rasant der Piste und kurz vor dem Aufschlag zieht mein Fluglehrer etwas am Steuerhorn. Gelandet! „Dieser Landung gebe ich eine 9 ... auf der Richterskala" meint Hardy.

Während wir zum Abstellplatz rollen öffnet Hardy seine Tür. Ah, endlich frische Luft. Mein erster Trainingsflug nimmt so sein Ende. Klasse. Ich bin happy.

Danach sind die Hubers dran. Ich beobachte alles bei einem Glas Bier von der Flugplatzkneipe aus. Ihr Programm sieht etwas anders aus. Kaum gestartet landen sie auch schon wieder. Durchstart und wieder eine Landung. Das Ganze etwa vier Mal. Na ja, sie haben das Fliegen eben schon beim Vater gelernt.

Die nächsten paar Tage sind sehr intensiv. Morgens und nachmittags je anderthalb Stunden Start- und Landeübungen. Dazwischen etwas Theorie. Nach insgesamt acht Stunden Instruktion in der kleinen Piper rolle ich wieder mit Hardy zur Startbahn 26C.

Bei laufendem Motor öffnet er die Tür, steigt aus und ruft mir zu: „Also Renato, es ist jetzt Zeit. Du machst zwei Platzrunden. Ohne mich! Mach keinen Landschaden."

Er knallt die Tür zu und entschwindet.

Schluck! Oh Gott! Ich ganz alleine? Mein Herz pocht wie damals mit dem Hängegleiter vor dem Abgrund. Warum tu ich mir das an?

„Hotel-Bravo-Papa-Hotel-Victor is ready for takeoff" flüstere ich ins Mikrofon. Mein Hals ist trocken, die Hände feucht. Wenn das nur gut geht. „Hotel-Hotel-Victor is cleared for takeoff and, äh ... good luck!", scherzt der Herr vom Tower.

Na gut, dann wollen wir mal. Ich atme tief durch und rolle auf die Piste. Der Rest geht jetzt wieder rein mechanisch, eingeübt mit Hardy. Klappen gesetzt, Checkliste abgehakt, Gashebel nach vorn, Geschwindigkeit aufbauen, etwas Ruder, leicht am Steuerhorn ziehen und schwupps, schon fliege ich.

Ich! Ganz alleine (und wieder in enger Formation mit tausend unsichtbaren Schutzengeln). Ich bin glücklich und angsterfüllt zugleich. Ein unbeschreiblicher Gefühlsbrei, und wieder ist mir zum Kotzen.

Irgendwie fliege ich die Platzrunde und setze zur Landung an. Klappen ausgefahren, Checkliste abgehakt, Landegenehmigung erhalten. Eigentlich ist alles wie mit Hardy. Nur eben wieder alles mit Tunnelblick.

Rumps, aufgesetzt. Klappen eins, Vollgas und im Nu hebe ich wieder ab. Geht doch. Ich schaue auf den leeren, rechten Sitz neben mir und denke; endlich allein! Alleine am Steuer eines Flugzeugs. So lange muss es etwa gedauert haben, bis ich realisierte, alleine im Flugzeug zu sitzen. Ich habe diesen zweiten Flug viel besser in Erinnerung als den ersten. Jetzt habe ich auch richtig Zeit, mir die Berge und den See anzuschauen. Ich verfüge jetzt auch über die mentale Kapazität, die anderen Flugzeuge zu beobachten. Die anderen Flugzeuge?! Da waren doch bestimmt schon vorher andere Flugzeuge!

Selbst die Landung ist weniger dramatisch. Ich fühle mich sauwohl! Das war er also; mein erster Soloflug.

Ich bin nun ein richtiger Pilot! Ganz stolz rolle ich das Flugzeug vor die dutzenden von Zuschauern am kleinen Flugplatz. Das Aussteigen ist schon fast ein „seht her, ich hab's geschafft, ich bin der Größte" und bedanke mich innerlich beim Flugzeug, mich wieder heil heruntergebracht zu haben.

Auch mein Fluglehrer ist sichtlich erleichtert. Danach werde ich von ihm zu einer Tasse Kaffee eingeladen. Wir gehen das Programm der nächsten Tage durch. Der Zeitrahmen ist sehr eng gesteckt. Ziel ist es, eine Woche nach dem Soloflug den ersten, langen Navigationsflug zu machen. Auch alleine, versteht sich.

Wir fliegen was das Zeug hält. Wie gesagt, morgens und nachmittags Touch and Go, Start- und Landeübungen. Mal mit, mal ohne Fluglehrer. Dazwischen immer wieder Theorie pauken. Nach sechs weiteren Tagen sind wir dann soweit: Navigationsflug! Darunter versteht man einen Flug von unserem Trainingsflugplatz an einen „fremden" Flugplatz und wieder zurück. Unser Flug führt von Locarno über die Berge ins Wallis nach Sion. Mehr als eine Stunde über die Alpen! Der Blick auf die Wetterkarten lässt gute Stimmung aufkommen. Schönstes Sommerwetter ist angesagt, am Nachmittag etwas Quellbewölkung. Wir können es kaum erwarten abzuheben. Zuvor wird natürlich brav geplant und gerechnet. Flugweg, Treibstoffverbrauch, Gefahrenzonen, Schießgebiete usw. Alles muss minutiös vorbereitet werden. Die Routenwahl scheint heute ein Kinderspiel zu sein. Keine Wolken am Himmel, also direttissima über die Pässe. Hubers fliegen uns nach, denn auf dem Hinflug sitzt Hardy neben mir. Er ist eine unschätzbare Hilfe. Die Navigation ist gar nicht so einfach, denn auch bei schönstem Wetter sieht die Welt aus der Vogelperspektive eben anders aus, als man sie sich vom Autofahren gewohnt ist. Er zeigt mir durch welches Tal und über welchen Pass ich fliegen muss. Dabei gibt er mir eine Menge Tipps wie man dies professionell tut, ohne sich dabei das Genick zu brechen. Es verunfallen schließlich jedes Jahr ein halbes Dutzend Piloten, vorwiegend Deutsche, weil sie die Alpen mit falscher Technik überqueren. Mit leider meist tödlichen Konsequenzen.

Auf dem Hinflug nach Sion versuche ich, mir den Flugweg einzuprägen, denn zurück muss ich alleine fliegen. Doch die dritte Dimension hat so seine Tücken. Um sich mit Hilfe von Kompass und Karte durch die Alpen zu bewegen bedarf es einiger Übung. Wenn man mitten über dem Tal fliegt sieht eben alles ein bisschen anders aus, als wenn man nur von einem Berg hinunterschaut. Ich hatte später als Rundflugpilot übrigens sehr oft Passagiere im kleinen Flugzeug, welche nicht einmal ihr eigenes Dorf aus der Vogelperspektive erkannten.

Ganz im Norden und im Westen der Schweiz mache ich ein paar Wolken aus. Sollte also reichen, auch auf dem Rückweg im schönen Wetter zu fliegen. Der Anflug auf den Flugplatz Sion ist um einiges anspruchsvoller als Locarno. Erstens ist er völlig neu für mich, es wird nur englisch und französisch gesprochen und zudem erheben sich links und rechts hohe Berge. Viertausender. Zusätzlich wird dieser Flugplatz auch von Militär-Jets benutzt und somit ist erhöhte Wachsamkeit, vor allem am Funk, gefragt. Alleine wäre ich ziemlich überfordert, aber mit Hardy an meiner Seite ist es ein „Piece of Cake." Die Piste ist unendlich lang, und ich habe sehr viel Zeit, meine Piper sanft auf dem Asphalt zu landen. Nun sind wir also in Sion angekommen. Nachdem wir die Landetaxen bezahlt und uns einige Tassen schwarzen Kaffee gegönnt haben (Hardy pflegt davon mindestens einen Liter vor dem Frühstück zu trinken) steigen wir schon wieder in unsere Kisten ein. Diesmal haben die Huber-Brüder die Ehre, den Fluglehrer neben sich zu wissen. Sie starten zuerst.

Ich bin jetzt also ganz alleine in meiner Piper Warrior und gebe Vollgas. Die 160 PS bringen mich im Nu auf die Abhebegeschwindigkeit von etwa 110 km/h. Ich steige dem südlichen Hang entlang Richtung Furka-Pass. Während der Motor monoton vor sich hindröhnt und ich die Aussicht genieße, jagen plötzlich zwei Mirages der Schweizer Armee knapp an mir vorbei! Keine fünfzig Meter. Okay, vielleicht dreihundert Meter. Das ist der Hammer; ich neben den Cracks! In Formation quasi. Ich schaue ihnen lange nach.

Zu lange, denn vor lauter Begeisterung vernachlässige ich etwas die Navigation. Die Bewölkung hat auch schlagartig zugenommen und irgendwie sieht jetzt alles anders aus als auf dem Hinflug! Komisch. So langsam kapiere ich es. Es ist auch anders, denn ich bin ein Tal zu früh abgebogen! Verfranst. Sch... Ich bin über Italien, glaub ich. Obendrein noch ohne Passaporto. Wie konnte das passieren?

Und vor allem: Wie erkläre ich das Hardy? Am besten überhaupt nicht, denn ich weiß, dass meine Piper etwa vierzig Stundenkilometer schneller ist als Hubers/Hardys Cessna. Ich schiebe den Gashebel ganz nach vorne, fliege das Stück wieder zurück, um ins richtige Tal einzufädeln und erreiche somit Locarno nur drei Minuten nach den andern. Da auch Hardy weiß, dass mein Flugzeug um einiges schneller ist, drängt sich ihm die Frage auf: „Warum landest du erst jetzt?" Nun, ich erkläre ihm, dass ich mit besonders spritsparenden hundert Knoten geflogen sei.

Wie gesagt lerne ich die Theorie zusammen mit den Hubers. Sie haben die Begabung, komplizierte Themen in menschenfreundlicher Prosa zu formulieren. So begreife auch ich allmählich, wie man eine Flugvorbereitung macht, ohne jedes Mal zwei Stunden mit Lineal, Bleistift und Radiergummi über der Flugkarte zu brüten. Man will ja schließlich auch noch was vom Tag haben, sprich an den Lago gehen und den Mädels den Rücken eincremen. Ist ja schließlich Sommer und die halbe Schweiz ist „bei uns" im Tessin.

Das Training dauert insgesamt genau einen Monat. Dann endlich: Prüfungstag! Ich habe einen sehr netten Prüfungsexperten und er macht mir das Leben nicht unnötig schwer. Der Prüfungsflug dauert dreißig Minuten. Geschafft!

Jetzt habe ich endlich meinen Privatpiloten-Flugschein in der Tasche. Ein tolles Gefühl. Auch die Hubers glänzen und wir verabschieden uns.

Es sollte nur für kurze Zeit sein.

Die Berufspiloten-Theorie

Während meinen WK's, den jährlichen militärischen Wiederholungskursen, lernte ich Ruedi kennen. Er war Crossair-Captain auf Saab 340, einem 30-plätzigen Turboprop-Flugzeug. Wir beide standen unzählige Male, bewaffnet mit Sturmgewehr und scharfer Munition, vor der Kaverne des Kriegsflugplatzes Mollis im schönen Glarnerland Wache. Und zwar meistens nachts und bei klirrender Kälte. In den unterirdischen Hangars im Berg waren die Hunter, Mirages und F-5 der Schweizer Luftwaffe versteckt. Diese Jets wollten schließlich bewacht werden. Wie wir so draußen die Sterne beobachteten und uns über die Vorgesetzten beklagten, kamen wir natürlich auch immer wieder auf seinen Beruf zu sprechen. Da ich nun bereits einen Privatpilotenschein vorweisen konnte, meinte er, dass es nur noch ein relativ kurzer Schritt zum Berufspiloten wäre. Es wäre also durchaus auch für mich möglich, meinen Traum zu erfüllen. Ich sollte Linienpilot werden können? Nachdem er mir alle notwendigen Schritte erklärt hatte, gab es für mich gar keine andere Alternative mehr, als richtiger Pilot zu werden. Was ich unbewusst ausblendete war, dass er alles ein bisschen, sagen wir mal „untertrieben" hatte.

Ach ja, da war noch was: Es fehlte die Kleinigkeit von etwa 80 000 Euro. Da ich selber erst knappe 10 000 gespart hatte, musste dringend eine Lösung her. Irgendwie gelang es mir, meine Eltern davon zu überzeugen, dass ihr Filius tatsächlich eine Chance hätte, Berufspilot zu werden. Sie übernahmen sogar einen Teil der Kosten und standen wie gesagt Bürge für den Restbetrag (teures Bankkredit-Geld).

Die aufstrebende Crossair suchte zu dieser Zeit, es war 1986, händeringend nach geeignetem Nachwuchs in ihren Turboprop-Cockpits. Nach einigen etwas naiven Abklärungen entschied ich mich für die Flugschule Horizon. Deren Besitzer, zufälligerweise auch Crossair-Pilot, versprach mir das Blaue vom Himmel. Sein Slogan seit zwanzig Jahren: „Jetzt ist die beste Zeit, Pilot zu werden." Er hat sich übrigens auch als Politiker versucht. Mit mäßigem Erfolg. Irgendwie aber schaffte er es mit seinem Dauerlächeln lange Zeit, einen Topjob in einer „aufstrebenden Airline" zu bekommen.

Bevor ich die Ausbildung zum Berufspiloten überhaupt beginnen konnte, musste ich die vom Gesetzgeber geforderten 150 Stunden Flugerfahrung sammeln.

Wobei das Wort „sammeln" etwas tiefgestapelt ist. Ich muss meine gesamte Sippschaft mit Rundflügen genötigt haben. Sogar auf Plakaten machte ich Werbung für meinen kleinen Einmann-Rundflugbetrieb. „Wohin sie wollen, wann sie wollen" war mein Motto. Zum Selbstkostenpreis zeigte ich meinen Onkels und Tanten die Schweiz aus der Vogelperspektive. Ich war froh um jede Flugstunde, die mich zur magischen 150 brachte. Bei etwa dreißig todesmutigen Verwandten, respektive potenziellen Kunden war die Rechnung schnell gemacht, wieviele Flüge diese Art von Stundensammeln dereinst kumulieren würde. Wenn man bedenkt, dass schon damals eine Flugstunde mit etwa hundert Euro zu Buche schlug, war es klar, dass eine klügere Variante gefunden werden musste. Sie bestand in einem Abenteuer! Kurt Huber kreuzte meinen Weg zum zweiten Mal und wir beschlossen, eine gemeinsame Amerikareise per Flugzeug zu unternehmen.

Da die Flugzeugmiete in den USA weniger als die Hälfte der hiesigen Kosten ausmachte, entschieden wir uns, gemeinsam eine Piper in Los Angeles zu mieten. Und zwar für ganze drei Monate! Diese damals recht unkonventionelle Art, Flugstunden zu sammeln hat seither hunderte Nachahmer gefunden.

Dass wir uns ausgerechnet für einen Flugzeugvermieter in Kalifornien entschieden war natürlich kein Zufall. Wir telefonierten mit über dreißig Flugzeugvermietern in ganz Amerika. Da Telefonieren damals eine teure Sache war, musste auch hier eine ökonomische Lösung gefunden werden. Damals war es ein Leichtes, die Notrufsäulen an den Autobahnen für internationale Gespräche kompatibel zu machen. Wir zapften ganz einfach deren Leitungen mittels eines langen Kabels und eines Erikofons an. Diese Leitung führte bis in unser „Büro" im nahen Getreidefeld. Dort waren wir, mit vielen Adressen und einer riesigen USA-Landkarte ausgerüstet, auf Flugzeugvermieter-Suche.

Einer telefonierte, der andere stand Schmiere. Die Polizei fuhr einige Male an uns vorbei, hatte aber unsere sinistren Machenschaften glücklicherweise nicht bemerkt. Der Nervenkitzel war nicht unerheblich. Nach nächtelangem Telefonieren entschieden wir uns für eine Flugzeugvermietung in Santa Monica, Kalifornien. Für 120 Flugstunden verlangten sie insgesamt 8000 Euro. Verglichen mit Europa eine Einsparung von etwa 5000 Euro, abzüglich der Lebenskosten, Hin- und Rückflug nach Los Angeles etc. Cool. Als Termin wählten wir Juli bis September, da wir als blutige Anfänger auf gutes Wetter angewiesen waren.

In Amerika angekommen, begaben wir uns sofort zum kleinen Flugplatz von Santa Monica, inmitten von Los Angeles. Wir wurden etwas ungläubig von Marc Lebeau, einem jungen Fluglehrer, der eher wie ein Surflehrer aussah, empfangen. Als wir ihm erklärten, dass wir vor hätten, innerhalb drei Monaten mit seinem Flugzeug rund um die USA zu fliegen, fand er zu Recht, dass man uns vorher vielleicht etwas auschecken sollte. Zuerst wollte er wissen, wie es um unsere Flugerfahrung stand. Nun, offiziell hatte Kurt etwa 55 Stunden und ich hatte 45 Flugstunden „Erfahrung".

„Wir haben etwa 100 Stunden total." Sich damit überhaupt zu getrauen einen USA-Trip zu machen war unüblich, um nicht zu sagen verwegen. Marc schlug uns vor, die ersten fünf Stunden mit ihm innerhalb von L.A. zu absolvieren. Er wollte uns etwas auf den Zahn fühlen. Würden wir uns dabei nicht allzu dämlich anstellen, stünde einer Vermietung seines Flugzeuges nichts im Wege. Ein mutiger und richtiger Schritt des jungen Herrn. Unser Trainingsgebiet war also Los Angeles, eine der größten Städte der Welt. Allein auf Stadtgebiet waren ein Großflughafen (LAX) und unzählige kleinere und mittlere Flugplätze angesiedelt. Den Luftraum teilten sich Kleinflugzeuge, Hubschrauber, Geschäftsreise-Jets und die großen Passagierflugzeuge. Sich darin korrekt und nach allen Regeln der Luftfahrt zu bewegen erforderte sehr viel Disziplin unsererseits und eine gehörige Portion Geduld seitens unseres Fluglehrers.

Unser Englisch war damals nicht gerade perfekt, und auch unsere fliegerischen Fähigkeiten waren eher bescheiden. Endlich, nach fünf Stunden Training in L.A.'s überfülltem Luftraum gab uns Marc Lebeau grünes Licht. Wir starteten den Trip unseres Lebens!

Diese Reise zu beschreiben füllte ein Buch. Es waren viele Höhepunkte dabei: Flug von L.A. nach San Diego, nach Las Vegas und durch den Grand Canyon, quer durch das Monument Valley, Landungen in Aspen, New Orleans, Miami, Key West, Kennedy Space Center, New York JFK International Airport(!), Flug über die Niagara Fälle, nach Kansas, über die Rocky Mountains nach Salt Lake City, Seattle, Vancouver, San Francisco und wieder zurück nach L.A.

Kurt und ich waren ein ausgezeichnetes Team. Es kam nie Langeweile auf, und auch sonst hatten wir nie zwischenmenschliche Probleme. Zwei gute Freunde halt. Es war einfach nur purer Fun!

Nach drei Monaten und total etwa 150 Flugstunden im Sack kehrten wir in die Schweiz zurück.

Ich spürte zum ersten Mal, dass ich mich etwas eingeengt fühlte. Nach so vielen Erfahrungen im damals freien Amerika plötzlich wieder ein guter Schweizer Bürger zu sein, war für mich anfangs etwas schwierig.

Ich erkundigte mich sofort bei der Flugschule Horizon, ob immer noch alles nach Plan läuft, Kursbeginn 1. Oktober. Denkste! Der Kurs hätte wegen großer Nachfrage schon einen Monat früher begonnen und ich müsste mich wohl bis zum nächsten Frühjahr gedulden. Was soll das denn? Sechs Monate warten?

Doch glücklicherweise konnte ich bei der sympathischen Flugschule Eichenberger in Zürich sofort beginnen. Ich war zwar auch dort fast zwei Wochen in Verzug, konnte dies jedoch irgendwie wieder einholen. Es war ein Riesenstress. Das Lerntempo war enorm und zusätzlich stellte sich bald heraus, dass ich von Strebern umgeben war. Ich musste mich sputen, wollte ich den Anschluss nicht verlieren. Es waren viele Bücher praktisch auswendig zu lernen. Zudem musste ich noch die Voice-Prüfung (Sprechfunk) und das Morsen nachholen. Richtig, damals musste man noch Morsen können, um die Funknavigations-Stationen zu identifizieren. Auch das Luftfahrtsgesetz hatte es in sich. Ziemlich schnell begriff ich, dass man als Pilot alle Regeln des Geschäfts kennen muss, um nicht auf der Anklagebank zu landen. Der Pilot ist immer verantwortlich. Immer. Nach vier anstrengenden Monaten, praktisch ohne einen einzigen Freitag, war es endlich soweit. CPL/IR-Theorie Prüfung durch das Bundesamt für Zivilluftfahrt oder kurz BAZL. Drei Tage lang wurden wir unter den gestrengen BAZL-Beamten-Augen in sieben Fächern geprüft. Wir hatten, im Vergleich zu heutigen Prüflingen, keinen blassen Schimmer, was für Fragen kommen könnten. Wir mussten „einfach alles" lernen. Nach diesen drei Prüfungstagen war mein Gehirn leer.

Doch jetzt fing erst das praktische Training auf dem Link-Verfahrenstrainer und im ATC-Simulator an. Diese waren kaum mit einem heutigen Simulator zu vergleichen. Es ging darum, mit Hilfe der Navigations-Instrumente vom Flughafen A zum Flughafen B zu „fliegen". Ohne Sicht nach draußen. Nur mit Hilfe von Künstlichem Horizont, Kompass, Höhenmesser, Geschwindigkeitsmesser, Variometer und der Radionavigation. Kein GPS! Dazu wurde gleich-zeitig der Funkverkehr gemacht und auch kleine technische Probleme gelöst. Ohne die Hilfe eines Copiloten, notabene. Nach etwa dreißig Stunden im Schwitzkasten auf Flughöhe Null ging's endlich wieder ins Flugzeug. Doch halt, nicht so schnell. Endlich, nach zwei Monaten bangen Wartens erhielten wir die Ergebnisse unserer Berufspiloten- und Instrumentenflug-Theorieprüfung. Sechs von sieben Fächern bestanden, B-Navigation durchgefallen! Ich war ziemlich enttäuscht. Doch ich schien noch Glück zu haben. Nur zwanzig Prozent hatten die Prüfungen tadellos bestanden. Also musste ich mir nochmals die B-Navigations Bücher reinziehen. Nachdem ich auch diese Hürde gemeistert hatte, konnte ich endlich mit dem praktischen Teil der Berufspiloten-/ Instrumentenflug-Ausbildung und der Umschulung auf die Zweimotorige beginnen. Mir wurde sogar die Ehre zuteil, von einer Dame ausgebildet zu werden. Regula war die Tochter des Flugschule-Besitzers und ihrerseits erste Linienpilotin der Schweiz. Als Captain bei Crossair und nebenbei Fluglehrerin verkörperte sie den femininen Erfolg schlechthin. Das Fluggerät war wieder eine Piper. Und zwar die Seneca. Mit zwei schwachen Kolbenmotoren und mit IFR-Instrumenten ausgerüstet bot sich die Seneca als Schulungsflugzeug förmlich an. Ihre Betriebskosten waren relativ tief und die Flugleistungen so limitierend, sprich langsam, dass ich die verschiedenen Anflugverfahren (ILS, LOC, NDB) schön gemütlich abfliegen konnte. Das IFR-Fliegen (Blindflug) war anfangs so komplex, dass ich froh war, in einem langsamen Flugzeug zu sitzen. IFR fliegen lässt sich nämlich mit dem nach-Sicht-Fliegen nicht vergleichen. Ist beim Sichtflug der Blick nach draußen absolut notwendig, heißt es beim IFR-Fliegen „Scanning der Instrumente". Scanning ist das konstante Beobachten und Interpretieren der Navigationsinstrumente und die Kontrolle der Motorenparameter. Dazu kommt das Führen des Flugfunks mit den Fluglotsen und so ganz nebenbei fliegt man noch das Flugzeug. Teils von Hand, teils mit Hilfe des Autopiloten. Mit viel Geduld und psychologischem Kalkül liegt der Erfolg einer solchen Ausbildung in der Hand des Fluglehrers. Ohne seine Hilfe und seiner gezielten Inputs ist es unmöglich, dereinst alleine in dichtem Nebel von A nach B zu fliegen. Denn um dies sicher zu tun, muss stur nach Procedures gearbeitet werden. Procedures sind auswendiggelernte Abläufe, welche je nach Stufe des Flugverlaufes ausgeführt werden. Das beinhaltet auch verschiedene Checklisten, die abgehakt werden und mit deren Hilfe überprüft wird, ob auch alles richtig ausgeführt wurde.

Diese Ausbildung im Flugzeug dauert, je nach dem wie schlau man sich dabei anstellt, etwa dreißig Flugstunden. Im Idealfall bringt man diesen praktischen Teil in zwei Monaten über die Bühne. Danach erfolgt wieder eine Prüfung durch das Bundesamt für Zivilluftfahrt. Ein Experte evaluiert dann, ob man alle für den Scheinerhalt nötigen Flugabläufe richtig ausführt. Eine Fragestunde rundet den Prüfungs-Tag dann ab.

Mein Check-Flug führte von Zürich nach Bern und über Basel wieder zurück nach Zürich. Ein ganzer Nachmittag ging drauf. Ich hatte glücklicherweise wieder einen „normalen" Experten erwischt. Er stellte mir zwar während des Fluges einige knifflige Fragen, war dafür nicht all zu pingelig, wenn die Landung etwas härter ausfiel als ich geplant hatte. Nachdem ich die letzte Checkliste des Tages abgehakt hatte und er mich danach eine Stunde lang ausgefragt hatte, gratulierte er mir plötzlich zur bestandenen Prüfung. Ja, endlich geschafft! Auch Regula gratulierte mir und nun war ich endlich soweit, meine Bewerbungen in die große, weite Welt zu verschicken.

Leider war es so, dass genau zu dieser Zeit die mageren sieben Jahre in der Fliegerei begannen. Crossair stellte fast niemanden mehr ein und auch Jet-Aviation, das Privatjet Unternehmen in Zürich, hatte keinen Bedarf. Die REGA (Schweizerische Rettungsflugwacht) schrieb mindestens 1500 Stunden Flugerfahrung vor, und auch die anderen Kleinfirmen mit ihren Privatjets hatten Flaute. Blieb mir nur noch ein Teilzeit-Job bei einer winzigen Kleinstfirma mit einem einzigen, zweimotorigen Flugzeug vom Typ Cessna 421. Und ich musste wirklich froh sein, überhaupt diesen Job zu bekommen. Die Bezahlung war schlecht und ich musste zusätzlich die Umschulung auf den Flieger selber bezahlen! Bei einem Flugbetrieb dieser Größenordnung war man als Pilot Mädchen für alles. Vom Flugzeug waschen, Flüge planen, bis zum Direktverkauf der Flüge (mit Prospekten in der Hand von einem Hotel zum anderen pilgern) blieb alles an mir hängen. Zweimal pro Woche durfte ich fliegen. Wenn überhaupt. Toll! Auch eine Uniform bekam ich. Blaue Hose, hellblaues Hemd und: vier Streifen ... um mit einer sechsplätzigen Cessna in der Schweiz und im angrenzenden Ausland herumzufliegen. Aber es war eine sehr gute Erfahrung. Zudem hatte ich ab und zu die Gelegenheit, gute zweite Piloten neben mir zu haben. Martin und Fredy, Fluglotsen (Controller) der heutigen Skyguide waren gleichzeitig sogenannte Freelance-Piloten auf der zweimotorigen Cessna. Freizeit-Berufspiloten sozusagen. Und so bekam ich frei Haus mit, wie die Controller die Aviatik sehen und vor allem was sie von den Piloten halten. Zusätzlich lernte ich bei ihnen perfekten

Flugfunk, denn ich wurde dauernd von ihnen korrigiert. Somit erhielt ich die möglicherweise beste Flugfunk Ausbildung, die man sich wünschen kann, völlig umsonst.

Erster Job, Cessna 421 Golden Eagle (6 Passagiere, ca. 370 km/h)

Eigentlich war ich ja ganz stolz, diese Zweimot zu fliegen. Meine Frau, Marietta, erinnert mich oft und gerne an eine Gegebenheit auf dem Flughafen Zürich. Als ich den Auftrag bekam, die Cessna 421 von einer Parkposition auf eine andere zu verschieben, nahm ich sie mit. Auf dem Copilotensitz bat ich sie, den Kopfhörer aufzusetzen, um mitzuverfolgen, was sich so alles auf der Tower- und Ground-Frequenz tut. Kurz vor der Piste 28 musste ich einigen Airlinern den Vortritt gewähren. Einfach riesig, diese MD-80 und Boeing 737. „Schatz, eines Tages werde ich auch dort drin sitzen. Und zwar vorne links im Cockpit!" sagte ich ihr, voller Bewunderung der Typen, die wirklich dort vorne drin saßen. Sie schmunzelte. Es würde noch etwas dauern.

Es war wirklich nicht einfach, von diesem kleinen Flieger wegzukommen. Mir wurde dauernd gesagt, dass es für einen wie mich praktisch aussichtslos sei, einen Job auf einem Airliner zu bekommen. Crossair Turboprops vielleicht. Mit viel Glück und Vitamin B. Aber ich blieb hartnäckig. Ich schrieb mir die Finger wund. Etwa 120 Bewerbungen, größtenteils handgeschrieben, hatte ich bereits verschickt. Alles Absagen. Nach zwei langen Jahren auf der Cessna und einem Jahr auf der etwas kräftigeren Piper Cheyenne Turboprop wurde ich von TEA Switzerland, einer kleinen Ferien-Fluglinie, zu einem Interview nach Basel eingeladen. Die vielen Bewerbungen schienen sich also endlich gelohnt zu haben. Bei einem lockeren Gespräch mit dem Chefpiloten und dem Senior Vice President auf englisch und französisch wurde ich ganz nebenbei über meine Aviatik-Kenntnisse hin überprüft. Erstaunlicherweise war damals kein Simulatorcheck nötig. Die Atmosphäre war sehr angenehm und wir drei verstanden uns auf Anhieb. Ich wurde mit einem „Au revoir", „Aufwiedersehen" verabschiedet, worauf ich ihnen sagte, dass ich das wörtlich verstanden haben wollte. Nach zehn Tagen, ich war wieder einmal im Militär, wurde ich ans Telefon gebeten. Ich eilte vom Flugplatz hinein in die Kaverne. Zu spät. Aufgelegt. Ich rief sofort zuhause an, wo mir mitgeteilt wurde, dass ich schleunigst eine gewisse Firma TEA anrufen soll.

Gesagt, getan. Ob ich denn immer noch am Angebot interessiert wäre, und ob ich in Kürze den Umschulungs-Kurs auf die Boeing B737-300 beginnen könne. Was für eine Frage! Ich sollte endlich Jets fliegen? Freude herrschte. Den Arbeits-Vertrag erhielt ich kurz darauf per Post. Ich hatte den Job!

Drei Wochen später war ich schon in Belgien um das Training zu beginnen. Cool! Endlich Passagier-Jet fliegen!

Der Kurs verlief im Eilzugstempo. Ich musste mich gewaltig zusammenreißen. Alles war neu. Die Procedures, das Glascockpit (Bildschirme und Computer), die Größe des Flugzeuges (50 Tonnen, 150 Passagiere), das Zweimann-Cockpit, die Zusammenarbeit mit Flight Attendants, das Streckennetz und vor allem die hohe Geschwindigkeit des Düsenflugzeuges. Zudem hatten alle anderen Copiloten-Anwärter bereits einige Jahre Turboprop-Erfahrung bei Crossair, als Kapitän auf der Linie. Ich war die absolute Ausnahme, denn ich hatte erst knappe tausend Flugstunden auf meinem Konto. Auf der kleinen Cessna und der Cheyenne! Trotzdem bekam ich die Chance meines Lebens. Die Ausbildung fand in Brüssel statt. Hotel und Spesen plus ein kleines Gehalt wurde auch bezahlt. Toll! Als mir montags früh die Bücher auf den Tisch geknallt wurden, war ich vorerst sprachlos. Alle diese Bücher studieren plus dreißig Lektionen im Simulator innerhalb vier Wochen? Unmöglich! Möglich, versicherte mir die hübsche Chefinstruktorin. Sie sollte recht behalten. Wir verwendeten über dreizehn Stunden täglich fürs gemeinsame Lernen. Wir waren zu zweit. Mein Kollege Jean-Marc hatte schon etwas Airline-Erfahrung. Er wurde zu meiner großen Hilfe. Gemeinsam schlossen wir den Kurs nach exakt vier Wochen erfolgreich ab. Danach ging's zurück in die Schweiz. Nur für drei Tage, denn dann war das praktische Training auf der B737 angesagt. Zwei Tage lang wurden wir und ein angehender Kapitän im Touch-and-Go geschult. Und zwar im benachbarten Frankreich. Mit feuchten Händen saß ich also zum ersten Mal am Steuer eines Passagier-Jets, der Boeing B737. Runway 28 in Zürich, schönstes Frühlingswetter am späten Sonntag-Nachmittag und nur wir vier Piloten an Bord des Riesenvogels. Mein Herz pochte wieder. „Cleared for take-off." Hebel nach vorne und schon beschleunigte die leere Maschine in etwa fünfzehn Sekunden von Null auf über zweihundert Stundenkilometer. Vorsichtig ziehe ich am Steuer. Wir fliegen! Fahrwerk rein und die Nase fünfzehn Grad in den Himmel. Die Steigrate ist mit konstant über dreitausend Fuß pro Minute enorm. Das ist Jetfliegen pur. Ich war überwältigt. Kneif mich einer! Vor knapp drei Monaten noch schaute ich neidisch von meiner Cessna 421 zu den Piloten in ihren glänzenden Passagierflugzeugen hoch. Jetzt sitz ich selber dort vorne drin!

Vom Flug selber habe ich leider fast nichts mehr in Erinnerung. Außer, dass ich dauernd zu langsam war. Und zwar mit meinen Gedankengängen. Im Vergleich zu meiner letzten Maschine spielte sich jetzt alles doppelt so schnell ab. Das heißt, Vorausplanung war Vorschrift. Nach zwanzig Minuten waren wir bereits wieder im Sinkflug. Ich versuchte so gut ich konnte, dem ILS zu folgen. Mein Instruktor erklärte mir noch kurz, wann ich zu flaren hätte. Das heißt, wann und wieviel ich kurz vor dem Aufsetzen am Steuerknüppel zu ziehen hätte, um eine Bruchlandung zu vermeiden ... Mit seiner Hilfe gelang mir die Landung in Epinal, hinter den Vogesen. Das war er also. Mein erster Flug als Jet-Pilot!

Nach etwa zehn Starts und Landungen am nächsten Tag sollte ich soweit sein, als normaler Copilot auf der Linie eingesetzt zu werden. Mit zahlenden Urlaubern nach Gran Canaria. Wenn die wüssten.

Nach weiteren sechs Wochen Training mit Fluglehrern (und Passagieren an Bord!) war ich endlich fertig ausgebildeter Copilot auf der B737 und belegte mit Fug und Recht, dafür ohne blassen Schimmer, den Sitz vorne rechts.

Ganz stolz. Copilotenzeit auf B737-300, TEA Switzerland (1993)

Alles in allem war die Zeit bei TEA Switzerland eine tolle Zeit. Wir hatten ein paar coole Destinationen. Neben Griechenland und den Kanaren hatte es mir speziell Mombasa in Kenia angetan, denn dort hatten wir eine ganze Woche Aufenthalt! Jedes Mal wenn wir über den 5200 Meter hohen Mount Kenia flogen, war ich von seiner Schönheit fasziniert. Ein Jahr später sollten Marietta und ich ihn besteigen: ein Erlebnis erster Sahne!

Nach nur zwei Jahren war aber Schluss mit lustig. Dem Chef-Instruktor gelang es, mich aus der Firma zu mobben. Entlassung, aus fliegerischen Gründen ... Er war schon im Militär mein Vorgesetzter und als solcher bestimmt nicht mein Freund. Was soll's. Letztlich war es ein Glücksfall für mich, von ihm rausgeschmissen zu werden. Allerdings war es damals extrem hart, plötzlich auf der Straße zu stehen. Auch für meine Frau. Aber man sagt ja, was einen nicht umbringt, macht einen stärker. Alle, bis auf zwei Piloten der TEA, haben mich wie eine

heiße Kartoffel fallen gelassen. Mich verteidigen hätte ja
ihre Karriere negativ beeinflussen können. Ich bin ihnen
zwar nicht mehr böse, aber der Hader bleibt.

Mit René Betz (wieder ein René) ist mir ein einziger
Freund von damals geblieben. Ein sehr guter dazu. Wir
treffen uns heute noch regelmäßig zum Golfen, Skifah-
ren und Berg-Wandern. Uns verbindet unter anderem
drei Monate Fliegen in Vietnam.
   Es war ein sogenannter Wetlease. Das heißt, TEA
Switzerland hatte zwei Flugzeuge, inklusive Schweizer
Piloten für Vietnam Airlines in Südostasien im Einsatz.
Eine tolle Sache. Viele Geschichten gibt es von dieser
Zeit. Eine möchte ich ihnen nicht vorenthalten: Es war
1993 und von Saigon kommend machten wir einen Zwischenstopp in Hanoi. Das heißt, drei Stunden warten,
bis wir nach Hongkong (Kai Tak) weiterfliegen konnten.
Nun, was tut man an einem gottverlassenen Flughafen,
wo täglich vielleicht zwanzig Flugzeuge landen? Richtig.
Herumschnüffeln! Auf der anderen Seite der Landebahn
war die militärische Abteilung der glorreichen Vietname-
sischen Luftwaffe. Vor unseren Augen standen da an die
zehn MiG-21 unmotiviert in der Gegend herum. Und kein
Schwein bewachte sie. Grund genug für mich und René,
meinem Kapitän, uns die Dinger mal aus der Nähe anzusehen. Selbstbewusst liefen wir über das Vorfeld und eine
große, saftige Wiese, um dann die Piste zu überqueren.
Weit und breit war kein Mensch auszumachen. Vor uns
ein paar Militärbaracken, daneben die MiG's. Scheinhei-
lig klopften wir an die Tür. Sie stand halb offen. Niemand
da, also schauten wir mal rein. An einer großen Wand-
tafel waren Flug-Taktiken, Angriffs-Strategien und viel
Gekritzel in Vietnamesisch. Ein paar Piloten-Helme lagen
auf einer Munitionskiste. Wir sahen uns in die Siebzigerjahre zurück katapultiert. An der Wand hingen Bilder
ihrer Vietnam-Veteranen. Genug gesehen. Lass uns jetzt

die Kampfjets ankucken, meinte René. Gesagt, getan. Niemand hatte bisher unser Eindringen bemerkt. Mit einem etwas mulmigen Gefühl stiegen wir die Leiter hoch, um ins Cockpit rein zu schauen. Mein Kollege konnte wohl nicht anders als Schweizer Militärpilot: sein Mut überkam ihn und er kletterte hinein, in den Russen-Jet!

Nachdem wir uns an den alten Kisten sattgesehen hatten, wurden wir plötzlich von lautem Geschrei überrascht. In No Time waren wir von etwa fünfzehn, bis an die Zähne bewaffneten Soldaten umzingelt. Etwas ungläubig schauten wir in deren fünfzehn Kalaschnikow-Läufe. Puah! Woher kommen die denn? Ihr Anführer fuchtelte mit den Händen herum und schrie uns an. Mit beiden Händen kerzengerade in der Luft deutete ich auf meinen Ausweis und meine drei Streifen auf der Schulter. Es war wie im Film. Fehlte nur noch, dass Chuck Noris um die Ecke kam ... Nachdem wir den Rädelsführer überzeugten, dass wir keine bösen CIA-Agenten, sondern bloß Vietnam Airlines Piloten sind, befahl er uns zu verschwinden. Wir sollten der Piste entlang hinunterlaufen und sie erst ganz unten überqueren. Die Sonne brannte erbarmungslos auf uns herunter. Nach etwa einem Kilometer, weit außerhalb der Kalaschnikow-Reichweite, war es uns dann aber doch zu blöd; wir kreuzten die Piste, liefen wieder über die satte, grüne Wiese (mit den vielen kleinen Tümpelchen) und gelangten so zu unserem Flugzeug. Da stand auch schon die vietnamesische Polizei bereit. Oh je! Ob wir denn wahnsinnig wären, verrückt oder todesmutig. Wieso das denn, fragten wir zwei Ahnungslosen. Nun, der Polizist erklärte uns, warum die Soldaten uns, trotz 35 Grad im Schatten, die Piste runterschicken wollten. Die Wiese, welche wir mittlerweile zwei Mal gemütlich überquert hatten war ein – Minenfeld!!!

Wir wunderten uns noch über die wassergefüllten Löcher ... Wirklich Schwein gehabt diesmal! Nichts als pures Glück.

Privat-Jets fliegen

Privat-Jet Dassault FALCON 900 (14 Passagiere, 850 km/h, Flughöhe bis 15 500m, 45 Mio USD)

Nach zwei Jahren Touristen-Bomber fliegen war also die Zeit gekommen, den Job zu wechseln. Es sollte was ganz besonderes sein. Privatjets.

Aber der Reihe nach. Als Pilot auf der kleinen Cessna 421 und der Piper Cheyenne hatte ich Ende der 1980er Jahre ja bereits etwas Erfahrung im Umgang mit Privat-Jet Kundschaft gesammelt. Eine spezielle Klientel, denn zunächst erstreckte sich damals mein Einsatzgebiet mit den kleinen, zweimotorigen Achtplätzern nur auf das benachbarte Ausland. Vorwiegend kleine deutsche, italienische und französische Flugplätze mit zum Teil schwierigen, weil nicht offiziellen Anflugverfahren gehörten zum täglichen Brot. In diesem Segment wurden (und werden) die Flugzeuge sehr oft am Rande der Legalität operiert. Das heißt, um die geschätzte Kundschaft nicht zu verärgern wurde auch bei Wetter geflogen, welches für bestimmte Anflugverfahren eigentlich viel zu schlecht war. Mit der logischen Konsequenz, dass in Europa (damals wie heute) jährlich mindestens ein halbes Dutzend Geschäfts-Flugzeuge in den Boden knallten. Ursache in den meisten Fällen: Schlechtes Wetter, respektive trotzdem fliegen, obwohl das Wetter für die Qualifikation des Piloten und für die Ausrüstung des Flugzeuges einen Flug gesetzlich gar nicht erlaubte.

Da es sich bei unseren Kunden praktisch ausschließlich um das untere bis mittlere Kader verschiedenster mittelständischer Unternehmen aus Deutschland und der Schweiz handelte, war vom Glamour kaum etwas zu spüren.

Nix Schickimicki. Im Gegenteil. Deren finanzielle Möglichkeiten waren immer sehr limitiert. Was diese Möchtegern-Jetsetter natürlich nicht davon abhielt, sich teilweise wie die Fürsten zu benehmen. Diese Manager; sie glaubten sogar, mir zu befehlen, wo und wann ich mein Flugzeug zu landen hätte. Bei jedem Wetter notabene. Während es zum Beispiel für die Linienmaschine der Lufthansa möglich war bei Nebel in Stuttgart „automatisch" zu landen, musste ich meine Passagiere auf besseres Wetter vertrösten oder sie zu einem Ausweichflughafen bringen, denn unsere bescheidene Zweimotorige war für Landungen im dichten Nebel gar nicht ausgerüstet. You get what you pay. Unschöne Sachen wurden mir dabei öfters ins Gesicht gesagt. Ihnen aber zu sagen, sie sollten sich halt einen richtigen Privat-Jet mit Automatischer Landehilfe und Stewardess mieten, konnte ich mir erstaunlicherweise immer verkneifen. Für das mittlere Kader investiert eben kaum eine Firma 5000 Euro pro Flugstunde.

Es war auch die Zeit der vielen Versprechungen. Auf dem Platz Zürich gab es, wie gesagt, etwa zehn Privat-Jet Unternehmen. Kleinstfirmen mit ein-, zwei Mini-Jets, immer am Rande der Liquidation. Sie hatten zumeist Cessna Citation, Hawker 125 oder Learjets mit bis zu acht Sitzplätzen. Deren Besitzer waren damals zudem diese Übermenschen, welche alle Jobs auf sich vereinten. Vom Flugkapitän zum CEO, vom Checkpiloten bis zum CFO. Hansdampf in allen Gassen, welche teilweise nebenbei auch allerhand dubiose Geschäfte betrieben. Einige dieser Firmenchefs versuchten, mich mit zweifelhaften Jobangeboten zu ködern. Am Ende des „Bewerbungsgespräches" erwarteten sie beiläufig, dass ich die 15 000 Euro für die Umschulungskosten auf ihr Flugzeugmuster selber bezahle und die dazu erforderlichen Flugstunden plus Landetraining auch grad auf ihrem eigenen Jet machen würde. Natürlich mit ihnen als Fluglehrer. Sie wollten also zuerst an mir verdienen, um mir dann eventuell später einen Teilzeitjob als Copilot anzubieten. Viele meiner Kollegen sind darauf reingefallen, und absolvierten später pro Jahr bestenfalls hundert Flugstunden. Auch ich habe schließlich mein Lehrgeld auf der zweimotorigen Cessna 421 bezahlt. Man will ja fliegen und die Flug-Lizenz am Leben erhalten. Diese hat nämlich ein Verfallsdatum, wenn man nicht regelmäßig fliegt!

Aber ich habe viel gelernt. Anstatt als Copilot einen Privatjet zu steuern, war ich alleiniger Pilot auf einem durchaus anspruchsvollen Turboprop-Flugzeug. Es war zwar nur propellergetrieben und deshalb etwas langsamer, dafür war ich alleine für die Passagiere und das Flugzeug verantwortlich. Dieser Sinn für Verantwortung ist mir bis heute geblieben. Junge Copiloten frisch von der Schulbank können heute kaum nachvollziehen, was es heißt, alleine im Dreckswetter mit vollem Flugzeug, am Rande der Leistungsgrenzen gigantische Gewitterzellen zu umfliegen. Bei Nacht, bei Schneefall und knapp mit Sprit (und dabei ständig unter Druck zu sein, den Job zu verlieren). Erst wenn sie später dereinst Kapitän werden, werden sie damit konfrontiert. Der Alterungsprozess bei diesen relativ jungen Kapitänen ist eklatant. Sie sehen mit 35 Jahren aus wie 45. Damals kursierte der Spruch; wer die ersten tausend Flugstunden mit kleinen Zweimots überlebt, wird ein alter Pilot. Ziemlich motivierend. Speziell, wenn man noch keine tausend hat.

Nach meinem zweijährigen Gastspiel als Copilot auf der Passagier-B737 fand ich mich also wieder mit einer alt bekannten Herausforderung konfrontiert; Jobsuche.

Daniel, ein Freund mit eigenem Flugzeugwartungsbetrieb in Lugano, suchte für einen seiner Top-Kunden einen Sicherheitspiloten für die Dauer einer Woche. Sein Klient hatte sich eine Beechcraft King-Air angeschafft und wollte mit dieser nach Griechenland fliegen. Da ich ohnehin grad „zwischen zwei Jobs" war nahm ich diese willkommene Abwechslung natürlich gerne an. Ich fuhr nach Lugano, wo mich ein Chauffeur im schwarzen S-Klasse Mercedes 500 abholte. Mit konstant über 230 Sachen ging es nach Mailand. Sogar die Carabinieri hatten wir überholt … Anscheinend war das nichts Besonderes für den Fahrer. Das Flugzeug stand in Milano-Malpensa, etwa 35 Minuten von Lugano entfernt. Dort angekommen wurde ich höflich von einem etwas korpulenten Herrn, Ende vierzig empfangen. Er stellte sich mir mit „Giorgio" vor und sagte, dass die Flugplanung bereits gemacht und das Flugzeug aufgetankt wäre. Zuerst nach Brindisi und danach weiter nach Athen, war sein Plan. Wir verständigten uns auf Englisch. Seine King-Air Turboprop stand blitzblank draußen vor der VIP-Lounge, mit rotem Teppich davor. Ich konnte Giorgio unmöglich sagen, dass ich noch nie eine King-Air geflogen hatte. Er selber flog insgesamt, wie sich später herausstellte, auch erst satte fünf Flugstunden auf dem Ding. Aber immerhin hatte er den King-Air Eintrag in seiner amerikanischen Privatpilotenlizenz. Also waren wir wenigstens legal. Er war ein begeisterter Flugzeugnarr. Autonarr übrigens auch, war er doch im Besitz der weltweit größten Ferrari-Sammlung. Als Formel-1 Sponsor hatte er von jedem je gebauten Ferrari-Modell ein Exemplar in seinem Schloss in der Südschweiz. Natürlich inklusive des jeweils letztjährigen Formel-1 Modells!

Meine bescheidene King-Air Erfahrung beschränkte sich weitgehend auf die PT-6 Turboprop Triebwerke, welche identisch mit der von mir lange Zeit geflogenen Piper Cheyenne waren. Auch die Navigations-Instrumente waren fast gleich. Und gemeinsam würden wir seine Kiste schon heil nach Griechenland bringen. Ich sollte ja nur Sicherheitspilot sein. Nur auf ihn aufpassen. Nun, seine Vorstellungen waren meinen quasi diametral entgegengesetzt, denn ich sollte ihm in den nächsten Tagen beibringen, wie man dieses Flugzeug sicher von A nach B bringt. Legal und nach allen Regeln der Navigations-Kunst. Gleichzeitig stand ein intensives Start- und Landetraining auf den ägäischen Inseln auf seinem Programm. Davon hatte mir mein Freund natürlich nichts gesagt. Anyway, let's go! Wir stiegen ein. Giorgio wollte partout, dass ich auf dem linken, dem Kapitänssitz, Platz nehme. Okay, dann wollen wir mal. Der Flugplan sah vor, nach VFR-Regeln nach Brindisi zu fliegen. Das heißt, rausschauen und entlang dem Stiefel in Richtung Absatz nach Brindisi fliegen. Toll. Das Wetter spielte mit und die King-Air ließ sich praktisch genau wie die Cheyenne fliegen. Auf diesem Flug hatten wir genügend Zeit, uns etwas näher kennen zu lernen. Er erzählte mir etwas von Industriell und Kaugummi. Whatever. Er schien ganz in Ordnung zu sein. Am späten Nachmittag kamen wir in Brindisi an. Die Landung glückte mir und so rollte ich das Flugzeug zur Tankstelle. Einmal füllen und

Scheiben putzen, bitte. Danach gingen Giorgio und ich zum Tower hinauf, um die Landegebühren zu bezahlen. Und siehe da; hier arbeitete immer noch der alte Paolo. Ich kannte ihn von früheren Besuchen mit der Cheyenne und der TEA-Boeing 737. Mein Kaugummifabrikant war entzückt, dass ich als Schweizer sogar Bekannte in seiner Bella Italia hatte.

Weiter ging's nach Athen, und zwar nach IFR-Regeln. Das heißt, wir flogen „nach Instrumenten" hinüber nach Athen. Das ist sicherer. Speziell um über das Meer zu navigieren und vor allem wenn's dunkel wird ist es einfacher den Flughafen mit Hilfe der „Blindfluginstrumente" zu finden. Man fliegt dabei einfach den im Radionavigationsgerät eingegebenen Kurs ab und prüft mittels des Distanzmessgerätes, wie weit wir vom nächsten Funkfeuer (Radiostation) entfernt sind.

Die Sonne ging langsam unter und vor uns türmten sich die Gewitterwolken. Ein faszinierendes Schauspiel, wenn man nicht gerade in einem kleinen Flugzeug sitzt, welches man erst zwei Stunden kennt. Das Wetter-Radar zeigte uns auch nichts Gutes. Dunkelrot leuchteten uns die Gewitterzellen auf dem Bildschirm entgegen, zudem blitzte und donnerte es gewaltig. Giorgio war (mittlerweile ziemlich bleich) am Steuer und wir entschieden uns, die Gewitter großräumig zu umfliegen. Das zwang uns aber, militärisches Sperrgebiet zu überfliegen. Nachdem ich dem italienischen und griechischen Fluglotsen klarmachen konnte, dass es für uns die sicherste Methode war, um nach Athen zu gelangen, war auch für Giorgio die Welt wieder einigermaßen in Ordnung. Wir bekamen also eine Sondergenehmigung. Ziemlich durchgeschüttelt (nicht gerührt) machten wir zwei Helden endlich die Lichter der griechischen Metropole aus. Abends um 20.30 Uhr landeten mein Candyman und ich auf dem internationalen Flughafen von Athen. Dort stand auch schon eine Limousine für uns bereit. Wir fuhren ins 5-Sterne-Hotel.

Alles war schon vorbereitet. Die Schlüssel lagen bereit und von einchecken war nicht die Rede. Der Concierge begrüßte uns mit einem „Good evening gentlemen, welcome back Signor Giorgio". So ist's recht.

„Also dann, in einer halben Stunde auf der Terrasse zum Dinner", rief Giorgio mir hinterher. Als ich meine Zimmertür öffnete war ich sprachlos. Es war eine veritable Suite. Oder eher eine Dreizimmerwohnung. Vielleicht das falsche Zimmer? Es fiel mir schwer, nur schnell zu duschen, aber in einer halben Stunde musste ich schließlich parat fürs Abendessen sein.

Die Terrasse befand sich auf dem Dach des Hotels. Mit direktem Blick auf die hell erleuchtete Akropolis! Atemberaubend. Giorgio saß schon am Tisch und begrüßte mich. „Ist das Zimmer okay?", fragte er mich. „Sehr schön" sagte ich und meinte damit natürlich ‚absolut megageil'.

Er schien die Speisekarte schon zu kennen und empfahl mir Hummer. Ja, wenn's denn sein muss. Dazu eine Flasche Weißwein und schon waren wir wieder im Gespräch. Die Planung für die nächsten zwei Wochen war angesagt. Zwei Wochen? Ich erklärte ihm, dass von etwa fünf Tagen die Rede war. Ich müsste noch ein paar Telefonate tätigen, damit ich zehn Tage länger bleiben könnte. Dass ich arbeitslos war verschwieg ich ihm natürlich. Ich hätte auch zehn Wochen für ihn Aufpasser spielen können, was uns ziemlich schnell zum nächsten wichtigen Thema brachte, nämlich der Bezahlung. Wieviel ich denn für meine Dienste erwarte, wollte er wissen. Die absolut richtigste Frage für einen Arbeitslosen! Wir einigten uns auf 400 Euro pro Tag. Plus Spesen und Rückflugticket in die Schweiz. Das war übrigens etwa doppelt soviel, wie ich damals als B737 Copilot verdiente. Cool!

Seine Wunschliste für Tag Nummer zwei begann mit der kleinen Insel Skiathos. Er war total happy, als ich ihm sagte, dass ich den Flugplatz schon einige Male mit der Boeing angeflogen hätte. Für einen Passagier-Jet war die 1600 Meter Bahn absolutes Limit. Für die King-Air hingegen ein Pappenstiel.

Noch einen Espresso und dann zogen wir uns in unsere Gemächer zurück. Jetzt hatte ich endlich Zeit, mir die Suite genauer anzusehen. So trennen sich also die Schönen und Reichen von 500 Euro pro Nacht, inkl. Frühstück auf dem Balkon. Okay, besonders schön war der liebe „G" nicht, dafür etwa fünf Milliarden schwer und somit der Zweitreichste Italiener in den Neunzigerjahren. Gleich nach Fiat-Agnelli.

Pünktlich trafen wir uns am nächsten Tag an der Rezeption und machten uns auf den Weg zum Flughafen. Natürlich wieder mit der Hotel-Limousine. Dort angekommen merkten wir sofort, dass etwas nicht stimmte. Streik! Die griechischen Fluglotsen wollten mehr Kohle. Giorgio sah mich fragend an. Während er seinen dritten Kaffee trank musste ich eiligst in Erfahrung bringen, was da genau bestreikt wurde. Ein bisschen Flugbetrieb war nämlich zu hören. Vornehmlich Hubschrauber und kleine Zweimotorige der Olympic Airways. Warum dürfen die fliegen, fragte ich den Chef mit den meisten Streifen am Hut. „Die fliegen nach Sicht, die brauchen die Dienste der Fluglotsen nicht."

Aha. Also, sagte ich zu Giorgio, dass wir das auch können. Wir bestiegen unser kleines Flugzeug und starteten die Triebwerke. Bei Turboprop-Flugzeugen spricht man übrigens nicht mehr von Motoren.

Der Lotse vom Kontrollturm wollte von uns natürlich wissen, wie wir denn nach Skiathos zu fliegen gedachten. So ohne die Hilfe der Fluglotsen. Nun, ich sagte ihm ziemlich bestimmt und mit tiiiefer Kapitänsstimme, dass ich gemäß Luftfahrtsgesetz auf deren Hilfe verzichten könne, sofern ich mich an die Sichtflugregeln halte. Es war schließlich schönstes Sommerwetter. Er konnte nichts dagegen einwenden und somit bekamen wir die Freigabe für den Start. Der Flughafen war zum Bersten voll mit Linienmaschinen, welche natürlich auf die Hilfe der Fluglotsen angewiesen waren. Giorgio strahlte wie ein kleines Kind. Alle mussten warten nur wir durften fliegen. VIP! Nach dem Start ging's rechts rum in Richtung Akropolis und dann weiter nach Norden. Alles im Tiefflug. Relativ. Nach einer knappen Stunde versuchten wir, per Funk den Skiathos Tower zu erreichen. Fehlanzeige. Der Herr vom Kontrollturm machte wohl ein Schläfchen. Erst als wir etwa zehn Kilometer vor seiner Piste die Ankündigung unserer Landung machten, begann er etwas genervt mit uns zu kommunizieren.

Es war eine herrliche Insel. Etwa zwanzig Boote lagen im kleinen Hafen. Und eine riesige Luxusjacht. „Ah, da steht sie ja", sagte Giorgio. „Wer steht da?" fragte ich. „Meine Jacht" meinte er. Ich schmunzelte und sagte „Wäre toll, nicht?" Er aber sah mich nur ungläubig an und sagte, dass er nicht scherzte. Okay Giorgio, wie heißt denn „deine" Jacht, wollte ich nun wissen. Darauf sagte er nur „Secret Love". Je näher wir kamen, umso mehr sah der Schriftzug auf dem Schiff nach – „Secret Love" aus. Natürlich mit Helikopterdeck, Kränen für die Beiboote und Jetskis und mit einem Jacuzzi oben drauf. Eine veritable vierstöckige fünfzig Meter-Jacht! Seine Jacht! Ich hab ihn unterschätzt, den lieben Giorgio. Nach der Landung stellten wir unsere King-Air in die hinterste Ecke des Platzes und machten uns auf den Weg zum Hafen. Dort stand bereits Captain Chris, ein Brite, mit dem Beiboot in Achtungsstellung. Beiboot ist gut: ein Highspeed-Boot erster Sahne. Da stand sie endlich vor uns, die geheime Liebe, „Secret Love". Ein wunderschönes, klassisches, weißpoliertes Schiff. Selbstbewusst, wie wenn ich täglich eine solche Jacht betreten würde, zog ich die Schuhe aus und ging die Treppe hoch. Wir wurden von 8 Girls empfangen!!! Eine schöner als die andere. Alle zwischen 20 und 25. Kneif mich einer! Ich träume. Das gibt's doch gar nicht. Gestern noch arbeitslos und heute auf dem Playboy-Traumschiff mit acht Nixen? Und dazu 400 Euro pro Tag bar auf die Kralle! La vita è bella!

Die vierzehn Tage auf dem Schiff vergingen leider wie im Flug. Und genau das machten wir nämlich jeden Tag. Frühmorgens um elf Uhr war Landetraining angesagt. Jeden Tag auf einem anderen Flugplatz. Während Giorgio und ich die verschiedenen Flugplätze in der Ägäis besuchten, steuerte Chris seinen Kahn zum nächsten Hafen. Um die Mittagszeit, so gegen drei Uhr, trafen wir dann auf der „Secret Love" ein. Die Mädels waren ausgeschlafen und das Essen stand auf dem Achterdeck bereit. Italienisches Essen natürlich! Dazu im Hintergrund Musik von Verdi und Carruso. Ich fühlte mich wie Bond, James Bond. Auf der Sonnenseite des Lebens!

Mein Chef zog sich nach dem ausgiebigen Essen in seine päpstlichen Gemächer zurück. Selbstverständlich nicht ohne seine aktuelle Freundin.

Ich durfte alles auf seinem Schiff benutzen, außer den obersten Stock des Schiffes. Dort befand sich ja der Swimmingpool unter freiem Himmel, ausschließlich für die Damen. Sperrgebiet für uns Männer, wie Giorgio meinte.

Natürlich machte ich von seinem Angebot Gebrauch und probierte erst mal die Jet-Skis aus. Der 200 PS Yamaha Motor beschleunigte das Ding in null Komma nichts auf 80 km/h. Das Wasser wurde hart wie Beton. Also nicht stürzen. Aber nach einer halben Stunde wurde auch das ein bisschen öd. What's next? Tauchen! Captain Chris gab mir einen Blitzkurs im Tauchen. Im flachen Wasser übten wir das ganze. Tauchen wäre ein sehr interessantes Hobby. Speziell für einen Bergler wie mich. Die Krönung war aber das Wasserskifahren. Schifahren auf Schnee kannte ich von Kindsbeinen an. Aber auf dem Wasser? Chris ließ das Beiboot per Kran ins Wasser hinab. Er war früher britischer Meister im Wasserski und brachte mir innerhalb kürzester Zeit bei, wie man auf einem Mono-Ski fährt. Toll! Ich konnte nicht genug kriegen. Mit seinem Highspeed Boot machte er es mir auch sehr leicht, aus dem Wasser zu kommen. Jetzt erst begriff ich, warum Marietta diesen Sport so gerne betrieb. Ich war jeden Tag auf den Skis. Pardon, auf dem Ski. Chris ließ mich sogar sein Schiff steuern, die Secret Love. Ich als großer Schiffs-Kapitän. Spitze! Es ist vergleichbar mit Jumbojet fahren. Ziemlich träge das ganze.

Nach einer Weile wurden die Damen etwas zutraulicher ... Nach anfänglichem Smalltalk fingen sie sogar an, mit mir zu politisieren. Zwei der 90-60-90 Abteilung waren nämlich Ex-Miss Argentina und Ex-Miss Chile und demzufolge ziemlich empfänglich für politische Diskussionen. Entsprechend feurig wurde bis weit in die Nacht debattiert. Hart, aber herzlich. Die anderen sechs, vorwiegend ziemlich mageren und sehr blonden Girls hörten nur gelangweilt weg. Letztlich aber verstand ich mich mit den Südamerikanerinnen am besten.
　　Eines Abends dann, bei einem teuren Shopping-Ausflug auf Mykonos, bekam ich von Giorgio das Angebot, in Zukunft seinen Privat-Jet, die Falcon 900 zu fliegen. Ich sagte nicht sofort zu, denn ich müsste das ganze noch mit meiner (damaligen) Freundin (und jetzigen Frau) besprechen. Und bei TEA-Switzerland müsste ich vorher noch kündigen ... Ich hätte am liebsten sofort zugesagt, doch irgendwie wollte ich mich nicht allzu billig verkaufen. Und schließlich wollte ich auch die Einwilligung Mariettas. Ein paar Tage später verabschiedeten wir uns in Athen. Ich flog (natürlich in Business-Class) nach Zürich zu meinem Herzblatt. Braungebrannt stand ich vor ihr. Doch sie war alles andere als begeistert. Im Gegenteil, stinksauer war sie! Ihr wurde nämlich von tratschenden TEA-Stewardessen berichtet, dass ich mit jungen Mo-

dels an verschiedenen Orten in Griechenland gesichtet worden sei. Nach intensivster Aufklärungsarbeit und Beteuerung meiner Unschuld konnte ich das Problem vorläufig aus dem Weg schaffen. Zudem hatte ich ja einen neuen Job. Und, wer weiß, vielleicht könnte ich es sogar arrangieren, dass sie einen Job als Stewardess auf dem Privat-Jet ...

Es war Sonntagmorgen 09.00 Uhr. Das Telefon klingelte. „Buon Giorno Renato." Giorgio war dran und wollte wissen, ob ich mich für den Job entschieden hätte. Marietta hörte gespannt mit. „Grundsätzlich ja" erklärte ich ihm. „Ach ja, wegen der Bezahlung. Was stellst du dir vor?" frohlockte er. Jetzt kommen wir der Sache schon näher. „Ich dachte so an 5000 Euro, dreizehn Mal plus Spesen." Am anderen Ende war es kurz still, dann sagte er „Das ist natürlich netto, nicht wahr?" „Ja, klar. Plus die Altersvorsorge."

Ich soll mich mit seinem Avvocato in Verbindung setzen und es wäre in Ordnung mit dem Job. Und schon war ich wieder ein im normalen Arbeits- und Lebensprozess integrierter, richtiger Mensch! Wir hatten Grund zum Feiern. Die Umschulungskosten auf sein Flugzeug wurde selbstverständlich auch von ihm übernommen und so saß ich zwei Wochen später im Dassault-Falcon 900 Kurs bei Flight Safety International in New Jersey, USA. So schnell kann es gehen. Wieder einmal, richtig, Schwein gehabt.

Im Oktober 1995 begann ich offiziell für Giorgio zu fliegen. Als Kapitän auf der Dassault Falcon 900. Chefpilot dieses Kleinbetriebes, welcher exklusiv nur für ihn flog, war der Amerikaner Captain Walter H. Schmitz. Walter war ein alter Hase. Ein damals 67 Jahre alter, texanischer Hase um genau zu sein. Er sah aus wie John Wayne, redete wie John Wayne und auch sein Benehmen war dem des klassischen Filmhaudegens nicht unähnlich. Ein toller Typ. Vor allem aber war er ein exzellenter Pilot. Seine lange Karriere umfasste praktisch alle Sparten der Fliegerei. Als junger US-Airforce Korea-Kampfjetpilot begann er seine Laufbahn in den 1950er Jahren und kam später als Testpilot bei General Dynamics zum Einsatz. Zusammen mit ehemaligen Astronauten durchlief er die Testpilotenschule. Richtig viel Kohle verdiente er in den goldenen Siebzigern als Privatjet-Pilot in Saudi Arabien. Die Bezahlung war damals äußerst üppig. Er erzählte mir von Briefumschlägen, welche nach jedem Flug ins Cockpit gereicht wurden. Immer mit sehr viel Cash drin. Und das war erst das Trinkgeld! So wurde er innert kürzester Zeit Dollar-Millionär. Er fliegt übrigens heute noch ab und zu als Copilot kleine Privat-Jets. Und das mit über achtzig Jahren!

Was uns auf der Falcon fehlte, war eine Stewardess. Da Marietta unter anderem auch ausgebildete Flight Attendant war, bot es sich natürlich förmlich an, sie an Bord zu holen. Giorgio hatte nie Stewardessen, machte hier aber glücklicherweise eine Ausnahme. Klasse! Wenn sie auch nicht immer auf allen Flügen eingesetzt wurde, verbrachten wir doch wenigstens die langen Flüge und vor allem die Zeit an den Destinationen zusammen. Unsere Golf-Bags waren immer im Frachtraum mit dabei.

Marietta wünschte sich immer, Paris kennenzulernen. Nein, nicht Hilton. Die Stadt! Da Signor Giorgio viele Wochenenden in seinem Pariser Appartement an der Champs Ellysee verbrachte, wurde die Seine-Stadt fast zu unserem zweiten Zuhause. Wir hatten sogar unseren eigenen Firmenwagen selber nach Paris gefahren und waren dadurch ziemlich unabhängig. Unser Hotel befand sich an bester Lage in unmittelbarer Nähe der Sacre Coeur und so konnte Marietta und ich die Stadt jedes Wochenende nach Belieben auskundschaften. Marietta etwas mehr als ich. Wir haben nicht mehr gezählt, wie oft wir auf dem Eiffelturm waren. Auch zu Fuß übrigens.

Jeden zweiten Monat stand ein USA-Trip auf unserem Programm, denn unser Chef nannte sich ein Häuschen im promiträchtigen Palm Beach, Florida sein eigen. Eine Supervilla in der Nähe von Donald Trump und Co. Dort hatte er auch seine Kollektion von alten Flugzeugen stationiert. P-51, B-25, A-37 und wie die Dinger alle hießen. Zudem besaß er noch einen kleinen zweistrahligen Jet vom Typ Citation SP. In einem Wochenendkurs lernte ich auch diesen zu fliegen. Ein zweiter Pilot war nicht vorgeschrieben und so durfte ich ganz alleine damit herumkurven. Das heißt, den Jet von A nach B bringen, um danach mit Giorgio wieder Landetraining zu machen.

Dassault-Falcon 900 Privat-Jet, mit genügend Beinfreiheit ...

Die Auswahl unserer Falcon 900-Destinationen war ziemlich international: London, Paris, Mailand, Neapel, Calvi, Olbia, New York, Miami, Nizza, Bahamas, Muscat, Singapur, Saigon, Shanghai, Delhi, Stockholm. Aber auch Schweizer Flugplätze wie Gstaad, Genf, Bern und Samedan waren auf dem Programm.

Unsere Heimatbasis war Lugano. Speziell ein Flug nach St. Moritz/Samedan war ein besonderes Erlebnis. Es war Februar, Zeit des Venezianischen Carnevale. Von Paris aus ging es zuerst zum Flughafen von Venedig, wo wir per Boot in die Stadt transportiert wurden. Dort angekommen legten wir unmittelbar beim Hotel an. Ein wunderschönes und bestimmt auch sauteures Haus. Marietta und ich machten uns sofort auf Entdeckungstour. Bella Italia. Wenn nur die Touristen nicht wären. Richtig schön war es erst am sehr späten Abend. Fast menschenleer konnte man sich endlich die Schönheit der Stadt ansehen. Faszinierend. Bleibt zu hoffen, dass der Meeres-Spiegel nicht allzu schnell steigt.

Nach zwei Tagen Carnevale ging es weiter. Am Morgen umhüllte dichter Nebel die Lagunenstadt. Unser Ziel heute: Frühstück in St. Moritz. Das Boot brachte uns im Schritt-, respektive Schwimmtempo zum Flughafen. Der Nebel war so dicht, dass der Airport für den Linienverkehr geschlossen werden musste. Als Privatjet-Piloten durften wir hingegen unsere Sicht-Limiten selber bestimmen. Das heißt, dass wir auch bei nur fünfzig Meter Sicht starten durften. Unser Fahrer hatte große Mühe unser Flugzeug zu finden. Tanken war nicht nötig und schon bekamen wir die Freigabe für den Triebwerkstart. Ein Follow-Me Wagen eskortierte uns bis zur Piste. Volle Konzentration war jetzt gefragt. Trotz voller Lichtstärke waren nur gerade zwei Pistenlampen vor uns auszumachen. Wir entschieden uns für den Start. Vollgas und ab die Post. Nach knapp zwanzig Sekunden hoben wir schon ab. Zehn weitere Sekunden später durchstießen wir den Nebel und hatten nichts als blauen Himmel und die verschneiten Alpen vor uns. Einfach herrlich! Jetzt galt es, ins richtige Tal einzufädeln. Über dem Münstertal drehten wir nach links und hatten nun das Engadin vor uns. Da wir in meine Heimat flogen überließ ich dem zweiten Kapitän, Guy aus Kanada, das Steuer. Er war noch nie auf dem 1700 Meter über Meer gelegenen Samedan-St. Moritz Airport und wollte es sich nicht nehmen lassen, die Landung selber auszuführen. Weit vor uns lag sie, die Piste 21. Wie immer im Februar weilte wieder alles was Rang und Namen hatte in St. Moritz. Da auch unser Chef hier eine zwanzig Millionen Euro Villa sein Eigen nannte, war es naheliegend, dass er sie wenigstens einmal im Jahr besuchte. Nach einer butterweichen Landung rollten wir zur Parkposition. Hier war die Hölle los. Eine B737 und etwa zehn Privatjets plus unzählige kleinere Maschinen standen auf dem Vorfeld. Und hunderte Flughafenbesucher, inklusive Paparazzi standen am Zaun um das Spektakel der Schönen und Reichen zu bestaunen, oder eventuell sogar einen Promi zu erhaschen. Giorgios Helikopter vom Typ Agusta A109 stand mit laufenden Rotoren bereit. Wir parkten gleich daneben und schon huschten unsere Passagiere direkt vom Jet in den Heli. Natürlich nicht ohne zuvor dem Zollbeamten brav den Pass zu zeigen. Wir waren hier schließlich in der Schweiz. Giorgio nahm gleich auf dem Pilotensitz Platz. Hinter ihm die Models. Als Aufpasser saß Gianni Testa auf dem Copilotensitz. Er war Helikopterpilot und Falcon 900 Pilot von einem anderen Milliardär (Monarch Airlines) aus der Südschweiz. Gemeinsam machten sie einen Alpenrundflug in die Welt der Viertausender im Bernina Gebiet.

In der Zwischenzeit bereiteten wir unser Flugzeug für den Weiterflug nach Paris vor. Danach hatten wir endlich Zeit, uns das wohlverdiente Frühstück im Hotel Kulm zu genehmigen. Zuerst mussten wir uns jedoch durch die

Zuschauermenge kämpfen. Die Paparazzi knipsten was das Zeug hielt. Dann endlich kamen wir in St. Moritz an. Nach einem ausgiebigen Brunch war Shopping angesagt. Oder besser gesagt Window-Shopping. Von Versace bis Cartier waren natürlich alle vertreten. Zu teuer für mich und meine Marietta, leider. Gegen sechzehn Uhr trafen wir wieder auf dem Flugplatz ein und machten den Flieger parat. Eine halbe Stunde später schwebte auch schon wieder der Hubschrauber mit unseren Passagieren ein, und dann ging's weiter nach Paris. Der Himmel war immer noch stahlblau und ich entschied mich, den ersten Teil des Fluges im Tiefflug zu machen. Nach dem Start drehte ich gleich nach rechts, um den Julier auf Passhöhe in High Speed zu überfliegen. Cool. Dann ging's weiter, knapp über die Bergspitzen in Richtung Flims/Laax und dem Bündner Oberland. Wir flogen so schnell, dass für das Genießen wenig Zeit blieb. Bei diesen hohen Geschwindigkeiten, teilweise bis zu 600 km/h, war die Luftraumüberwachung sehr anspruchsvoll und forderte unsere volle Konzentration. Es war Sonntag und deshalb waren viele Freizeitpiloten in den Alpen unterwegs. Über dem Oberalppass begannen wir dann unseren Steigflug auf Flight Level 390 (ca. 12 000 Meter), unsere Reiseflughöhe. Eine Stunde später kamen wir in Paris Le Bourget an. Das war doch wieder mal ein tolles Wochenende, nicht?

Es war natürlich nicht immer so glamourös wie auf diesem Trip. Einmal mussten wir kurzfristig einen Flug von Mailand nach Neapel machen. Ein Konzernmitglied meines Chefs (nicht etwa ein Mafiaboss) verstarb unerwartet in Napoli, und die gesamte Führung des Unternehmens wollte ihm die letzte Ehre erweisen, beziehungsweise sicher gehen, ob er auch wirklich tot war … Zwölf Passagiere, die ganze Konzernspitze inklusive Giorgio, wollte nach Neapel und dann vier Stunden später wieder zurück nach Milano geflogen werden.

Essen wäre nicht nötig, meinte Signor Giorgio. Etwas zu trinken würde reichen. Da Marietta aber wusste, dass die Italiener immer Hunger haben, machten wir uns in Napoli auf die Suche nach etwas essbarem. Wir wurden natürlich sehr schnell fündig. Und siehe da, kaum hatten wir den Rückflug begonnen, erkundigte sich unser Milliardär, ob es vielleicht trotzdem was zu Futtern gäbe. Marietta tischte auf. Ein Leichenmahl auf 10 000 Metern! Die Flugzeit zwischen Neapel und Mailand musste ich auf anderthalb Stunden strecken, damit die Herren auch noch ihren Nachtisch genießen konnten ... Den Fluglotsen erklärte ich mein extrem langsames Fliegen damit, dass ich ein kleines technisches Problem mit der Hydraulik hätte. Die Wahrheit hätte er mir sowieso nicht geglaubt.

Alles hat ein Ende, nur die Wurst hat zwei. Und so neigte sich auch dieser Abschnitt meines fliegerischen Lebenslaufes dem Ende. Ich suchte nach einem etwas stabileren, sichereren Job. Wenn man den Launen eines einzigen Chefs unterworfen ist, hängt dauernd das Damokles-Schwert der Entlassung über dem Kopf. Man kann sehr schnell ersetzt werden in diesem Business. Also suchte ich wieder etwas in der Linienfliegerei.

Rückblickend durften Marietta und ich eine sehr aufregende Zeit inmitten der Reichen und Schönen verbringen. Und das Geld nicht glücklich machen soll halte ich für ein Gerücht der Reichen.

Das beste aber am Privatjet fliegen war, dass meine Frau und ich immer unsere Golf-Ausrüstung mit dabei hatten und wir gemeinsam unterwegs sein durften. Das vermisse ich heute schon sehr! Doch ich witterte die einmalige Chance, in Kürze auf der Boeing 737-300 zum Kapitän befördert zu werden. Und um mir die Zukunft nicht zu verbauen musste ich mich jetzt entscheiden; den Rest meines Lebens Privatjets fliegen oder dereinst doch noch Jumbo-Kapitän zu werden.

Mustangs fliegen

Cool; Mustang TF-51 (P-51) Doppelsitzer, 1500 PS, ca. 700 km/h

Weihnachten, Zeit der Besinnung und der Bescherung. Nicht so für Privat-Jet Crews, denn für sie ist zu dieser Zeit meist viel Arbeit angesagt. Somit auch für mich und meine Frau, denn unsere Herrschaften möchten nach Amerika gebracht werden. Wir überqueren den Atlantik mit unserem dreistrahligen Business-Jet. Ich sitze im Moment alleine vorne links und mache meine regelmäßigen Funksprüche und führe Buch über den Spritverbrauch und unsere Position. Obwohl alles mit Hilfe von Computern und GPS dreifach abgesichert ist, ist es gut zu wissen, dass auch wirklich alles in Butter ist. Der nächste Flughafen ist sehr weit weg.

   Mein Co-Captain Carlo, hauptberuflich MD-11 Pilot bei Alitalia, ist grad hinten in der Kabine und gönnt sich einen Cappuccino, da kommt mein milliardenschwerer Chef ins Cockpit und erkundigt sich über das Strecken-Wetter. Ich kann ihm strahlenden Sonnenschein auf der gesamten Länge des Fluges bis nach New York berichten. Keine Gewitter, keine Turbulenzen, nur ein mäßiger Gegenwind von hundert Stundenkilometern.

Da wir Richtung Westen fliegen, haben wir die ganze Zeit die Sonne im Gesicht. Und zwar steht sie immer etwa am gleichen Ort. Das tut sie natürlich auch sonst ... Da wir uns aber auf 55 Grad nördlicher Breite mit knapp 800 km/h nach Westen bewegen und die Erde sich mit etwa der gleichen Geschwindigkeit nach Osten dreht, bleibt die Sonne vom Flugzeug aus gesehen immer etwa am gleichen Ort. Wir bleiben quasi im Raum stehen und nur die Erde bewegt sich unter uns.

Giorgio ist zufrieden. Das ist ein gutes Zeichen. Er kann nämlich auch anders. Nicht dass er ein besonders launiger Zeitgenosse wäre. Nein, aber er hat halt seine Macken. Haben wir ja alle irgendwie. Aber heute ist er, wie gesagt, sehr gut drauf. Während er sich umdreht, fragt er mich fast beiläufig: „Renato, willst du meine Mustangs fliegen?" Ich dachte ich hör nicht richtig. Das wäre cool, sagte ich ihm. Ob ich denn eine Akrobatik-Lizenz hätte, will er wissen. Leider nein. Nun, ich soll mir alle nötigen Lizenzen besorgen, um die P-51 Mustang fliegen zu dürfen. Die Rechnungen übernehme er! „Merry Christmas!!!" Das haut dem Fass den Boden raus! Was für ein Weihnachtsgeschenk: Eine Akro-Ausbildung und Mustang fliegen!

Wir kommen in New Yorks Privat-Flughafen von Teterboro, New Jersey an. Nach einem Tankstopp und den üblichen Zollformalitäten geht es nach etwa einer Stunde weiter nach Florida. Wir sind alle ziemlich müde. Speziell Marietta und ich. Unser Tag hat schließlich schon sehr früh begonnen. Um genau zu sein, es war ein

Monster-Tag. Um halb vier Uhr ging der Wecker los. Eine Stunde später fuhren wir die 130 Kilometer nach Lugano, um dort vom Chauffeur nach Mailand gebracht zu werden. Natürlich wieder mit konstant über 200 Sachen. Und wieder haben wir die Polizei überholt! Aber offenbar kannten sie den schwarzen Mercedes. Sie machten sich nicht mal die Mühe, das Blaulicht einzuschalten.

Wir kamen also in Milano-Malpensa an. Unser Flugzeug stand schon auf dem Vorplatz und Marietta und ich begannen mit den Vorbereitungen. Als Stewardess war sie für die Sicherheit, aber vor allem auch für das leibliche Wohl unserer VIP-Fluggäste verantwortlich.

Das exklusive Catering hatten wir seit geraumer Zeit von unserem österreichischen 17-Punkte Koch, Michael Bauer. Er ist ein guter Freund und ehemaliger Chef meiner Frau und führt heute das exklusivste Lokal in unserem Skigebiet Flims/Laax. Alles war gut eingepackt und Mariettas Aufgabe war es, seine Köstlichkeiten während des Fluges aufzubereiten und perfekt zu servieren. Ich bin mir ziemlich sicher, dass vor und nach unserer Zeit bei unserem Milliardär niemand so gut auf einem Privat-Jet gegessen hat wie er, denn fast alle anderen Crews besorgten sich das Catering von irgendwelchen „professionellen" Firmen. Das ist einfacher, aber nicht unbedingt billiger. Vor allem ist es nicht besser. Wie wir so unseren Flieger für den langen Flug vorbereiteten, erreichte uns ein Anruf von Giorgios Sekretärin. Wir möchten doch bitte zum Mittagessen nach Mailand rüberkommen. Weihnachtsessen. Auch das noch. Nicht dass ich etwas gegen ausgedehnte italienische Mittagessen gehabt hätte. Im Gegenteil. Aber heute hatten wir einen wirklich langen Tag vor uns. Geplant war von Mailand über die Alpen nach Stuttgart zu fliegen (bei starkem Schneefall), dort ein paar Models abzuholen (nicht Claudia), dann weiter nach Shannon zu fliegen, um das Flugzeug für den Transatlantikflug vollzutanken. Danach sollten wir weiter über New York nach Palm Beach, Florida fliegen. 28 Stunden nach dem Weckruf kamen wir also todmüde in Florida an! Da das Flugzeug nach US-Privatflug Regeln zugelassen war, war diese lange Arbeitszeit zwar völlig legal, aber natürlich nicht besonders klug.

Nach der Landung fuhren unsere zwei Cadillacs vor. Für jeden Piloten einen. Der Chef bekam, wie immer, seinen Mercedes. Wir würden nun für erholsame zehn Tage in Florida sein. Genügend Zeit für mich, meine Akrobatik-Ausbildung zu machen.

Ich entschied mich für die Flugschule einer ehemaligen Weltmeisterin im Kunstflug. Die gebürtige Deutsche Karin Kretschmer hatte sich seit ein paar Jahren einen Namen in der Akrobatitik-Gemeinschaft gemacht und führte eine kleine Flugschule in Florida.

Da ich neben meiner Schweizer- auch eine US-Linienpilotenlizenz hatte, konnten wir bereits am ersten Tag mit der Ausbildung beginnen. Vorerst musste ich mich aber mit einem Kleinflugzeug, einer Decathlon, begnügen. Dieses Flugzeug war mit einem sogenannten Spornrad ausgestattet. Das heißt, das Flugzeug wurde am Boden mit Hilfe eines Rades am Heck gesteuert. Das erforderte etwas Übung. Nach zwanzig Landungen war ich soweit, dass ich endlich auf das Kunstflugzeug vom Typ Pitts S2 umgeschult werden konnte.

Mit einer Spannweite von nur sieben Metern benahm sich das Flugzeug äußerst lebendig. Es drohte dauernd auszubrechen und musste ständig gezügelt werden. Ein wildes Biest. Es war fast wie Helikopterfliegen.

Unser Übungsgebiet lag exakt über den Everglades, einer Gegend, wo sich tausende von Alligatoren tummelten. Der richtige Ort also, gefährliche Flugmanöver zu üben. Einen Fallschirm hatten wir uns auch umgeschnallt, damit wir im Notfall langsam zu den Alligatoren hinunterschweben könnten.

In Werner Fincks Zlin-Kunstflugzeug (Doppelsitzer) FUN!

Karin, eine zierliche Dame, forderte alles von mir ab. Rollen, Loopings, Trudeln im Rückenflug, 90 Grad Kurven. Die Beschleunigungskräfte waren enorm. Manchmal sah ich nur noch schwarz. Nach jedem Flug war mir schlecht! Nach jedem. Aber das gehörte dazu, meinte sie. Nach zehn Flugstunden war ich soweit. Was jetzt noch fehlte, um die Mustang zu fliegen, war ein sogenanntes Übergangs-Flugzeug. Die P-51 Mustang hatte 1500 PS und war etwa 700 km/h schnell. Da musste ich mich langsam herantasten. Dazu bot sich die T-6 an. Sie hatte etwa die gleiche Größe und ähnliche Flugeigenschaften wie die P-51. Nur hatte sie einen Bruchteil ihrer Leistung.

Dann, nach insgesamt zehn Tagen Training war es soweit. Ich machte meinen ersten Mustang-Flug. Mein Fluglehrer, Dave Lauderback, war ein alter Hase im Geschäft und ließ mich auf dem Vordersitz Platz nehmen. Zuvor hatte ich natürlich das Flughandbuch eingehend studiert. Ein fünfzig Jahre altes Dokument, welches noch irgendwie nach Zweitem Weltkrieg roch.

Giorgios Mustang hatte zu diesem Zeitpunkt erst fünfzig Flugstunden auf dem Buckel. Jahrelang standen die Originalteile des Oldtimers in einem Hangar herum. Dann wurden diese von professionellen Flugzeugbauern, alle um die siebzig Jahre alt, zusammengesetzt. Das Flugzeug war also im Prinzip nagelneu. Sich eine Mustang anzuschnallen war nicht nur eine Ehre, sondern auch eine Prozedur, welche geübt sein wollte. Man saß auf einem Fallschirm, welcher zuvor natürlich richtig angelegt werden musste. Danach schnallte man sich mit Sechspunkt-Gurten ans Flugzeug an. Und zwar so fest es geht. Bis es schmerzte. Auch das Starten des Motors war eine ziemlich diffizile Angelegenheit. Bis alle zwölf Zylinder des Rolls-Royce Merlin Triebwerkes ruhig liefen dauerte es ein Weilchen. Der Sound im Cockpit war unbeschreiblich. Ein sattes Dröhnen, welches den ganzen Körper zum Vibrieren brachte. Per Knopfdruck schloss sich die Haube und los ging's. Wir rollten zur Piste 09 in West Palm Beach. Die Sicht nach draußen war während des Rollens sehr limitiert. Ich musste dauernd Kurven fahren, um nach vorne zu sehen. Doch ich gewöhnte mich dran. Dann waren wir soweit. Takeoff! Der Krach war enorm. Bei etwa 80 Km/H nahm ich sachte das Heckrad von der Bahn und stellte das Flugzeug waagrecht. Jetzt wurde die Sicht nach vorne auch besser. Bei etwa 130 km/H zog ich leicht am Knüppel und schon flog die Mustang. Fahrwerk rein und dann steil in den Himmel. Die Beschleunigung und die Geschwindigkeit nahmen konstant zu. Leistung ohne Ende.

Unser heutiges Übungsgebiet war über dem Atlantik. Und zwar von Null Metern bis 5500 Metern über Meer. Bis auf die Trudelversuche machten wir das komplette Akrobatikprogramm. Zum Einfliegen quasi. Das Flugzeug reagierte erstaunlich gutmütig. Alle Figuren ließen sich sehr einfach erfliegen, da wir genügend Leistungs-reserven hatten (keine Waffen, keine Bomben). Nach-dem wir uns ausgetobt hatten fragte mich mein Instruk-tor, ob ich Lust auf Tiefstflug hätte. Logo! Er übernahm und stach die Nase 90 Grad vertikal nach unten. Die Geschwindigkeit baute sich sofort auf. Schneller als bei einem Kampfjet übrigens. Wir waren für einen Moment schwerelos. Etwas Gas, und schon wurden wir wieder in die Sitze gepresst (der Propeller hat bei Geschwindigkei-ten bis etwa 600 km/h einen besseren Wirkungsgrad als die Jets und beschleunigt infolgedessen schneller). Jetzt flachte Dave den Sturzflug etwas ab und er tastete sich langsam auf unsere Einsatzhöhe hinunter. Bei hundert Fuß sagte er mir, dass ich stur geradeaus schauen soll. „Sonst wird dir schlecht." Er ging weiter runter auf fünf-zig Fuß. Das waren etwa fünfzehn Meter über dem Meer, bei 600 km/h!!! Wir sausten an Jachten vorbei, die Men-schen darauf waren kaum zu erkennen. Das war Speed! Vergesst eure Ferraris und Porsches. Nach drei Minuten zog er leicht und ging in die Vertikale. Im Nu waren wir wieder auf 5000 Metern. Ich übernahm wieder das Steuer und wir beschlossen, dass es für heute reicht. Das waren Impressionen, welche man erlebt haben muss! Beschrei-ben ist mir nicht möglich. Wir flogen zurück nach Palm Beach und machten ein paar Anflüge mit anschließen-dem Durchstart. Am Schluss versuchte ich, die Mustang mit einer Dreipunktlandung sanft hinzusetzen. Na ja. Es war nicht meine beste Landung. Aber es war mein ers-ter Flug in einem Hochleistungs-Propellerflugzeug. Ein wahrlich schönes Weihnachtsgeschenk.

Zurück auf die B737

Boeing B737-300 der Air Atlanta für British Airways im Einsatz. Man beachte den BA-Schriftzug, die isländische Registrierung, das Lufthansa-Flugzeug und die internationale Crew. Wenn das die Passagiere wüssten ...

Ende 1997 meldete sich wieder einmal meine Pilotenvermittlungszentrale aus Dublin (ein moderner Menschenhändler, welcher sich zehn Prozent des Bruttolohnes eines jeden Piloten abzwackt). Vor zwei Jahren hatte ich ihnen meine Unterlagen gefaxt, um einen Job als Copilot zu bekommen. Mit etwas Verzögerung fragten sie mich nun an, ob ich denn ein paar Monate für Saudi Arabian Airlines im „Sandkasten" eine Boeing 737 fliegen möchte. Auftraggeber wäre eine isländische Firma mit dem Namen Air Atlanta. Der Köder: Die ersten paar Monate sollte ich als Copilot fliegen, anschließend bestünde die Chance eines Upgradings zum Kapitän. Das war's! Kapitän auf dem Passagier-Jet. Ich war zwar schon auf dem kleinen Privat-Jet Kapitän, aber in der Fliegerei gilt erst dann jemand als richtiger Gabbidän, wenn er auch richtige Passagier-Jets kommandiert. Und auch nur dann, wenn die Kiste mehr als hundert Sitze hat. Size matters.

Von Air Atlanta hatte ich bis dato noch nie was gehört und in Saudi Arabien war ich auch noch nie. Warum also nicht? Mit wohlwollendem Einlenken meiner Marietta, wir waren mittlerweile verlobt, unterschrieb ich den auf sechs Monate befristeten Arbeitsvertrag.

Da ich die Boeing 737 über zwei Jahre lang nicht mehr geflogen war, hieß es erst einmal; Simulatortraining. Dieses erfolgte bei Lufthansa-Training unter preußischer Aufsicht in Bremen. Ein paar deutsche Jungs und ein Ami waren auch mit dabei und so machten wir unseren „Refresher" gemeinsam. Es war erstaunlich, wieviel ich in den vergangenen zwei Jahren vergessen hatte. Den Falcon 900 Privat-Jet zu fliegen erforderte deutlich weniger Systemkenntnisse und auch die Cockpit-Abläufe waren um einiges einfacher und verleiteten einen dazu, weniger zu lernen und auch weniger nach „Procedures" zu fliegen. Auf der B737 war es anders, speziell mit den gestrengen Instruktoren im Genick! Die Two-Men Operation, das professionelle Bedienen des Flugzeugs also, war und ist das A und O der Linienfliegerei und musste den Lufthanseaten sattelfest vorexerziert werden. Ich hatte also etwas Nachholbedarf. Nach ein paar intensiven Tagen war ich aber wieder drin im alten Rhythmus. Nach diesem Auffrischungs-Kurs (mit anschließender amtlicher Prüfung) übernahmen wir also unser Flugzeug, um damit nach Middle East zu fliegen. Es war ein originales Lufthansa-Flugzeug, welches offenbar nicht genug ausgelastet war. Diese Maschine wurde von Air Atlanta für insgesamt zwei Jahre gemietet, um es dann ihrerseits weitervermieten zu können. In Bremen wurde der B737-300 standesgemäß ein „Saudi Arabian Airlines" Schriftzug mit dazugehöriger Leitwerksbemalung verpasst. Frisch aufgetankt machten wir uns auf den langen Weg nach Jeddah. Da wir weder Passagiere noch Fracht an Bord hatten reichte der Sprit genau bis zu unserer Destination. Dort angekommen spürten wir sofort, dass ein anderer Wind weht. Nicht nur meteorologisch. Der arabische Muezzin jammerte lautstark betend von seinem Minarett herunter und zog den riesigen Flughafen für kurze Zeit in seinen Bann. „Allah U Akhbar" Allah ist mächtig. Wenn das kein Willkommensgruß ist. Mitten in der Nacht wurden wir auf unser Camp gefahren. Nach etwa dreißig Kilometern erreichten wir unsere Bleibe mit dem einladenden Namen „Rose Village" am Wüstenrand. Mein mittlerweile guter Freund Gerd Klein und ich bezogen gemeinsam unsere Villa. Ein nettes, kleines Häuschen, welches für die nächsten sechs Monate unser Zuhause sein sollte. Als wir am nächsten Morgen aufwachten, wollten wir erst mal unser „Dorf" auskundschaften. Kein Mensch, weit und breit. Es war 35 Grad im Schatten, und als wir den Swimming-Pool erreichten, trauten wir unseren Augen nicht. War es die Hitze, eine Fata Morgana? Da lagen mindestens zwanzig knackige Blondinen in ihren Liegestühlen und räkelten sich an der Sonne. Zwickts mi, I glaub I träum. Blondinen in der Wüste? Ja gibt's denn sowas. Was machen denn die hier? Wir wurden schnell aufgeklärt. Die jungen Damen waren allesamt Flight Attendants aus Island, respektive Skandinavien und arbeiteten für Saudi Arabian Airlines, oder eben Air Atlanta. Sie wurden vorwiegend auf den Jumbos, aber auch auf der B737 für den Hadj, die Pilgermonate der Moslems, eingesetzt. Mit anderen Worten: Sie waren unsere Stewardessen! Cool! Ich meine, ich war immerhin glücklich verlobt. In der fernen Schweiz.

Und jetzt sowas! Insgesamt über hundert Stewardessen aus dem hohen Norden gegen etwa dreißig Piloten. Wenn ich das in meinem Club erzähl, das glaubt mir kein Mensch.

Erschwerend kam dazu, dass mich Marietta nicht einmal besuchen durfte. Nur verheiratete Frauen dürfen ihre Männer in Saudi Arabiens Wüste besuchen. Doch irgendwie schaffte ich es, wenigstens einmal pro Monat für ein paar Tage in die Schweiz abzuhauen, meine Verlobte zu beruhigen und vor allem nichts von den blonden Sirenen zu erzählen. Aber ich war und bin ja schließlich eine standfeste, treue Seele!

Es gibt unter uns Piloten ein ungeschriebenes Gesetz, welches uns erlaubt, von den geschriebenen Gesetzen im Notfall abzuweichen. So fragte mich während eines Fluges ein junger Copilot, ob ich denn verlobt oder verheiratet wäre. Da ich sehr weit weg von zuhause war, musste ich, um zu einer korrekten Antwort zu gelangen, die Hilfe von GPS und Navigations-Display in Anspruch nehmen. Mit ein paar Tasten-Inputs fertigte ich auf dem Bildschirm einen Fixpunkt des Flughafens Zürich mit einem fünfhundert Meilen Radius an. Das war ein gestrichelter, grüner Kreis mit Zentrum Schweiz. Danach stellte ich das Display auf unsere aktuelle Position um (mitten in der saudischen Wüste) und fragte meinen Copiloten, ob er denn die grüne Linie noch sehen könne. No, Captain. Also, junger Mann, dann bin ich also weder verlobt, noch verheiratet!

Fünfhundert Meilen sind mit dem Jet in etwa einer Stunde zu schaffen. Soviel Zeit sollte dann auch reichen, dem lieben Schatz eine passende Ausrede zu präsentieren. Allerdings haben Seitensprünge bekanntlich lange, Lügen jedoch kurze Beine. Ist mir viele Jahre später in Asien passiert. Ich war bereits bei China Airlines auf dem Jumbo und hatte Marietta nach Taiwan mitgenommen. Letzteres erhöhte die Gefahr insofern, dass ich damit auch meinen fünfhundert Meilen Radius nach Fernost mitbrachte. Marietta war bei unseren abendlichen Eskapaden ab sofort auch dabei, und meine Freunde ließen sich von ihr auch nicht im Geringsten stören. So ergab sich die unwahrscheinliche, aber eben doch mögliche

Konstellation, dass sich bei einem gemütlichen Beisammensein in der Wohnung eines befreundeten Deutschen ein Kollege nach Zipfelkappen erkundigte. Da man diese in Asien logischerweise weniger als Kopfbedeckung, sondern für die dem Namen eher gerechte Bezeichnung gebrauchte, rief einer ahnungslos in die Runde: „Frag doch den Renato, der hat immer Kondome dabei!" Jetzt bloß nicht rot werden, bloß nicht Marietta ansehen, bloß nicht hier sein! Alle meine verzweifelten Erklärungsversuche waren im besten Fall ein Eingestehen meines nicht so tollen Lebenswandels. Erschwerend kam dazu, dass sich knappe zehn Minuten später ein weiterer Herr Kapitän in Unterhose und Hemd zu uns gesellte. Ohne Streifen, dafür mit einem gewaltigen Kater im Gesicht. Marietta war längst Teil unserer Wohngemeinschaft geworden, und so beklagte er sich freimütig bei uns allen, was für ein hässliches Stewardessen-Ding er sich heute mit ins Zimmer genommen hätte. Er stammelte etwas von abgeschminkt und unreiner Haut. Und was er denn jetzt mit ihr tun sollte. Thomas, ein diesbezüglich besonders erfahrener Kollege, reichte ihm verständnisvoll eine Flasche Whisky und meinte: „Musst sie halt schönsaufen!"

Zurück nach Saudi Arabien: Die Arbeit war ziemlich anstrengend. Und ich meine durchaus das Fliegen! Täglich vier bis fünf Mal hoch und wieder runter. Sandsturm-Destinationen mitten in der Wüste oder Landungen im Saudischen Hochland, inmitten der Berge bei heftigen Gewittern waren die Regel. Ab und zu wurde ich sogar mit einem zweistündigen „Langstreckenflug" von Riad nach Istanbul oder Karatschi belohnt. Das Schlimmste aber war die Hitze und der Sand. Gegen die 45 Grad im Schatten hatte man die Airconditionning, aber gegen den Sand war man machtlos. Er war einfach überall.

Die Arbeit mit den Arabern machte sehr viel Spaß. Sie waren ein sehr gastfreundliches, friedliches Volk (mal abgesehen vom bösen Osama und seinen Al Kaida-Buben). Wenn aber jemand gegen das Gesetz verstieß, kannten sie keine Gnade. Einmal pro Woche waltete der Scharfrichter seines Amtes: Hand ab, Kopf ab. Je nach Schwere der Tat. Raue Sitten im Land von 1001 Nacht. Für diejenigen, welche viel Glück im Unglück hatten, flogen wir den wöchentlichen Gefangenen-Transport nach Sharuruah, einem Kaff inmitten der großen Wüste. Dreißig Soldaten bewachten fünfzig Strafgefangene. Die armen Kerle wurden in der Economy-Class an ihre Sitze angekettet! Nicht auszudenken, was das bei einem Notfall bedeutet hätte.

Die Landung erfolgte in Sharuruah meist mit Hilfe eines sogenannten VOR-Anflugverfahrens, einem sehr ungenauen Peilsender, den es erst einmal zu finden galt. Das war speziell bei Sandsturm kein Zuckerschlecken. Sharuruah lag in einer unwirtlichen Gegend. Sand, so weit das Auge reicht. Es bestand aus einem kleinen Dorf und einer riesigen Gefängnis-Anlage. Mir wurde berichtet, dass das Gefängnis weder Außenmauern, noch einen Zaun hätte. Sollte ein Gefangener sich aus dem Staub machen wollen; bitte sehr. Ihn erwarteten 500 Kilometer Sand in allen Richtungen. Viel Glück, In Shallah. Jedes Jahr versuchten es etwa zehn Verzweifelte.

Nach sechs Monaten Wüstendienst bekam ich vom B747-Chefpiloten ein unerwartetes, sehr interessantes Angebot; „Renato, möchtest du Jumbo fliegen?" Hat man Töne! So etwas fragt dich doch heute kein Mensch mehr.

Klar wollte ich! Sollte ich es endlich geschafft haben?

Doch das war erst der Anfang, denn am nächsten Tag erhielt ich einen Anruf vom Chef-Instruktor B737: „Renato, es ist Zeit für dich, Kapitän zu werden. Auf der B737. Hast du Lust oder möchtest du etwa doch Copilot bleiben und den Jumbo fliegen?" Ein schwieriger Entscheid. Ich überlegte kurz und nahm sein Angebot an, auf der kleineren B737 Kapitän zu werden. Meine Kollegen verstanden die Welt nicht. Wie kann man ein Jumbo-Angebot ausschlagen? Nun, ganz einfach. Es ist für die Karriere allemal besser, Kapitän auf einem 150 Sitzer zu sein, als vielleicht ein Leben lang Copilot auf dem Jumbo zu bleiben. Ab 100 Sitzplätzen zählt der Rang mehr als die Größe des Flugzeuges. Auch finanziell gesehen.

Ich wurde nach London geschickt. Dort wartete mein (zweites) Upgrading auf mich. Und zwar unter Aufsicht der ehrwürdigen British Airways. Nach einem kurzen Evaluationsverfahren begann eine Serie von Simulator Lektionen. Dazwischen gab es immer wieder eine Menge Theorie. Parallel dazu flog ich auf der British-Linie mit Instruktoren als Co-piloten. Nach zwei ziemlich erfrischenden Monaten kam dann der ersehnte Checkflug. Von London nach Dublin und zurück. Ich hatte diesmal kein Glück mit dem Wetter. Irland war in einer riesigen Atlantikwolke verschwunden und die für die B737 zulässigen Windgeschwindigkeiten waren hart am Limit. Ich musste in Dublin sogar einen Durchstart machen, weil die Piste noch nicht frei war. Ich schaffte die Prüfung und seither darf ich mich endlich Flug-Kapitän nennen.

Seither gehen mir allerdings auch die Haare schneller aus, als mir lieb ist. Die Verantwortung fordert anscheinend ihren Tribut, denn je nach Qualität des Copiloten hat man entweder einen lockeren, einfachen Arbeitstag oder eben einen Stresstag.

Nach meiner Beförderung zum Kapitän schickte mich meine Temporärfirma abwechselnd nach Oslo, um für die Charter-Firma Novair sonnenhungrige und alkoholdurstige Skandinavier in den Süden zu fliegen, und nach London, um für British Airways Linie zu fliegen. Zwischendurch hatte ich das zweifelhafte Vergnügen, eine uralte Boeing 737-200 für Lufthansa Cargo zu fliegen. Mann, war das ein Teil! Das Innere war bestenfalls bei Nacht erträglich. Alles abgegriffen und schmutzig. Unsere Einsatzzeit für Lufthansa war ja glücklicherweise zumeist bei Nacht. Das Cockpit war aus einer anderen Epoche. Keine Bildschirme, schlechte Autopiloten und dauernd war etwas kaputt. Warum ich? Auch die Destinationen waren im Winter nicht ohne. Stockholm, Helsinki und Oslo waren immer gut für schneereiche Überraschungen. Zum Glück gab es noch Brüssel, Köln, Kopenhagen und Bergamo in Italien. Letzteres besuchte ich oft und gerne, weil ich dadurch über meine geliebte Schweiz fliegen durfte. Einmal besuchte ich mit diesem Passagier-Jet sogar meine Frau. Ja, nach acht Jahren wilder Ehe beschlossen wir den Schritt vor das Standesamt zu machen. Ich rief sie zuvor aus Kopenhagen an und informierte sie, dass ich exakt 01.00 Uhr nachts über unserem Haus in Flims eine Runde drehen würde. Um Mitternacht starteten wir und flogen quer über Deutschland hinunter in Richtung Schweiz. Um diese Zeit war nicht besonders viel los am europäischen Himmel. Als wir an den Schweizer Fluglotsen (übrigens eine nette Dame) übergeben wurden, nahm ich das Mikrofon und fragte sie auf Schweizer Deutsch, ob es denn möglich wäre die nächsten fünfzehn Minuten nach Sicht und „etwas" tiefer über die Ostschweiz zu fliegen. Rundflug. Sie hatte nichts einzuwenden und somit gehörte der ganze Luftraum Ostschweiz ausschließlich uns. Es war Dezember und der volle Mond schien helle. Es dauerte eine Weile, bis mein Copilot begriff, dass der Nebel vor ihm gar keiner war. Es war nämlich Schnee. Ich entschied mich, etwas tiefer zu fliegen, um ihn davon zu überzeugen. Vor uns lag der Zürichsee. Wir waren immer noch auf etwa 5000 Metern, Geschwindigkeit etwa 800 km/h. Ich musste diese reduzieren und gleichzeitig Höhe verlieren. Also Gas weg und Bremsklappen raus. Jetzt waren die Bergspitzen deutlich zu erkennen. Da vorne rechts der Tödi, links der Ringelspitz (beide konnte ich auch von zuhause aus sehen). Weiter runter. Ich schaltete den Autopiloten aus und drehte jetzt direkt auf den über 3400 Meter hohen Ringelspitz, sank auf 2500 Meter und sauste im konstanten Sinkflug am Gipfel vorbei. Schon war Flims zu erkennen. Und mitten im beleuchteten Dorf blinkte mir meine Frau mit einem Halogen-Scheinwerfer entgegen. Ich schaltete meine Landescheinwerfer ein und aus und so morsten wir uns für ein paar Sekunden Zärtlichkeiten zu. Mitten in der Nacht. Romantisch, nicht? Wenn Lufthansa das wüsste. Es ging alles sehr schnell und schon war es wieder Zeit, an die Arbeit zu denken. Wir wurden gebeten, wieder auf 4000 Meter zu steigen, um mit dem italienischen Lotsen Kontakt aufzunehmen. Dieser führte uns dann direttissima nach Bergamo, wo wir mit knapp zehnminütiger Verspätung landeten. Und keiner hatte was bemerkt.

Und natürlich war alles legal. Wirklich! Klasse!

Der Scheich

Während der ganzen Zeit bei Air Atlanta versuchte ich, in einer richtigen Firma Fuß zu fassen. Ich wollte bei einer großen Firma große Flugzeuge fliegen. Und ich wollte nicht dauernd meinem Geld hinterherrennen. Bei Air Atlanta konnte es nämlich durchaus vorkommen, dass sie zwei Wochen keine Arbeit für mich hatten. Das hieß gleichzeitig auch: kein Geld. Mein Pilotenvermittler aus Irland rief mich aus heiterem Himmel an und fragte, ob ich für ein paar Monate nach Dubai möchte, um einen B737 Privat-Jet zu fliegen. Es war November, nass und kalt und so sagte ich natürlich zu. Arbeitsbeginn zweiter Januar 2000 in Sharjah, Vereinigte Arabische Emirate. Gleichzeitig erreichte mich ein Schreiben aus Fernost: eine gewisse Firma China Airlines hatte angebissen. Vor ein paar Monaten hatte ich mich bei ihnen auf ein klitzekleines Inserat im „Flight International Magazin" gemeldet. Sie suchten sogenannte Cruise-Captains auf der Boeing 747-400. Das heißt, Zweite Kapitäne auf dem Jumbo, um den Kommandanten auf Langstreckenflügen zu entlasten. Dazu wurde die Möglichkeit zum Upgrading zum Jumbo-Kommandanten in Aussicht gestellt. Ich bekam also eine Einladung, ein Assessment (Selektion) in Taiwan zu durchlaufen. Und da ich auch meine Frau mitnehmen durfte, ließen wir uns natürlich nicht zweimal bitten. Anfang Dezember war es dann soweit. Abflug nach Taipeh. Business Class im Upper Deck. Wir waren beide sehr gespannt. Am Flughafen angekommen wurden wir von einer schwarzen S-Klasse in die Stadt chauffiert. Es regnete und alles war grau in grau. Hier sollte unser neues Zuhause sein? Niemals! Trotzdem, abwarten und chinesischen Grüntee trinken. Vielleicht wird es ja besser. Am nächsten Morgen schien die Sonne und Marietta machte sich auf Entdeckungstour. Ich hatte um neun Uhr meinen ersten Termin. Theorie-Prüfung! Es wurden viele Fragen aus den verschiedensten Bereichen der Luftfahrt geprüft. Nicht besonders einfach, aber meinen Mitbewerbern ging es ja auch nicht besser. Unsere Köpfe rauchten. Am Nachmittag war ein Gespräch mit leitenden Mitarbeitern der Firma angesagt. Und auch gleich wieder abgesagt. Ich benutzte den freien Nachmittag, um mit Capt Thomas Fehn und meiner Frau die Stadt auszukundschaften. Alles typisch China. Riesiger Verkehr und dazu das übliche Taifunwetter. Mal Sonne und heiß, mal Regen und viel Wind.

Also ging es am nächsten Tag weiter. Psychologie-Test und EEG. Dabei wurde mein Gehirn ziemlichen Strapazen ausgesetzt. In einer Dunkelkammer wurden mir Lichtblitze auf den Kopf geschossen. Mit verschiedenen Kabeln wurden dann die Hirnströme gemessen. Das war ziemlich anstrengend. Am nächsten Checkpoint wurde die Motorik getestet. Allerlei Gegenstände mussten am richtigen Ort und in richtiger Reihenfolge eingelegt, draufgestellt oder eingeschraubt werden. Zudem musste ich mir den Weg durch ein kleines Labyrinth, welches vor mir auf dem Tisch aufgebaut war, merken und danach mit dem Filzstift nachzeichnen. Am Nachmittag war dann ein Gespräch mit einer Psychologin angesagt. Die war vielleicht zickig. Etwas später fand dann doch noch ein Meeting mit der Geschäftsleitung, inklusive Senior Vice President, statt. Es war wie in einem Gerichtssaal. Acht wildfremde Leute bombardierten mich mit Fragen über die Fliegerei, und warum China Airlines denn ausgerechnet mich anstellen sollte. Nachdem auch das geschafft war, blieben noch der ausgedehnte medizinische Test und der von allen gefürchtete Simulatorcheck.

Nach fünf Tagen hatte ich so ziemlich die Schnauze voll.

Die Chinesen bedankten sich artig und meinten, dass sie sich bei mir melden würden, wenn denn auch wirklich alles okay wäre mit den Tests.

Wir flogen zurück in die Schweiz und feierten erst mal Weihnachten und die Jahrtausend-Wende.

Das Jahr 2000 begann so harmlos, wie das letzte Jahr aufgehört hatte. Kein Computer-Absturz, kein Attentat. Ein-fach nichts. Am ersten Januar flog ich (ohne meine Frau) nach Dubai um meinen Dreimonate-Job beim Scheich anzutreten. Der Auftrag lautete: Privatpilot auf der Boeing 737-200 seiner Heiligkeit, dem Scheich Sultan von Sharjah (und zehntreichster Mensch auf dieser Welt). Ich hab noch nie was von ihm gehört. Mal sehen, was das für ein Früchtchen ist. Am nächsten Tag besuchten mich Captain Dave und Peter im Hotel. Beide waren schon seit vielen Jahren für den Scheich tätig. Sie planten ein kleines Flugtraining auf dem Jet, um mir etwas auf den Zahn zu fühlen. Der Internationale Flughafen von Sharjah, welcher natürlich dem Scheich gehörte, wurde eigens für unser „Touch and Go Training" für eine Stunde gesperrt! Vor uns stand der riesige Hangar. Schwer bewacht von Spezialeinheiten der Vereinigten Arabischen Emirate. Ich erhielt sogar einen Ausweis, welcher mich temporär zum Offizier im Range eines „Captain of the U.A.E. Air Force" beförderte. Das hieß für mich auch, dass ich die nächsten drei Monate brav salutieren musste. Mitten im Hangar, der Boden war blitzblank poliert, stand sie stolz da: die Privat-B737. Sie war zwar schon etwas in die Jahre gekommen, sah aber trotzdem aus wie neu. Frisch lackiert und ready to fly. Wir stiegen die Treppe hoch und gingen erst mal in die Kabine. Kabine ist gut. Eine Wohnung war das! Richtig schön eingerichtet, ohne viel arabischen Schnickschnack. Höchstens die goldenen Wasserhähne und ein Gemälde mit Pferd und Reiter an der Wand waren etwas gewöhnungsbedürftig. Wir setzten uns am Achtertisch nieder, wo uns zwei hübsche Stewardessen ein Mittagessen servierten. Zu fünft planten wir einen Probeflug. Eine der Stewardessen war nämlich auch neu und so war es eine gute Gelegenheit, uns beide mit dem Flugzeug und den verschiedenen Abläufen eines Staatsbesuches vertraut zu machen. Jeder Flug war nämlich eine Art offizieller Anlass mit rotem Teppich und so. Nach dem Essen wurde das Flugzeug aus dem Hangar geschleppt. Vor uns lag der Rollweg direkt zur Piste. Wenn's mal eilt, wahrscheinlich. Ich saß links und Dave nahm auf dem rechten Sitz Platz. Triebwerkstart und los ging's. Cleared for Takeoff und ab die Post. Kaum abgehoben ging es in eine steile Rechtskurve auf 500 Meter über Grund. Die Landeklappen blieben gleich ausgefahren. Eindrehen zur Landung und Go-Around, Durchstart. Fahrwerk wieder rein, Steigflug nach rechts und nochmals anfliegen. Wieder ein Go-Around mit anschließender 45-Grad Steilkurve nach links, um dann in Richtung Wüste zu fliegen. Auf 10 000 Fuß machten wir dann ein paar Langsamflugübungen um dann das ganze Training mit einer 60-Grad Steilkurve und der daraus resultierenden zweifachen G-Belastung abzuschließen. Mit Highspeed flog ich den Flughafen an und setzte zur Landung an. So weit so gut. Pilotenwechsel. Nun war Peter an der Reihe. Dasselbe Programm für ihn, und am Schluss durfte Dave ans Steuer. Wir hatten eine Menge Spaß und flogen noch ein paar Steilkurven, knapp über der Wüste. Jeder zwei nach links und zwei nach rechts. Cool. Danach landete Dave die Boeing wieder sanft in Sharjah. Genug für heute. Beer Time!

Am nächsten Tag verabschiedete sich Dave von uns, denn ich sollte ihn für die nächsten drei Monate vertreten. Der Scheich hatte sich ein neues Flugzeug, einen Airbus A319, angeschafft. Deswegen musste Dave nach Toulouse zum Training für das Type Rating (Umschulung). Danach war für ihn ein Monat Basel angesagt. Dort würde er den fachgerechten Umbau des Airbusses zum Privatjet überwachen. Eine delikate und gewiss auch sehr teure Angelegenheit.

Es war Montag früh, und unser heutiger Auftrag lautete: Von Sharjah nach Abu Dhabi und dann wieder zurück nach Sharjah fliegen. Mit königlicher Fracht. Um Punkt zehn Uhr erschien ein BMW 750-Konvoi am Horizont. Gefolgt von allerlei Sicherheitskräften mit Maschinenpistolen im Anschlag hielt eine der weißen Stretch-Limousinen exakt vor dem roten Teppich. Der Scheich entstieg der Bayern-Sänfte, bewacht von fünf Soldaten. Mit etwas feuchten Händen begrüßte ich ihn an der Treppe mit: „Good morning, Your Highness. I'm your new Pilot." Woher ich denn käme, wollte er wissen. „Aus der Schweiz", antwortete ich ihm. Wir hätten sehr gute Banken in der Schweiz, meinte er und schon entschwand er in seinem Flugzeug. Na also. Türen zu und Triebwerkstart. Während des Rollens ließ er fragen, ob wir im Tiefflug über das neue Burj-al-Arab Hotel fliegen könnten. Nichts lieber als das! Nachdem Peter dem Towerlotsen den Wunsch seiner Exzellenz übermittelte, wurde der ganze Luftraum von Dubai für die nächsten dreißig Minuten gesperrt. Und los ging's. Auf nur 300 Metern über Grund flogen wir langsam die Küste entlang, rüber nach Abu Dhabi. Mit einem kleinen Abstecher um das 300 Meter hohe Sechs Sterne Hotel. Ein gigantischer Anblick! Doch wir hatten wenig Zeit, den Flug zu genießen, denn nach knapp zwanzig Minuten war schon wieder die Landung in Abu Dhabi angesagt. Peter schleckte die Kiste gekonnt hin und dann rollten wir zum Privat-Terminal der Scheichs! Exakt vor dem roten Teppich brachte er den Flieger zum Stillstand. Und wieder wurde der Scheich mit einem BMW-Tross abgeholt. Das ganze Prozedere für gerade mal zweihundert Meter Fahrt zum Terminal.

Gleichzeitig landeten auch die anderen fünf Scheichs (mit B747 Jumbo, Airbus A300, Falcon 900) der Vereinigten Arabischen Emirate, um mit dem Oberscheich von Abu Dhabi eine Tasse Tee zu schlürfen und dabei über die letzten politischen Gerüchte zu palavern. Unseren Aufenthalt benutzten wir, um Scheich Maktoums private B747-400 zu inspizieren. Den Privat-Jumbo. Das Nonplusultra in Sachen Privatjets! Eine wirklich tolle Kiste.

Nach einer Stunde ging es bereits wieder zurück, diesmal mit mir am Steuer. Ich schaffte es sogar, die 737 sanft hinzusetzen. Keine Kunst bei drei Kilometer Bahn. So ging mein erster Trip für den Scheich zu Ende. Die nächsten drei Monate bestanden vorwiegend aus einem wöchentlichen Landetraining und einem wöchentlichen Flug nach Abu Dhabi. Zusätzlich wollte der Scheich, zwecks Shopping, alle zwei Wochen nach London geflogen werden. Der Rest war frei! Und die Bezahlung war äußerst adäquat, steuerfrei und im Voraus! Fantastisch.

An meinen ersten Trip von Dubai nach London erinnere ich mich besonders gerne. Etwa eine Stunde nach dem Start klopfte es an der Cockpit-Tür. „Darf ich rein kommen?" fragte ein Herr im Armani-Anzug. Es war der Scheich persönlich! Er war kaum wiederzuerkennen, denn bisher kannte ich ihn nur in seinem Dishdash, der weißen Araberkluft. „Klar doch, ist ja schließlich Ihr Flugzeug" sagte ich. Er setzte sich auf den Notsitz und fing an zu plaudern. Irgendwie hatten wir das Heu auf der gleichen Ebene und so redeten wir locker über Gott, Allah und die Welt. Schnell vergaß ich, wer er eigentlich war und es schien ihm auch nichts auszumachen. Ich konnte nichts verlieren, denn ich hatte mein Geld für die drei Monate ja schon in der Tasche. Deshalb redete ich wie mir der Schnabel gewachsen war. Und das war auch gut so. Seine Heiligkeit blieb über eine Stunde im Cockpit und wiederholte das ganze auf jedem Langstrecken-Flug. Später sagte mir Captain Peter Dillow etwas verwundert, dass ihn der Scheich während seiner dreizehn Dienstjahre noch nie im Cockpit besucht hätte.

Der Scheich war ein ganz spezieller Typ. Als in Exeter/England ausgebildeter Doktor der Geologie hatten wir eine gemeinsame Passion: Landkarten und Geografie. Er erklärte mir sehr genau, was es mit Palästina und Israel auf sich hatte und wem denn genau der Irak gehörte. Mich interessierte aber unter anderem auch, wie lange es denn noch Ölreserven gäbe und wieviel die Produktion eines Barrels Öl ihn kostete. Er meinte, dass auf seinen Ölfeldern, bei gleich-bleibender Förderrate, noch für die nächsten 170 Jahre schwarzes Gold zu ernten wäre. Weltweit vielleicht noch für etwa 80 Jahre. Über die Kosten schwieg er sehr lange. Bis er eines Tages in einem angeheizten Gespräch sagte: „Mich kostet die Produktion eines Barrels Öl heute schon zwei bis drei US-Dollars ..." (Got you, Highness!) Bei achtzig Dollars im Verkauf kommen da schon einige Millionen zusammen. Pro Woche! Auch mit Zwischenhandel. Wir unterhielten uns sehr ausgiebig über die Bedeutung des Öls in der Vergangenheit, aber auch heute. Seit den ersten Förderungen im Iran (1908) bis heute spielte das Öl eine zentrale Rolle. Zuerst im Nahen Osten und später auf der ganzen Welt. Wurden die Araber zunächst von den Engländern, Franzosen und Amerikanern über den Tisch gezogen, glichen die Wüstensöhne mit Hilfe ihrer OPEC spätestens mit dem Ölembargo von 1973 aus. Wenn man die Geschichte des Nahen Ostens verfolgt, hat alles im Öl seinen Ursprung. Vor allem die USA haben seit jeher ein unstillbares Verlangen danach, denn sie importieren 70% davon. Als wir auf 10 000 Metern über den Iran flogen, fing Scheich Sultan an über den Schah von Persien und von Mohammad Mossadegh zu reden. Premierminister Mossadegh schob damals (1951) der englischen Geldgier einen Riegel, indem er kurzerhand die Anglo/Persian-Ölfelder verstaatlichte, und die Briten des Landes verwies! Sie nehmen es den Iranern heute noch übel, war es damals doch der bedeutendste Schatz der englischen Krone. Über den Schah konnten wir uns nicht wirklich einigen. Ich fand, dass Schah Reza Pahlevi immer noch die bessere Variante als Khomeini war. Was ich nicht wusste war, dass die USA damals (1953) Premierminister Mossadegh stürzten und den Schah installierten. Somit gelangten sie auf Umwegen an ihr heiß begehrtes Öl. Die Hälfte der Einkünfte bekam der Schah und wurde so unermesslich reich. Als quasi Gegenleistung kaufte er Flugzeuge und Waffen Made in USA. Als dieser schließlich von Revolutionsführer Ayatollah Khomeini 1979 rausgeworfen wurde, konnte man erahnen, was das weltpolitisch für Konsequenzen haben würde. Was wir beide damals (2000) noch nicht wissen konnten, war, dass uns der vorläufige Höhepunkt des Ölkrieges noch bevorstand: Der 11. September 2001.

Alles in allem war es ein sehr angenehmer Job. Der Scheich wollte sogar, dass ich länger bleibe und seinen A319 fliege. Aber ich musste ihm erklären, dass ich schon einen Vertrag bei China Airlines unterschrieben hatte. Für drei Jahre auf dem Jumbo. Noch heute höre ich ab und zu die Piloten seines Flugzeuges am Funk. Und ich lasse es mir dann natürlich nicht nehmen, mit ihnen auf der Piloten-Frequenz (123,45 MHz) einen kleinen Schwatz zu halten und Grüße für den Scheich auszurichten.

Endlich Jumbo-Pilot!

Boeing 747-400, Queen of the Sky, China Airlines

Es war im Frühling 2000, auf dem Flughafen Amsterdam. Vor mir stand das Objekt der Begierde; die Boeing 747-400, zum Abflug bereit nach Taipeh/Taiwan.

Diesen Riesenflieger sollte ich in Zukunft also steuern. Ich hatte bei Saudi Arabian Airlines ab und zu die Gelegenheit, im Jumbo-Cockpit auf dem vierten Sitz mitzufliegen, und ich erinnerte mich gut daran, dass es mir unmöglich erschien, dieses fast siebzig Meter breite Ding auf einer nur 45 Meter breiten Piste bei 300 km/h zu landen. Auch das Rollen schien extrem schwierig zu sein. Und überhaupt: 400 Tonnen Abfluggewicht. Gigantisch. Aber irgendwie schafften das die Araber und schienen es sogar mit Links zu machen. Ich zweifelte etwas, denn ich sah mich noch nicht wirklich als Jumbo-Pilot. Kapitän sowieso nicht. Ich war ja erst knappe zwei Jahre Kapitän auf der wesentlich kleineren, 150-plätzigen B737. Und ich hatte erst sieben Jahre Jet-Erfahrung. Und in drei Monaten sollte ich über 400 Passagiere als Kapitän begrüßen?

Schon der Hinflug nach Taipeh in der Business Class war ein Ereignis. Die Kabine des Flugzeuges ist mit knapp zweieinhalb Meter Höhe und über sechs Meter Breite die damals größte in ihrer Klasse. Und die Stewardessen. Alle zwischen 20 und 35 Jahre jung. Endlich schien ich „angekommen" zu sein. Doch zuvor hatte ich noch die Kleinigkeit einer B747 Umschulung zu überstehen. Es fing gleich nach der Ankunft in Taiwan an. CBT hieß das Zauberwort und bedeutet Computer Based Training. Auf gut deutsch: Setz dich hin und lern alle Flugzeug-Systeme mit Hilfe des Computers. Dazu bekamen wir noch ein Dutzend Bücher in die Hand gedrückt. Zum Teil dicke Schinken mit vielen Zeichnungen und Tabellen. Wir waren zu viert. Georgi Stavrev Stoyanov, ein bulgarischer B767 Captain und zwei Indonesier mit DC-10, resp. Fokker 100 Background. Es kristallisierte sich bald einmal eine Bulgarisch/Schweizerische Schicksalsgemeinschaft von Georgi und mir heraus. Wir verbrachten durchschnittlich etwa 16 Stunden pro Tag zusammen. Das fing morgens um sieben mit dem gemeinsamen Spaziergang zur Firma an. In diesen dreißig Minuten fragten wir uns gegenseitig ab. Danach hatten wir Unterricht bis nachmittags um fünf. Um achtzehn Uhr stand sportliche Ertüchtigung mit Georgi auf dem Programm. Er war Bodybuilder und musste täglich seine fünf Tonnen stemmen. Um zwanzig Uhr waren dann nochmals zwei Stunden „Diskussion der Systeme" auf unserem Tagesprogramm. Alles in allem war er eine unschätzbare Hilfe. Seine Erfahrung auf der B767 konnte er gut nutzen und vor allem konnte er mir deren Ähnlichkeit zum Jumbo weitervermitteln. Und da in Georgis Vokabular der Ausdruck „Ich weiß es nicht genau" nicht existiert, wurde jede Frage bis zur vollständigen Klärung mittels der Bücher und Computer-Lernprogramme bis ins letzte Detail studiert. Nach zweieinhalb Monaten war der Theorie-Teil mit einer amtlichen, chinesischen Prüfung absolviert. Auf Englisch, natürlich … Der praktische Teil, das Simulator-Fliegen, fand in Seattle/USA statt. Das war ein absoluter Glücksfall, denn wir wurden von Boeing und Flight Safety Instruktoren unter die Fittiche genommen. Diese äußerst professionellen Fluglehrer wussten genau wovon sie sprachen. Absolute Könner der Materie. Nach knapp drei Wochen war es endlich soweit. Wieder einmal Prüfungsflug im Simulator! Und wieder einmal: Glück gehabt! Wir belohnten unser erfolgreiches Training mit einer Besichtigung des Boeing-Flugzeugwerkes im dreißig Meilen nördlich von Seattle gelegenen Everett. Wir hatten unsere Instruktoren mit dabei und genossen somit eine Spezial-Führung durch die riesigen Produktionshallen. Da standen auch schon unsere China Airlines B747 in verschiedenen Stadien der Produktion. Wir durften überall hineinschauen, alles anfassen und vor allem viele Fragen stellen. Besonders beeindruckend war der Fahrwerkstest. Einfach gigantisch!

Zurück in Taiwan erwarteten wir mit großem Herzklopfen unseren ersten reellen Flug mit dem Jumbo. Er wurde schon zweimal verschoben und dann, endlich, hieß es: Morgen fliegst du von Taipeh nach Hongkong und zurück!

Ich konnte kaum schlafen. Treffpunkt: acht Uhr früh im Operations Center. Ich wurde von Training Captain Wang freundlich empfangen. Als Chef-Instruktor wollte er es sich nicht nehmen lassen, die Neuen persönlich auf dem ersten Flug zu assistieren. Zum ersten Mal saß ich also im richtigen Jumbo-Cockpit vorne links und versuchte den routinierten Kapitän zu spielen. Captain Wang unterstützte mich wo er konnte. Er übernahm die

Passagier-Ansagen und andere lästige Nebenjobs, damit ich mich voll auf meinen ersten Flug mit dem Jumbo konzentrieren konnte. Doch vor dem Fliegen war das Rollen zur Piste angesagt. Auf über zehn Metern über dem Boden hat man gewiss eine tolle Aussicht. Aber das hilft nur bedingt, diesen Koloss durch die schmalen Rollwege zu bewegen. Er sagte mir genau wann ich wieviel an der Bugradsteuerung drehen musste, um auf den Rollwegen zu bleiben. Um die Geschwindigkeit abzuschätzen, war der Blick auf den Geschwindigkeitsmesser unerlässlich. Auch die Betätigung der Schubhebel war mit Vorsicht auszuführen. Zuviel Gas und die vielen Fahrzeuge hinter uns könnten in Gefahr sein. Endlich standen wir vor der Piste. Wie damals vor fünfzehn Jahren in Locarno ging es mir durch den Kopf.

Ich rollte das Flugzeug so gut es ging auf die Mittellinie der Piste 24 und erwartete vom Tower das „cleared for takeoff". Mein Instruktor sagte mir: „You have Control." Ich antwortete mit: „I have control. Takeoff."

Mit der rechten Hand schob ich die vier Schubhebel nach vorne und versuchte mit den Fußpedalen (Seitenruder) die Richtung zu halten. Da wir nur einen kurzen Flug nach Hongkong machten, hatten wir wenig Treibstoff mit dabei und waren dadurch natürlich extrem leicht. Mit anderen Worten: Wir beschleunigten sehr schnell von 0 auf 250! Nach knapp fünfzehn Sekunden nahm ich langsam die Nase von der Bahn und verlangte „Gear up", Fahrwerk rein. Das Flugzeug verhielt sich fast wie die von mir jahrelang geflogene B737, nämlich sehr lebendig. Trotz 300 Tonnen Abfluggewicht waren das 100 Tonnen unter dem Maximalgewicht. Oder zwei B737 leichter als das maximal zulässige Abfluggewicht. Aber das sind Zahlenspielereien. Im Moment war ich ziemlich damit beschäftigt, das Flugzeug auf Kurs zu halten. Nach zehn Minuten kam vom Instruktor dann das erlösende: „Möchtest du den Autopiloten einschalten?"

Ich hatte gerade genug Zeit, die Abflugkarten von Taipeh zu verstauen und die Anflugkarten von Hongkong hervor zu suchen. Nach einem etwas abgekürzten Briefing führte uns der Fluglotse direkt in Richtung Piste 25R. 3000 Meter über Grund musste ich den Autopiloten wieder abschalten. Ich versuchte so gut es ging, das im Simulator trainierte im Flugzeug umzusetzen. Das war gar nicht so einfach. Captain Wang half mir mit der Entscheidung wann und wieviel die Landeklappen ausgefahren werden sollten. Genau über Hongkong fuhren wir dann das Fahrwerk aus und schon kam die Piste in Sichtweite. Es war zum Glück fast windstill. Die Piste näherte sich uns mit 280 Sachen und schon informierte uns die synthetische Höhenangabe 50, 40, 30, 20, 10 Fuß über Grund. Bei etwa 30 Fuß begann ich etwas zu zaghaft am Steuerhorn zu ziehen. Mit Hilfe meines Instruktors wurde es trotzdem eine ziemlich passable Landung. Ich ließ das Bugfahrwerk sanft den Boden berühren und betätigte gleichzeitig die Schubumkehr. Bei etwa 160 km/h trat ich dann sachte in die Bremsen. Bei etwa 50 km/h übernahm Captain Wang das Flugzeug und rollte uns ans Gate. Das war er also: Mein erster Jumbo-Flug!

Nach weiteren neunzehn Flügen war ich ausgecheckter Boeing 747-Kapitän. Ich wurde die ersten zwei Jahre „nur" als Cruise-Captain eingesetzt. Dieser Job beinhaltete unter anderem, dass die Starts und Landungen auf dem Kopilotensitz (also rechts), und der Reiseflug als Kapitänsstellvertreter auf dem linken Sitz gemacht wurden. Nach einem äußerst harten und langwierigen Auswahlverfahren, die Chinesen lieben vor allem die sogenannten Oral-Tests (mündliche Prüfungen), wurde ich dann 2003 zum „richtigen" B747-Kapitän befördert. Seither genieße ich die Aussicht aus dem Cockpit der „Queen of the Skies", vom linken, dem Kapitäns-Sitz.

Nach acht schönen Jahren in Taiwan mit China Airlines entschloss ich mich, bei Korean Air anzuheuern.

Der Kurszerfall des US-Dollars zwang mich, einen Arbeitgeber mit etwas besseren Bedingungen zu suchen. Angesichts der weltweiten Finanzkrise wäre es mir natürlich bedeutend sympathischer, in Schweizer Franken bezahlt zu werden. Aber im Moment muss man ja wieder froh sein, überhaupt einen vernünftigen Job zu haben. Die Fliegerei ist eben sehr konjunkturabhängig.

Jumbo-Perspektive aus 43 000 Fuß (12 500 Meter) über dem Genfersee. Auf dem Weg von Manchester nach Mailand.

Das Simulator-Fliegen

Fullflight Simulator Boeing 747-400 in Taipeh, Taiwan

Wie der Name schon sagt, simuliert dieser Apparat etwas.
Und zwar das Fliegen schlechthin. Der Flugsimulator ist
eine große Kiste auf sechs Hydraulik-Stelzen. Diese Kiste
enthält ein nachgebautes Cockpit und jede Menge Elektronik, die uns Piloten ein Gefühl vom richtigen „Fliegen"
geben soll. Das mag für Nichtpiloten ziemlich beeindruckend sein, ist aber für erfahrene Flieger nur halb so
cool. Seit Jahren versucht man uns weiß zu machen, dass
sich dieses Ding genau wie ein richtiges Flugzeug verhält. Das stimmt nur sehr bedingt, denn soweit sind wir
leider noch nicht. Dies hat den Ursprung vielleicht darin,
dass Simulator-Konstrukteure nicht wirklich erfahrene
Piloten sind. Bestimmt super Ingenieure, aber eben sel-

ber nicht die nötige Erfahrung haben, wie sich das richtige Flugzeug verhält. Dies hat zur Folge, dass wir Piloten üben müssen, wie der Simulator zu fliegen ist. Um die Checkflüge erfolgreich hinter sich zu bringen ist es daher unerlässlich, die Macken des Simulators zu kennen. Kommt noch der schlechtgelaunte, amtliche Prüfer dazu und schon haben wir, kombiniert mit einer Prüfungszeit zwischen zwei und sechs Uhr morgens einen Mix, der einen bis aufs Letzte fordern kann.

Der Ariel-Test beweist es: Nach dem Simulatorflug mit Prüfer – Schweißränder! Nach einem reellen Flug im richtigen Flugzeug bei Wind und Wetter – Strahlend weiß! Warum wohl? Vielleicht um letztlich die Passagiere in falscher Sicherheit zu wiegen. „Unsere Piloten haben jede nur erdenkliche Situation eins zu eins im Simulator geübt und sind deshalb auf alle möglichen und unmöglichen Notfälle bestens vorbereitet", heißt es von den Airlines immer wieder. Das ist leider ein Irrtum. Sie wollen Beweise? Warum stürzen immer noch jedes Jahr Dutzende Passagier-Jets vom Himmel? Gesteuert von erfahrenen, im Simulator auf alle Notfälle vorbereitete Piloten. Sie crashen übrigens bei meist schönstem Wetter. Eben!

Natürlich machen diese Simulatorübungen Sinn. Was man damit vor allem sehr gut lernen kann, sind die sogenannten Procedures. Das sind optimal abgestimmte Abläufe für verschiedenste Normal- und Notsituationen auf deren richtigen Anwenden eine höchstmögliche Überlebenschance resultiert.

Auch für die Umschulung auf neue Flugzeugtypen spart man sehr hohe Kosten und harte Landungen, wenn man die ersten dreißig „Flugstunden" in unmittelbarer Nähe unserer Mutter Erde im Simulator verbringt.

Der Simulator hat verschiedenste Zwecke. Zum einen dient er, wie gesagt, als Übungsgerät. Zum anderen ist er die Kiste wo Pilotenkarrieren beginnen, aber auch beendet werden können, wenn man bei der Prüfung durchfällt.

Im Simulator wird auch gecheckt (in der Fliegerei ist dies der meistverwendete Begriff um etwas oder jemanden zu prüfen) ob denn ein voll ausgebildeter, jobsuchender Kandidat das Zeug dazu hat, als Pilot angestellt zu werden.

Boeing 747-400 Simulator Cockpit, täuschend echt.

Leider ist der Simulator eben auch der Ort, wo unliebsame, unbequeme Kollegen diskreditiert und abgesägt werden. Kurz und schmerzlos. Passt einer plötzlich nicht mehr in die Firma, zählt nicht mehr, was einer über Jahre hinweg für die Airline, und das Wohl der Passagiere geleistet hat. Es wird dann einfach „festgestellt", dass ein Kapitän Mühe hat im Simulator mit drei, vier Problemchen gleichzeitig fertig zu werden. Grund genug ihn beim nächsten Check zu feuern. In gegenseitigem Einverständnis, wie es dann heißt. Mühsames mobben ist völlig überflüssig. Eine saubere Sache.

Dann gibt es noch den dritten Verwendungszweck. Wenn Piloten es in einer Airline besonders weit gebracht haben, werden sie Checker. Leute also, die bestimmen wer für die nächsten sechs Monate die goldenen Streifen am Ärmel behalten darf, und wer zur Nachprüfung muss. In der aviatischen Hierarchie kaum zu schlagen nehmen sie teilweise für sich in Anspruch, den lieben Gott bestenfalls als Copiloten neben sich zu dulden. Oder wie es einer meiner Checker zu meiner Kopilotenzeit mal formulierte: „Da wo sie jetzt sitzen, lag gestern noch meine Mütze."

Vom Checker hängt alles ab. Ist er uns wohlgesinnt bleibt es bei Schweißrändern. Wenn nicht ...? Aber was soll's. Soll er sich doch einen abkaspern, wenn's ihm gut tut. Darüber steht man schließlich. So gut es geht, halt.

Alles in allem ist der Simulator natürlich eine sehr gute Erfindung. Nur eines werde ich nie verstehen; warum behaupten die meisten meiner Kollegen, wenn sie schweißgebadet und mit verstörtem Tunnelblick aus der Kiste kommen, dass sie „a lot of fun", also eine Menge Spaß gehabt hätten? Wohl wieder so eine typische Macho-Lüge!

Der Checkpilot ...

Beobachten wir diesen Dompteur in der Manege des Simulators und vergleichen seine Funktion vor und nach seiner ‚Berufung' zum Instruktor/Checker sehen wir, dass er mitunter eine Entwicklung hin zum Kotzbrocken gemacht hat. Das gilt natürlich nicht für alle. Aber eben doch leider für einige, denn der Checker hat „von Amts wegen" den Auftrag, uns normalsterbliche Linienpiloten zu testen. Wie gesagt, es gibt gute und schlechte. Über die guten brauchen wir nicht viele Worte zu verlieren, denn bei diesen geht man nach der Prüfung mit mehr Wissen aus dem Simulator raus, als man reingegangen ist. Die schlechten dieser Spezies kommen ihrem Ruf leider nur zu oft gerecht. Und hier spreche ich durchaus von persönlicher Erfahrung.

Der Instruktor ...

Bevor ein Pilot die letzte Stufe seiner Karriere erreicht, verbringt er viele tausend Stunden im Dunkeln des Flugsimulators als Instruktor. Dunkel deshalb, weil die meisten Simulatoren einen Flug bei Nacht simulieren. Es kann also durchaus sein, dass ein Instruktor wochenlang im Dunkeln verbringt. Während draußen die Sonne scheint, überwacht er die Piloten bei einem simulierten Anflug, zum Beispiel auf Anchorage/Alaska. Bei Schneefall und, richtig, Dunkelheit. Dass dies auf Dauer keinen Spaß macht, leuchtet ein.

Folgedessen können die Instruktoren schließlich nicht jeden Piloten mit einem „toll gemacht, Junge" aus dem Simulator nach Hause schicken. Nein, es gibt immer was zu verbessern, zu korrigieren, schikanieren und zu tadeln. Dabei scheinen diese IP's (Instructor Pilots) völlig zu vergessen, dass sie vor nicht allzu langer Zeit selber „nur" Piloten waren.

Junge IP's lernen offenbar sehr früh ihre Rolle als Vorgesetzter. Wichtiger Bestandteil ihrer neuen Tätigkeit scheint das Pokerface und der Fingerzeig zu sein. Obwohl die fliegerische Erfahrung oft minimal ist (dafür die Theorie im Überfluss) scheuen sie sich nicht, einem 55-jährigen Jumbo-Veteran zu erklären was Sache ist.

Erfahrung zählt für diese Art Fluglehrer gar nichts. Es zählt einzig, ob man auf diese oder jene Theoriefrage die entsprechende Antwort, und zwar nach Buch, weiß. Die Asiaten sind da Spezialisten. Ich musste (und muss immer noch) sehr viel Zeit dafür investieren, um auf diese Fragen korrekt nach Buch antworten zu können.

Die Piloten

Ja, um die kühnen Männer in ihren fliegenden Kisten scheint nach wie vor ein Mythos zu herrschen. Doch ihre ironisch gemeinten Versuche sich von selbigem zu distanzieren sind bloß ohnmächtige Gesten einer vorgetäuschten Bescheidenheit. Selbst im Ruhestand möchten sie mit „Herr Kapitän" angesprochen werden. Schauen sie sich mal die Visitenkarten der Ex-Piloten an. Es hat immer einen Hinweis auf ihre vormalige Tätigkeit drauf. Immer.

Der Mythos Pilot wird seit den sechziger Jahren bewusst und gekonnt von Film und Fernsehen in die gute Stube geliefert. Nehmen wir zum Beispiel den Film „Boeing, Boeing". Ein gutaussehender Flugkapitän hat auf jedem Kontinent eine Braut. Mit Beginn des Jet-Zeitalters und den plötzlich viel schnelleren Flugzeugen hat er aber das Problem, dass er auch schneller als ihm lieb ist bei der jeweiligen Dame vorbeischauen muss. Das bringt seinen Terminkalender ziemlich durcheinander. Sehr amüsant. Davon träumt Otto Normalverbraucher insgeheim. Ob das alles auch wahr ist, ist völlig unerheblich. Da wir ja hauptsächlich über unsere Augen wahrnehmen, hat dies zur Folge, dass auch alles was über die Mattscheibe flimmert, wahr sein muss. Speziell die Fernsehbilder erweisen sich heute als kommerzielle und politische Machtfaktoren. Sie suggerieren Wahrheit und schaffen neue Wirklichkeiten. Was in diesem Fall für Heiterkeit beim Publikum sorgt, kann in anderen Fällen durchaus zum

Machtmissbrauch führen. Zum Beispiel bei der Kriegs-
berichterstattung im Irak oder bei den Präsidentschafts-
wahlen in den Vereinigten Staaten.

Ach ja, noch einer: Wie erkenne ich einen Piloten an einer Party? ... er wird es ihnen schon sagen.

Das Upgrading

Achselschlaufen und Wings (Captain)

Wie wird man Kapitän?

Nachdem man einige Jahre als Kopilot dem Kapitän assistieren musste, kommt nun die Zeit des Upgradings, der Beförderung also. Dazu müssen zuerst die gesetzlichen Mindestanforderungen, wie zum Beispiel 1500 Flugstunden und die dazugehörige Ausbildung der Linienpiloten-Theorie, erfüllt sein. Hat man diese Voraussetzungen im Sack, muss man innerhalb der Firma als zukünftiger Kapitän auch „entdeckt" und vorgeschlagen werden. Sprich; man muss in die Firma passen. Man sollte kein Sonderling sein, und in den Jahren zuvor darf man nicht unangenehm aufgefallen sein. Fliegerisch wie menschlich sollte man idealerweise eine graue Maus gewesen sein.

Zudem sollte man als angehender Kapitän über die profunden Führungsqualitäten verfügen, welche die letzten Jahre als Kopilot ja nicht gezeigt werden durften. Zu guter Letzt muss man gutes CRM vorweisen können.

CRM ist die Abkürzung für Crew Resource Management. Toll! Nur, was bedeutet es? Viele Bücher sind darüber verfasst worden. Psychologen und solche die es gerne geworden wären haben sich daran die Finger wund geschrieben. Mehr oder weniger erfolgreich.

Ich versuche, das komplexe Gebilde CRM so zu übersetzen: Anwendung von gesundem Menschenverstand unter Einbeziehung aller möglichen Ressourcen unter normalen, wie auch unter erschwerten Bedingungen. Also auch unter Stress-Situationen den Überblick nicht zu verlieren und unter bestimmten Umständen kreativ zu entscheiden. Dabei sollte man alle Regeln der Aviatik respektieren und dabei, wenn möglich noch der liebe Kumpel im Team sein.

Kurz: Ein Tausendsassa ist gefragt.

Nach den vielen Jahren als Kopilot, wo man das Wetter jeder Jahreszeit, alle möglichen und unmöglichen Probleme mit dem Flugzeug und die verschiedensten Typen von Kapitänen und Stewardessen durchlebt und überlebt hat, kommt die Phase des Trainings zum Kommandanten. Diese Phase beginnt vorerst im Klassenzimmer. Es stapeln sich wieder die Bücher und man beginnt, sich wieder mit den Grundlagen der Fliegerei herumzuschlagen. Da ich schon zweimal die Gelegenheit hatte, ein Upgrading zu absolvieren (British Airways und China Airlines) kann ich auch vergleichen, wo die Schwerpunkte dieser doch ziemlich verschiedenen Kulturen gelegt werden. Bei den Briten ist es klar die Praxis, gemischt mit etwas Theorie. Bei den Asiaten ist es eigentlich nur die Theorie! Und die will auswendiggelernt sein.

Eine ziemlich intensive Zeit ist also angesagt. Da bleibt sehr wenig Zeit für Frau und Freunde. Man meldet sich quasi für vier Monate vom Rest der Welt ab. In dieser Zeit ist Dauerstress angesagt. Und genau den gilt es übrigens, ja keinem zu zeigen.

Es ist aber auch eine schöne Zeit, denn man darf endlich „vorne links" sitzen. Das sind objektiv betrachtet zwar bloß knapp 1,5 Meter Unterschied. Aber die haben's in sich, denn man beginnt praktisch wieder bei null. Was gestern noch galt ist heute nicht mehr. Das fängt mit den normalen Manipulationen im Cockpit an: das Starten der Triebwerke, das Rollen des Flugzeuges, die neue Perspektive vom linken Sitz aus und vor allem das Fliegen selbst. Jahrelang hat man mit der rechten Hand das Steuerhorn und mit der linken Hand die Schubhebel und die Systeme bedient. Ab heute ist es genau umgekehrt. Versuchen sie, in England einen Mietwagen zu fahren, dann verstehen sie was ich meine.

Als Kapitän muss man richtig entscheiden, denn dafür wird man schließlich bezahlt. Diese Binsenwahrheit mag für die Manager logisch sein, ist aber im täglichen Pilotenleben nicht immer einfach umzusetzen. Das kapieren die heutigen Airline-Lenker leider nicht. Und deswegen stürzen letztlich auch immer wieder perfekt funktionierende Flugzeuge ab. Aber darauf komme ich später noch zurück.

Also geht es beim Upgrading zum Kommandanten wieder ums Lernen. Nach fünf bis zehn Jahren als Kopilot hat man natürlich einiges an theoretischem Wissen vergessen. Vieles wurde ja nicht mehr abgefragt und wurde deshalb etwas vernachlässigt. Als angehender Kapitän muss man auch diese Informationen wieder sofort abrufbar bereithalten können. Dabei ist es erstaunlich, wie schnell der Mensch vergisst. Die Halbwertszeit der gespeicherten Informationen ist vielleicht fünf Jahre. Das heißt, in fünf Jahren weiß ich noch etwa halb so viel, wenn ich nicht dauernd meine Nase in die Bücher stecke. Aber das tut man ja schließlich als gewissenhafter Kopilot.

Parallel zum Theorie Studium beginnt die praktische Fliegerei. Das heißt, praktisch im Simulator. Auch hier wird fast das ganze Programm, welches man zuvor schon als an-gehender Kopilot abgeflogen hat, wiederholt. Nur eben diesmal mit dem hohen Erwartungsdruck, welcher von einem Kapitän in spe verlangt werden darf. Für die meisten ehemaligen Kopiloten ist dies ein Wake-up-Call. In der Tat ist es tatsächlich ein großer Unterschied, ob man als Kapitän oder als dessen Assistent unterwegs ist. Ich bin mir bewusst, dass ich damit meine Kumpels auf dem rechten Sitz neben mir etwas verärgere. Sie glauben, gleich viel zu können wie ein Kapitän. Aber sie werden die gleiche Erfahrung wie wir alle machen, wenn sie vorne links auf dem Stuhl des Kommandanten Platz nehmen dürfen.

Endlich ist er da. Der Tag, an dem man im richtigen Flugzeug den Kapitäns-Sitz belegen darf! Daraufhin steuert die ganze Ausbildung während der Zeit als Copilot hin. Jahrelang versuchte man sich vorzustellen, wie man selber entscheiden würde. Nun ist die Zeit gekommen, wo man quasi letzte Instanz wird. Man wird gefragt, und man hat richtig zu antworten. Zu verantworten. Richtig zu entscheiden. Und zwar so, dass bei einem Vorkommnis möglichst alle Richtlinien, Gesetze und Prozeduren richtig angewendet werden. Das geschieht natürlich nicht von heute auf morgen. Man lernt dies über viele Jahre hinweg.

Die Psychologie lehrt, dass wir von der Theorie, von Beobachtungen und aus praktischer Erfahrung lernen. Emotionen vertiefen dabei offenbar das Lernen. Speziell wenn die Beurteilung durch die Instruktoren schmerzt oder eben Freude bereitet. Dies führt zu neuer Einsicht und generiert neue Wege, Herausforderungen zu meistern.

Soviel von der Psychologie. Natürlich lernte auch ich damals von jedem Kapitän. Durch positive und negative Beispiele. Das geschah auf natürliche Weise. So natürlich, dass ich heute Mühe hätte den genauen Kontext oder Details dieser Erfahrungsbildung wiederzugeben. Aber vor allem lernt man am einfachsten, wenn man „es" begreift. Wenn „es Sinn" macht. Dazu braucht es einen guten Lehrer, der es schafft, komplizierte Vorgänge anhand einfacher Beispiele zu erklären.

Es gibt natürlich gute und schlechte Lehrer. Kennen wir ja alle aus unserer Schulzeit. Heute ist in der Fliegerei eher ein fliegereispezifisch sattelfester Motivator als ein trockener Funktionär gefragt. Diesbezüglich machte ich mit meinen chinesischen Mitarbeitern eine erstaunliche Erfahrung. Sie denken anders als wir! Nicht dass ihr Gehirn in irgendeiner Weise anders aussehen würde. Nein, tut es nicht. Es liegt im Gebrauch desselben. Und da wage ich, nach einigen Jahren Beobachtung, eine vielleicht schon fast revolutionäre Behauptung. China ist groß. Sogar sehr groß (das ist noch nicht die Behauptung). Damit die vielen Völker innerhalb Chinas miteinander kommunizieren können, wird das Mandarin verwendet. Mit Hilfe dieser (künstlichen) Sprache ist es möglich, dass sich über eine Milliarde Menschen miteinander unterhalten können. Fantastisch. Auf den ersten Blick wenigstens. Nun hat dieses Mandarin, welches im zarten Kindesalter von etwa zwei bis drei Jahren vermittelt, sprich von den Kids unter strenger Aufsicht auswendig gelernt wird, einen gravierenden Nachteil. Es verhindert das spielerische Element des Lernens. Das spielerische Entdecken der Welt. Mandarin wird nämlich Block für Block stur auswendiggelernt. Edulinguistisch gebetsmühlenartig vertieft sozusagen. Hat man diese Blöcke gelernt, werden diese, je nach Bedarf, zu einem Satz zusammengehängt. Und dabei macht der Satz erst dann Sinn, wenn alle Teile in der richtigen Reihenfolge gesagt, respektive geschrieben werden. Fehlt ein Teil, dann kann der Satz eine komplett andere Aussage haben. In unseren westlichen Sprachen dagegen macht selbst dann ein Satz Sinn, wenn wir die Buchstaben innerhalb des Wortes austauschen. Solange der erste und der letzte Buchstabe des Wortes richtig sind, spielt es überhaupt keine Rolle, wie die Buchstaben innerhalb angeordnet sind. Der Grund dafür ist, dass wir dank unseres anders geschulten und kreativer genutzten Gehirns gelernt haben, den Sinn eines Textes zu finden. Wenn wir in unserer Sprache dem Gegenüber zuhören, spüren wir im Verlaufe des Satzes, was er uns sagen will. Nicht so beim Chinesen. Der muss warten, bis der ganze Satz vor ihm liegt. Erst dann „übersetzt" er ihn in seine Gehirnsprache. Die Reihenfolge ist absolut wichtig! Das hab ich schon so oft getestet. Bei unseren vierteljährlichen Prüfungen im Simulator geht immer ein sogenannter Oral-Test, ein mündliches Abfragen der Flugzeugsysteme, der Standardprozeduren, des Fluggesetzes oder der Eckpunkte der Firmenphilosophie voraus. Da antwortet man mit Vorteil exakt nach Buch. Denn gibt es für eine Frage zum Beispiel fünf Teilantworten, ist es wichtig, diese exakt und genau in der Reihenfolge wie sie im Buch geschrieben stehen, zu beantworten. Obwohl es für uns Normalsterbliche unerheblich ist, wie die Reihenfolge gewisser Daten aufgesagt wird, ist dies für die Chinesen absolut unerlässlich! So ist die Antwort eben falsch, auch wenn man alle Punkte richtig aufgesagt hat, nur eben in falscher Reihenfolge!!!

Umso erstaunlicher ist es, wie sie es schaffen, komplexe Systeme auswendig zu lernen. Ob sie es dann auch wirklich begriffen haben ist schwer nachzuweisen. Auswendig lernen ist eine typische Chinesen-Fähigkeit. Die absoluten Gewinner sind diejenigen Chinesen, welche

Mandarin gelernt haben und mit westlichen Kindern (mit deren Sprache) aufgewachsen sind. Bei ihnen schmelzen Kreativität und Auswendiggelerntes zusammen. Vielleicht ein Thema für die Psycholinguistik.

Hier steckt beim Chinesen der große Unterschied. Da er alles „nur" auswendiggelernt hat, fehlt ihm oft die Fähigkeit, etwas zu erfinden, kreativ zu sein. Beweis dafür ist zum Beispiel auch seine Kopierfreudigkeit. Made in China heißt auch, kopiert vom Westen. Nicht immer unbedingt schlechter, aber eben billiger.

Kommen wir zurück zum Upgrading. Wie gesagt ist es eine Zeit des (wieder) Erlernens von bereits einmal studiertem.

Bei meinen chinesischen Freunden hat eine Beförderung zum Kapitän noch einen weiteren Zweck. Nebst dem höheren Gehalt und dem Prestige hat es den Vorteil, eine weitere Schicht der Haut drauf zu legen. Das heißt; wenn man Mist baut, wird man nicht gleich entlassen, sondern nur zum Copiloten degradiert. Das ist auch mit ein Grund, sich möglichst viele solcher Schichten zu erarbeiten. Ein Experte zum Beispiel, der Prüfungen abnehmen darf, kann sich viele Fehler erlauben, bis er wirklich entlassen wird. Er wird genau in der Reihenfolge degradiert, wie er die Leiter hochgeklettert ist. Bis zum Ruhestand mit 60 sollte es also reichen.

So sind bei den Chinesen nicht unbedingt die fähigsten Leute als Instruktor beschäftigt, sondern die auf Job-Sicherheit bedachtesten.

Ehemals nette Copiloten werden so im Verlaufe der Zeit Kapitän und Instruktor, wogegen grundsätzlich natürlich nichts einzuwenden ist. Nicht selten aber machen sie gleichzeitig eine Entwicklung zum gestrengen Zeitgenossen. Sie müssen plötzlich, um ihre Glaubwürdigkeit als Instruktoren zu untermauern, über ihre eigenen Kollegen und Freunde richten. Mit für diese zum Teil fatalen Folgen.

Langstrecken-Fliegen

Lufthansa-Jumbo. Begegnung bei 1900 km/h auf 10 000 Metern

... es ist Nachmittag um 16.00 Uhr. Nach einem 48 Stunden Aufenthalt in Los Angeles ist es nun Zeit, ins Bett zu gehen. Der Wecker wird auf heute Abend 22.30 Uhr gestellt. Natürlich fängt der Presslufthammer auf der anderen Straßenseite gerade jetzt an, seine volle Kraft zu entfalten. Mit Fug und Recht, wie ich zugeben muss, denn es ist schließlich Nachmittag, also absolut legitim. Was mir das Einschlafen auch nicht gerade erleichtert. Pünktlich werde ich von der Rezeption des Hiltons geweckt. Geschlafen habe ich dann vielleicht insgesamt vier Stunden.

Mit einem tüchtigen Jetlag (kumulierte Müdigkeit, verursacht durch die Zeitzonenumstellung Asien-Europa-Amerika) in den Knochen mach ich die Augen auf und versuche herauszufinden, wo ich bin. Taiwan? Alaska?

New York? Oder vielleicht doch zuhause in der Schweiz? Nach ein paar Sekunden hat mich mein inneres GPS wieder. Ich schmeiß das Radio an und auf 93,1 MHz erklingt der Nummer-Eins-Oldie-Sender von L.A.

Der Jetlag ist übrigens ein Produkt des Jet-Zeitalters. Seit es die fast Schallgeschwindigkeit schnellen Passagier-Flugzeuge gibt, überfliegt man auch die Zeitzonen im Stundentakt. Das heißt, auf dem bevorstehenden Flug von Los Angeles nach Taiwan sind 16 Zeitzonen zu überwinden. Und zwar sind die Asiaten den Amis um 16 Stunden voraus. Mit anderen Worten: Heute Abend ist in Taiwan schon morgen Nachmittag. Und da alle Zeiten in der Fliegerei sich nach GMT (Greenwich Mean Time) respektive UTC (United Time Coordinated) sprich „London Zeit" richten, habe ich einen ziemlichen Zeitsalat in meinem Kopf und in meinem Körper. Da hilft auch meine tolle Schwarz-Etienne-Fliegeruhr mit zusätzlicher Zeitzone nicht viel. Dazu kommt noch, dass ich versuche, auch meine Lokalzeit daheim in der Schweiz präsent zu haben. Meine Frau möchte verständlicherweise nicht nachts um drei Uhr aus dem Bett geholt werden nur um ein bisschen am Telefon übers Wetter zu plaudern.

Dieses Gemisch aus Zeitverschiebung, trockener Kabinenluft, niedrigem Luftdruck und langer Flugzeit ergibt dann diesen Jetlag. Erschwerend ist, dass man am Ende des Fluges noch einmal 100 % geben muss, um eine sichere Landung zu machen. Nun, ich hab's ja nicht anders gewollt. Ich hab ja immer davon geträumt, einen Jumbo an exotische Destinationen zu fliegen.

An dieser Stelle sei erwähnt, dass die schönen Hotels, die uns zur Verfügung gestellt werden, niemals ein Ersatz für die eigenen vier Wände sein können. Der Mensch ist ja bekanntlich ein Gewohnheitstier und hasst nichts mehr als Veränderung. So ab und zu in ein Viersternehotel zu gehen ist ja ganz nett. Aber 70 Prozent des Lebens darin zu verbringen hat eine ganz andere Tragweite. Die Geschäftsleute unter ihnen können ein Liedchen davon singen. Speziell davon, dass sie von ihren Ehefrauen dann auch noch verdächtigt werden, das Ganze zu genießen! Wie gesagt zwei, dreimal im Monat ist das in Ordnung und beschert dem gestressten Ehemann (aber auch der Ehefrau) eine willkommene Abwechslung. Aber mehr ist zuviel.

Also treffe ich mich um 00.30 Uhr Lokalzeit mit der gesamten Besatzung des China Airlines Fluges CI-007 in der Lobby, um den Crew-Bus zum Flughafen zu besteigen. Insgesamt sind wir heute 22 Leute. Als Kapitän habe ich gerade noch Zeit für ein kurzes Briefing mit der Kabinen-Crew, also den Stewardessen und Stewards. Briefing heißt ja übersetzt ,kurze Besprechung', und so halte ich mich auch daran. Ich stelle mich und den Rest der Cockpitbesatzung vor und versuche meinen Besatzungsmitgliedern die Hierarchie so flach wie möglich zu kommunizieren. Mit anderen Worten: Ich bringe eine möglichst angenehme Atmosphäre ins Team und wünsche uns allen einen schönen Flug.

Richtig. Gut aufgepasst, denn es kann durchaus sein, dass wir Piloten auf dem Hinflug einen Fracht-Jumbo (also ohne Stewardessen und Passagiere) nach L.A. geflogen haben. Nun ist es nötig, für den Passagierflug zurück nach Taiwan, uns den Flight Attendants des hinteren/unteren Teils des Jumbos vorzustellen.

Neben meiner Wenigkeit gehören heute drei Chinesen zur Cockpitbesatzung. Zwei junge Copiloten (ehemalige F-16 Kampfpiloten der Taiwan Air Force) und ein etwas älterer Relief-Pilot (Ex-Mirage 2000 Pilot). Der Relief-Pilot ist ein speziell ausgebildeter Copilot, welcher den Kapitän während dessen Ruhezeit ablöst.

Die Stewardessen bestehen aus dreizehn Chinesinnen, zwei Japanerinnen und zwei Vietnamesinnen. Der Kabinen-Chef (Purser) ist ein alter Chinese, welcher seinen Job damals in den frühen Siebzigern begann, als die Leute sich für eine Flugreise noch schön kleideten. Der hat bestimmt eine Menge erlebt.

Ob man übrigens einen angenehmen Flug hat (in Bezug auf die Kabinenbesatzung) oder eben nicht hängt absolut vom Verhältnis zwischen Kapitän und Purser ab. Ist er uns wohl-gesinnt, werden wir mit speziellen Köstlichkeiten aus der First Class Kombüse verwöhnt.

Der Bus bringt uns also zum LAX-Flughafen, der auch um diese Zeit äußerst belebt ist. Der Kapitän sitzt auch im Bus zuvorderst. Immer. Als ich mich einmal in Reihe fünf hinsetzte, drängten sich alle achtzehn Stewardessen hinter mich in den Bus, obwohl ich ihnen klarmachte, dass es vorne noch genügend freie Plätze hatte. Andere Sitten halt.

Es ist wieder die Hölle los im Tom Bradley International Terminal. Anders als auf europäischen Flughäfen herrscht in den USA meist 24 Stunden Betrieb.

Ich versuche, uns einen Weg durch die Menschenmenge zu pfaden, wie weiland Moses durch das Rote Meer. Die Stewardessen hinter mir in Zweierkolonne im Gleichschritt. Oder eben auch nicht. Es ist übrigens schade, dass die Mädels immer hinter den Piloten „herlaufen" müssen. Vorauslaufen wäre bestimmt amüsanter für uns.

Nach der mittlerweile peinlichen und unsinnigen Gepäck- und Personenkontrolle, dem sogenannten Securitycheck, suchen wir unseren Flieger. Natürlich steht die Kiste am anderen Ende des Terminals, am letzten Gate Nummer 101. Also nochmals etwa 300 Meter. Ein Swissair-, Pardon Swiss-Flugzeug steht auch schon parat. Und zwar direkt neben „meinem" Jumbo. Die Piloten und deren Stewardessen schauen zu mir herüber und ich begrüße sie auf Schweizerdeutsch mit einem herzhaften „Guata Morga mitanand." Ich ernte einen recht skeptischen Blick, speziell von den Herren Swiss-Piloten.

„Hello", grüßen sie. Das also sollte sie sein, die Mischung aus Tom Cruise und James Bond, die Menschen auf der Sonnenseite des Lebens?

Am Gate angekommen sehen wir auch schon unsere Pay-load. 407 Passagiere, vorwiegend Chinesen, sind es heute. Volles Haus also. Der Ramp Agent (verantwortlich für das Zusammenspiel aller Bodenmannschaften) steht schon mit einem vielsagenden Blick bereit. In der Hand hält er einen riesigen Stapel Papier. Mein erster Blick darauf verheißt nichts Gutes. Was uns heute CNN's Wetterfröschin Femi Oke zwischen zwei Werbeblöcken mit einem Lächeln als kleines Unwetter in Asien prophezeit hat, spiegelt sich in unserem aktuellen Wetterbericht wider; ein gewaltiger Taifun braut sich südöstlich von Taiwan zusammen.

Und, ach Zufall, genau zu unserer geplanten Ankunftszeit in Taipeh sollte er sich von seiner besten Seite zeigen, sprich genau über die Hauptstadt fegen. Warum immer ich, denken sich wohl alle Crewmitglieder.

Ein Taifun, muss man sagen, verniedlicht einen mitteleuropäischen Föhnsturm zu einem lauen Lüftchen. Windspitzen bis zu 200 km/h sind die Regel. Kann aber auch mehr sein. Etwa achtmal pro Jahr verursacht ein solcher Sturm das absolute Chaos in Taiwan. Aber im Vergleich zu den USA und den Karibikstaaten haben die taiwanischen Einwohner gelernt, sich darauf vorzubereiten. Sie müssen quasi zwei Fliegen mit einer Klappe schlagen. Zum einen erfordern die häufigen Erdbeben, dass ihre Häuser stabil gebaut sind. Zum andern braucht es eine wasserdichte Infrastruktur mit Bauten, die eben auch Sturmspitzen von 200 km/h ohne Schaden überstehen. Paradebeispiel dafür ist das bis vor kurzer Zeit höchste Gebäude der Welt, der über 500 Meter hohe Taipei-101 Wolkenkratzer. Er soll auch Erdbeben von der Stärke acht nach der nach oben unbegrenzten Richterskala aushalten.

Die Flugzeit über den Pazifik wird heute mit 14 Stunden und zwanzig Minuten berechnet. Turbulenzen sind während des ganzen Fluges zu erwarten, einen Slot (vorgegebene Abflugzeit) haben wir auch und das APU (Hilfsturbine für Strom am Boden, Anlassen der Triebwerke etc.) hat den Geist aufgegeben.

Mit unseren über 400 Passagieren, Fracht und 175 000 Litern Treibstoff haben wir knapp 400 Tonnen Abfluggewicht. Das ist das Maximum für unsere Boeing 747-400, Queen of the Sky. Daraus resultiert dann auch das maximale Landegewicht in Taipeh. Das erschwert die Landung insofern, als die Anflugsgeschwindigkeit bei ungewöhnlich hohen 330 Stundenkilometern sein wird. Richtig, bevor wir starten, müssen wir uns schon Gedanken über die Landung machen. Vorausdenken ist in unserem Beruf schließlich Match entscheidend.

Aufgrund der langen Flugzeit sind wir heute insgesamt vier Piloten. Da das Wetter wirklich mies ist, entscheide ich mich, das Flugzeug selber zu fliegen. Meine Kollegen im Cockpit sind nicht unglücklich darüber. Normalerweise wechseln wir uns ab. Beim Hinflug macht der Kopilot Start und Landung, beim Rückflug ich. Oder umgekehrt. Je nach Wetter und Erfahrungsgrad des Kopiloten.

Die Passagiere haben vom Fernsehen natürlich längst mitbekommen, dass uns der Taifun empfangen wird. Da ist es für uns besonders wichtig, ihnen kompetent, ohne die Sache zu beschönigen aber trotzdem mit großer Zuversicht die frohe Botschaft dieses turbulenten Ereignisses so verträglich wie möglich rüberzubringen. Psychologie wäre also gerade jetzt gefragt.

Im Flugzeug angekommen, gilt es zuerst, den Status der Boeing zu überprüfen. Das heißt für mich, in Erfahrung zu bringen, ob der Flieger denn auch alle Systeme und vor allem auch die Bücher in Ordnung hat. Es kommt immer wieder vor, dass die Behörden sogenannte Spot-checks machen. Sie prüfen, ob alle Dokumente an Bord sind. Wehe, es fehlt ein Buch oder eine Bewilligung. Der Wartungsingenieur übergibt mir verschiedene Dokumente zum Unterschreiben. Da muss ich mich voll auf ihn verlassen. Überhaupt muss ein Kapitän sich auf sehr viele Leute verlassen. Leute, die man nicht einmal kennt. Teamwork bekommt in diesem Moment eine neue Dimension.

In einem Flugzeug funktioniert nicht immer alles. Das ist ein Fakt. Bei sechs Millionen Teilen am Jumbo-Jet ist das auch nachvollziehbar. Die Kunst besteht nun darin herauszufinden, welche Teile kaputt sein dürfen, ohne dass dadurch die Flugsicherheit gefährdet wird.

Nachdem gemeinsam verifiziert wird, dass einem sicheren Flug von der technischen Seite her nichts im Weg steht, fange ich an, den Bordcomputer mit Daten zu füllen.

In der Zwischenzeit macht der Erste Offizier den Rundgang um die 747. Mit Taschenlampe und Gehörschutz bewaffnet überprüft er visuell, ob das Flugzeug „in Ordnung" ist. Das dauert etwa zehn bis fünfzehn Minuten.

Nach der letzten Landung vor drei Stunden haben unzählige Leute des Bodenpersonals das Flugzeug umzingelt und bearbeitet. Die Putzequipen, der Flugzeugbetanker mit seinem riesigen Tanklastzug, die Caterer (Verpflegung) mit ihren Lastwagen und natürlich die Herren von der Fracht mit den großen, fahrbaren Beladungsrampen könnten alle in irgendeiner Weise das Flugzeug beschädigt haben. Wo gehobelt wird, da fallen Späne. Alles Menschen, die Fehler machen können und gelegentlich auch machen. Da ist es unerlässlich, dass wir Piloten uns vergewissern, dass dabei keine Beulen oder größere

Schäden entstanden sind. Kürzlich hatte ein Lastwagen-fahrer Triebwerk Nummer 4 gerammt. Das Flugzeug war 25 Stunden gegroundet. Kostenpunkt inklusive Flugaus-fall, Auswechseln und Reparatur des Triebwerks wurde auf etwa eine Million Dollar geschätzt. Nachdem der Co-pilot von seinem Spaziergang um das Flugzeug zurück-kommt, unterschreibe ich das Technische Logbuch und vertraue somit dem ganzen Team blind, denn die Verant-wortung liegt ja letztlich bei mir.

Während ich also meine Computer mit verschiedenen Daten wie Gewicht, Flugstrecke, Windstärke- und Rich-tung, Treibstoffmenge etc. füttere, werde ich dauernd von irgendwelchen, natürlich sehr wichtigen Leuten, un-terbrochen. Das fängt beim führenden Frachtmitarbeiter an und hört bei der Stewardess auf. Diese Fäden lernt man im Laufe der Zeit in der Hand zu halten. Die ganze Koordination ist letztlich auch ein erstaunliches Zusam-menspiel von qualifizierten Leuten unterschiedlichster Herkunft, Alter und Rasse. Das macht den Job sehr in-teressant. Die ganze Prozedur geschieht zudem immer unter leichtem Zeitdruck. Innerhalb einer Stunde muss alles soweit sein, dass die Triebwerke gestartet werden können. Und zu 95 Prozent klappt das auch.

Bei unserer Airline wenigstens. Gleichzeitig wird das Flugzeug mit insgesamt etwa sechs Tonnen Essen und Trinken beladen. Etwa 1200 Mahlzeiten sind bestellt und werden in Trolleys (fahrbare Kisten) verstaut. Dreitau-send Liter Wasser und unzählige Softdrinks, Biere, Whis-kys, Milch etc. werden ins Flugzeug gebracht. Wenn al-les an seinem Platz ist, die Betankung beendet ist und die Flight Attendants ihr Lächeln aufgesetzt haben, gibt der Kommandant die Freigabe fürs Boarding. Die Passagiere dürfen also endlich einsteigen. Vom ganzen Stress haben sie nichts mitgekriegt. Muss auch nicht sein, denn sie sind meist mit ihrem eigenen Stress beschäftigt. Nicht jeder ist schliesslich gestandener Vielflieger, welcher kurz vor dem Boarding ans Gate eilt ... Diesen interessiert allenfalls, ob wir pünktlich sind. Bis alle Gäste ihren Sitzplatz gefunden haben dauert es bei asiatischen Passagieren nur etwa zwanzig Minuten. Sie sind äußerst diszipliniert und haben selten Extrawünsche was den Sitzplatz angeht.

Wir beginnen nun, meine Eingaben in das FMS (Flight Management System), den Bordcomputer also, zu überprüfen. Bei so vielen Daten kann es schon mal vorkommen, dass man sich vertippt. Deswegen gehen wir gemeinsam die wichtigsten Seiten des Computers durch.

Gefolgt wird dies von einem Cockpit-Crewbriefing, dem „Plan" wie der Flugverlauf gestaltet werden soll, denn jeder Start ist irgendwie anders. Jeder Flughafen sieht anders aus und auch die ganzen Procedures, die Abläufe also, wann und wen man über welche Funkfrequenz zu kontaktieren hat, sind so unterschiedlich wie die Fahrt-Routen zur Startbahn. Eine gute Vorausplanung hilft, speziell bei Nebel, die korrekten Rollwege bis zur richtigen Piste zu finden. Aber heute ist exzellente Sicht. Nachts sind die Rollwege mit grünen, im Boden versenkten Lämpchen gut gekennzeichnet. Grundsätzlich wird gegen den Wind gestartet. Es verkürzt die Startdistanz zum Teil erheblich und ist besonders heute bei maximalem Gewicht absolut erforderlich.

Mit Hilfe des Briefings verinnerlicht man sich auch die Verfahren, welche zum Beispiel beim Ausfall eines Triebwerkes während des Startlaufs, dem sogenannten Takeoff, anzuwenden sind. Dafür haben die Flug-Physiker die sogenannte Entscheidungsgeschwindigkeit V1 hervorgebracht. „V" bedeutet in der Physik Geschwindigkeit (velocity). Bei einer vorausberechneten Beschleunigungs-Geschwindigkeit ent-lang der Startbahn entscheidet der Kapitän, ob der Start bei Ausfall eines Systems oder Triebwerks fortgesetzt oder eben abgebrochen wird.

Heute muss diese Entscheidung vor Erreichen von 280 km/h gefallen sein. Fällt ein Triebwerk vorher aus, wird abgebrochen und das Flugzeug vor dem Ende der 3500 Meter langen und 60 Meter breiten Bahn zum Stillstand gebracht. Fällt ein Triebwerk nach besagten 280 km/h aus, wird der Start fortgesetzt. Egal was passiert, denn die verbleibende Piste würde nicht mehr ausreichen, um abzubremsen. Bei der kalkulierten Abhebegeschwindigkeit (Vr) würde dann (beim Ausfall eines Triebwerkes) der Jumbo sachte von der Bahn genommen, ohne mit dem Rumpfhinterteil die Piste zu berühren (nur 99 cm Abstand zur Piste).

Singapore Airlines Jumbo beim Start

Theoretisch überfliegt man dann das Pistenende mit einer Höhe von nur 15 Metern und versucht mit den verbleibenden drei „gesunden" Triebwerken konstant mit etwa 500 Fuß pro Minute zu steigen, um dann auf einer sicheren Höhe den überflüssigen Treibstoff über dem Meer abzulassen. Dies wird nötig, um mit dem maximal zulässigen Landegewicht von 285 Tonnen wieder in Los Angeles aufzusetzen. Bei einem zu hohen Landegewicht könnte das Flugzeug bei der Landung Schaden nehmen oder gar auseinanderbrechen. Deswegen wird Sprit abgelassen. Und zwar auf einer Höhe von über 2000 Meter über Grund/Meer. Dabei zerstäubt das Kerosin und vermischt sich mit der Umgebungsluft. So versprechen es uns die Chemiker und Physiker wenigstens.

Nachdem mit den Copiloten alles besprochen wurde und der Purser mir die aktuellen Passagierzahlen übermittelt hat ist es Zeit, beim Tower die Freigabe für den Triebwerkstart einzuholen. Die Türen werden geschlossen und die Kabinenbesatzung beginnt mit ihrer Prozedur, die Passagiere mit den Notverfahren vertraut zu machen. Leider scheint es, dass nur die wenigsten ihnen zuhören und dann natürlich im Notfall keine Ahnung haben, was sie zu tun haben und welchen Notausgang sie benützen müssen. Die meisten Flugpassagiere betrachten heute das Fliegen eben wie Zugfahren. Plus Angstfaktor.

Der Push-Back Traktor schiebt uns aus der Parkposition

Ein 700 PS starker Fünfzigtonnen-Traktor schiebt uns aus der Parkposition heraus. Die Buchhalter des Flughafen-Betreibers schauen jetzt auf die Uhr. Drei Stunden besetzte unser Flugzeug das Gate. Kosten: 9000 Dollars.

Triebwerks-Start. Jeder unserer vier General-Electric Motoren hat eine Leistung von etwa 65 000 Pfund. Das entspricht insgesamt etwa 120 Tonnen Schub. Es wird manchmal auch versucht, diese Leistung in PS anzugeben. Das gibt zwar eine sehr beeindruckende Zahl, sagt aber wenig aus.

Nach fünf Minuten laufen alle vier Engines auf „Standgas". Dabei verbraucht jedes der fünf Tonnen schweren Aggregate etwa 700 Liter pro Stunde. Bis wir also bei unserer Startposition angelangt sind haben wir bereits 1500 Liter verbraten. Stellt sich die Frage, ob es nicht sinnvoller wäre, die Flugzeuge bis kurz vor die Startpiste zu schleppen und erst da die Triebwerke zu starten.

Es ist wieder viel los auf dem Los Angeles LAX Airport. Alle wollen scheinbar zur gleichen Zeit raus. Durch eine ausgeklügelte Koordination seitens der Bodenkontrolle steht man aber fast nirgends Schlange.

Nachdem mir der Ground-Engineer (unten beim Bugrad) über Funk versichert, dass sich niemand außer ihm in der Nähe des Flugzeuges befindet, verabschiedet er sich von uns und läuft vom Flugzeug weg. Er winkt mir zu und nun können wir endlich wegrollen. Auch dafür müssen wir vom Kontrollturm erst eine Genehmigung einholen.

Langsam schiebe ich die Leistungshebel etwas nach vorne. Es dauert etwa zehn Sekunden, bis sich der große Vogel bewegt. Zuviel Schub und die Lastwagen und Frachtcontainer hinter uns würden weggeblasen. Also sachte.

Das Cockpit im Jumbo bietet eine herrliche Aussicht auf das Geschehen. Auf über zehn Metern über dem Boden ist man König. Man darf aber nie vergessen, dass das Flugzeug 71 Meter lang und 65 Meter breit ist. Und dass das Hauptfahrwerk etwa 35 Meter hinter dem Cockpit ist. Dies macht das Rollen, speziell bei Nacht oder bei Nebel zu einer nicht zu unterschätzenden Aufgabe.

Nach etwa zwanzig Minuten Rollen stehen wir vor der Piste 25R. Die Startbahn-Nummern beziehen sich auf die Himmelsrichtung. 25R bedeutet, dass die Piste in Richtung 250 Grad oder eben fast genau nach Westen zeigt. Das R dahinter bedeutet, dass es von zwei Parallel-Pisten die Rechte der beiden ist.

Ein Airbus A340 der Lufthansa schwebt elegant vor uns auf die hell beleuchtete Piste zu und setzt beeindruckend sanft auf. Dann sind wir dran. Der Tower meldet schwachen Wind aus West und gibt uns die Freigabe zum Start.

Die Checkliste wird bestätigt und auf geht's. Die vier Schubhebel auf „laut" und schon beschleunigt das Schiff mit der Speed eines mittleren Sportwagens. Ab 150 km/h hat dann auch kein Porsche mehr den Hauch einer Chance. Mein Copilot ruft die Entscheidungsgeschwindigkeit „V1" (280 km/h) aus, und nach insgesamt 50 Sekunden konstanter Beschleunigung kommandiert er „rotate". Die Abhebegeschwindigkeit ist erreicht und ich ziehe langsam am Steuerhorn. Die Nase der Boeing 747 zeigt in die Höhe. So gigantisch sie ist, so gefühlsvoll lässt sie sich fliegen. Ein Meisterwerk der Technik. Auch nach vielen Jahren immer noch das Beste, (und mittlerweile auch wieder modernste und längste) was der Markt zu bieten hat.

Hundert Meter unter uns zieht der nächtliche Strand vorbei. „Gear up". Über einen Hebel und der damit verbundenen Hydraulik werden die riesigen Fahrwerks-Tore geöffnet, damit die 18 Räder, nachdem sie automatisch von 330 km/h auf 0 gebremst werden, im Fahrwerks-Schacht verschwinden können. Übrigens werden, entgegen vieler Meinung, die Reifen beim Start stärker beansprucht als bei der Landung. Zum einen, weil beim Start (durch den vielen Treibstoff) das Fluggewicht höher ist als bei der Landung und zum andern, weil die Startgeschwindigkeit höher ist als die Landegeschwindigkeit. Die mit Stickstoff (nicht etwa Luft) gefüllten Reifen werden nach etwa achtzig Landungen runderneuert. Nach etwa sechsmaligem Runderneuern haben sie ihren Dienst getan und werden in einem zweiten Leben, zum Beispiel als Traktorräder, noch lange weiter benützt.

Links vor uns liegt der Pazifik, rechts verabschiedet sich California. Auf etwa 2000 Metern über dem Meer, nachdem auch alle Start-/Landeklappen wieder eingefahren sind, übergebe ich dem Autopiloten den ,langweiligeren' Teil unseres Trips, den Steig- und Reiseflug. Unsere Aufmerksamkeit wird nun vermehrt von der Kommunikation mit den verschiedenen Fluglotsen in Anspruch genommen.

Einfahren der 16 Räder des Hauptfahrwerks (B747-400)

Nach etwa zwanzig Minuten Steigflug kommen wir auf unserer vorläufigen Reiseflughöhe von knapp 10000 Metern an. Auf der einstündigen Taipeh–Hongkong Rennstrecke brauchen wir übrigens gerade mal sieben Minuten, um auf diese Höhe zu steigen! Ein so kurzer Flug benötigt eben nur einen Bruchteil des Treibstoffes eines Transpazifikfluges und macht das Flugzeug entsprechend leicht und sportlich.

Zu diesem Zeitpunkt haben die vier Triebwerke bereits zehn Tonnen Kerosin verbraucht. Von nun an „nippt" jeder der Motoren durchschnittlich etwa drei Tonnen Treibstoff pro Stunde. Da durch diesen Sprit-Verbrauch unser Flugzeug kontinuierlich leichter wird, können wir auch höher steigen. Durch den geringeren Luftwiderstand (weniger Luftmoleküle) wird außerdem weniger Treibstoff verbraucht.

In der Kabine werden jetzt die Passagiere über den Verlauf des Fluges informiert. Unsere Maschinen verfügen über modernste, so genannte Inflight Entertainment Systeme. Das sind Bordunterhaltungs-Systeme, welche hinsichtlich Film-, Musik- und Videoprogrammen keine Wünsche offen lassen. Internet ist Standard und Telefonieren ist (leider) auch möglich.

Jetzt ist auch der Zeitpunkt gekommen, um meine Passagiere „persönlich" zu begrüßen. Zuerst macht dies mein Copilot auf Chinesisch und danach mache ich mein Sprüchlein auf Englisch. Meine Erfahrung mit den Asiaten zeigt, dass ich wahrscheinlich irgendetwas plaudern könnte, denn kein Mensch hört mehr wirklich zu. Im Gegenteil; was stört mich der Kapitän beim Musikhören. Später werden aber wieder dutzende Fluggäste unsere Stewardessen fragen, wann wir ankommen werden, wieviel die Zeitdifferenz ist und auf welcher Flughöhe wir uns befinden. Das war in den guten alten Zeiten wohl ganz anders.

Neben dem konstanten Füttern des Autopiloten im Reiseflug (der Autopilot ist entgegen der Meinung vieler nur eine beschränkte Flughilfe) besteht unsere Aufgabe hauptsächlich darin, das Wetter, die anderen Flugzeuge und vor allem die Instrumente im Auge zu behalten. Jede kleinste Abweichung, welche nicht sofort korrigiert werden kann hat in der Regel einen mehr oder weniger großen Einfluss auf den weiteren Flugverlauf. Nur wenn der Grund der Abweichung eindeutig bekannt ist, kann der Flug fortgesetzt werden. Bei einem Transpazifikflug ist dies besonders wichtig. Es sind immerhin 3000 Kilometer bis zur nächsten Insel. Tom Hanks und Robinson wissen wovon ich spreche.

Nachdem ich mit meiner Cockpitcrew die Zeiten für den „Schichtwechsel" ausgerechnet habe gehen zwei der Piloten in ihre Koje. Bei über 14 Stunden Flugzeit hat jeder etwa sechs Stunden befohlene Nachtruhe. Was naturgemäß nicht sehr einfach ist. Mit auf Kommando schlafen haben „nicht Militärerprobte" besonders große Mühe. Ich hatte das Glück zu lernen, wie man tote Zeit überschläft. Das klappt auch meistens. Aber nach einem 48 Stunden Aufenthalt in L.A. ist man noch zu aufgedreht, um sofort einzuschlafen. Meine chinesischen Kollegen scheinen offenbar kein großes Problem damit zu haben. Sie können überall und immer schlafen. Ich verabschiede sie dann mit einem „See you tomorrow". Heute fliegen wir von Ost nach West. Fliegt man aber von West nach Ost kann es schon vorkommen, dass man sich mit „also dann, bis gestern" von seiner Mannschaft verabschiedet und sich in die Koje zurückzieht. Von Asien nach den USA überfliegt man nämlich die Datumslinie. Man fliegt zum Beispiel am Freitagmorgen in Taiwan ab und kommt am Donnerstagabend in Los Angeles an. Ganz praktisch. Nur ist es leider auch so, dass man wieder nach Asien zurück muss. Abflug Samstag Mitternacht und Ankunft am

Montag in der Früh. Wer hat mir den Sonntag geklaut? Das ist mir übrigens genau so an einem Geburtstag auf einem Flug von Honolulu nach Tokio passiert. Macht mich das nun einen Tag jünger? Oder gar ein Jahr?

Auf unserem heutigen Flug ist alles ein bisschen speziell. Obwohl es keiner sagt; der aufkommende Taifun in Taiwan ist in unseren Köpfen allgegenwärtig. Alle dreißig Minuten empfange ich über Satellit die letzten Wetterdaten und vor allem die genaue Position des Auges des Orkans. Dreht er weg oder steuert er wie vorausgesagt genau auf unsere Destination Taipeh zu? Cool bleiben ist angesagt. Wenigstens den Copiloten etwas die Angst nehmen. Ein Blick in die Bücher hilft, sich die Anflugverfahren bei extrem starken Winden nochmals zu verinnerlichen. Taifun ist keine Routine. Niemals, egal wie oft man ihn schon erlebt hat. Ein kleines Kribbeln im Bauch ist daher auch völlig normal und letztlich auch gut. So überschätzt man sich nicht. In Asien werden die Wirbelstürme Taifun genannt, im Atlantik heißen sie Hurrikan und im Indischen Ozean sind es die Zyklone. Allesamt sind sie Tiefdruckgebiete mit sehr hohen Windgeschwindigkeiten. Das Studium der Wetterdaten zeigt immer klarer; wir und der Wirbelsturm kommen gleichzeitig in Taipeh an! Wir müssen auf alles gefasst sein.

Natürlich stellt sich die Frage, ob man denn nicht woanders landen könnte und abwartet, bis sich der Sturm gelegt hat. Könnte man. Aber hier gilt es sorgfältig abzuwägen, ob es denn auch gerechtfertigt ist, diese zusätzlichen Kosten (ca. 30–50 000 Euro) auf sich zu nehmen.

Es gibt ziemlich klare Regeln dafür, wann man nicht mehr landen darf oder soll. An dieses Limit muss man als Kapitän herangehen können, ohne die Sicherheit der Menschen oder des 150 Millionen Euro teuren Flugzeuges zu beeinträchtigen. Mit zunehmender Erfahrung fällt diese Entscheidung leichter.

Nach gut 13 Stunden Flug bereiten wir uns also auf die Landung vor. Ich informiere unsere Passagiere über die bevorstehenden Turbulenzen und bitte sie, sich heute besonders fest anzuschnallen. Das ganze natürlich mit beruhigenden Kapitänsworten. Wieder mit möglichst tiefer Stimme ...

In Taipeh ist die Hölle los! Je tiefer wir absinken, umso heftiger werden wir durchgeschüttelt. Dieser Taifun scheint ziemlich hartnäckig zu sein. Ich schnalle mich noch fester an meinen Sitz. Die Turbulenzen sind teilweise so heftig, dass die Instrumente kaum mehr abzulesen sind. Die Geschwindigkeitsanzeige geht auf und ab. Auf 7000 Fuß über Grund fangen wir bereits an, die Landeklappen auszufahren. Wir werden wie ein kleines Sportflugzeug herumgewirbelt. Hat denn der Taifun gar keinen Respekt vor meinem Jumbo? Der Regen klatscht gegen die Cockpitscheibe, zwischendurch scheint wieder die Sonne. Es ist verrückt! Vor uns startet eine Singapore Airlines B777 durch. Zu viel Wind. Sie haben die Schnauze voll und fliegen nach Hongkong weiter. Jetzt sind wir an der Reihe. Der Tower meldet Windgeschwindigkeiten von 80 bis 120 Kilometern pro Stunde von vorne links. Das ist exakt der vom Flugzeughersteller angegebene Maximalwert.

Fahrwerk raus. Das Flugzeug wird plötzlich sehr stabil. War's das schon? Für zehn Sekunden gleiten wir sanft in Richtung Piste 05 hinunter. Zeit, die verkrampften Hände wieder etwas zu lockern. Doch dann zeigt der Taifun wieder seine Zähne. Er schmettert einen Windstoß voll gegen unsere Breitseite. Das Flugzeug bäumt sich auf und ich habe nun wirklich alle Hände voll zu tun, den Jumbo unter Kontrolle zu halten. Der Wind bläst von allen Seiten. Auch von hinten. Dabei muss ich besonders darauf achten, dass ich bei der Landung nicht mehr als die maximal zulässigen zehn Knoten Rückenwind bekomme. Irgendwie macht es Spaß, das Flugzeug innerhalb, respektive am Rand der Limiten zu fliegen. Die Piste nähert sich mit einem Affenzahn. Wir haben 330 km/h drauf. Formel-1 Speed. Ich bin jederzeit bereit, durchzustarten. Kurz vor dem Aufsetzen liegt das Cockpit, durch den starken Querwind, fast außerhalb der Piste über dem Grünen! Das muss so sein, damit das Hauptfahrwerk, 35 Meter hinter dem Cockpit, die Piste trifft. Und es trifft die Piste! Nicht so sanft, wie ich es mir vorstellte, aber dafür am richtigen Ort. Das Cockpit ist zu diesem Zeitpunkt immer noch etwa 15 Meter über dem Boden. Jetzt bringe ich den Rumpf des Giganten sachte in Pistenrichtung, um dann das Bugfahrwerk auf den Boden zu führen. Dabei muss ich volles Querruder geben, um nicht von der Piste geblasen zu werden. Die Triebwerke lasse ich auf Idle-Reverse, das heißt, ich gebe nur ganz wenig Umkehrschub. Ich bremse die 747 hart aber herzlich auf 50 km/h runter und höre zu meiner großen Überraschung, dass die Passagiere klatschen. Das erste Mal, seit ich bei China Airlines fliege. Auch meine Kopiloten machen sich jetzt wieder bemerkbar und bekommen wieder etwas Farbe ins Gesicht. Während wir zum Gate rollen, beobachten wir den Anflug und Durchstart unserer Kollegen von der Korean Airlines. Sieht ziemlich dramatisch aus das ganze. Aber dafür werden wir ja schließlich bezahlt ... (und trockne mir den Schweiß von der Stirn).

Der Jumbo-Jet

Boeing B747-400

Jedes Kind kennt ihn. Den Jumbo-Jet. Der mit dem Buckel. Die stolze, elegante Lady mit ihren gigantischen Massen.

Hier ein Kurzporträt der Mitte der Sechzigerjahre entwickelten und seither ständig verbesserten Boeing 747.

Jumbo heißt übrigens „Elefant" auf Suaheli. Und entgegen vielen Gerüchten wird er nach wie vor gebaut. Das neuste Modell heißt B747-8 und ist das längste und modernste, was der Markt heute zu bieten hat. Stückpreis etwa 300 Millionen US Dollars.

76 Meter lang
69 Meter breit
20 Meter hoch
450 Tonnen schwer

6 Millionen Teile (ca.)
70 Tonnen Aluminium
300 Kilometer Kabel
8 Kilometer Rohre

Kabinendurchmesser: über 6 Meter

Max. Geschwindigkeit: über 1000 km/h
Reise-Geschwindigkeit: etwa 950 km/h

Passagiere: normalerweise etwa 450 Passagiere
Maximal: 700 Passagiere (Kurzstrecke Japan)

Triebwerksleistung: 4 X 30 Tonnen Schub, oder je etwa
28 000 PS, total 112 000 PS ... auf Meereshöhe.

Tankinhalt: über 250 000 Liter Kerosin

30 Tonnen Fracht im Bauch (ca. 140 Tonnen Cargo-Version)

Reichweite: 14 000 Kilometer nonstop

Treibstoff-Verbrauch pro Stunde: 3500 ltr/pro Triebwerk

75 000 Zeichnungen für dessen Herstellung

3,5 Milliarden Passagiere bis heute (alle B747 zusammen)

Sich von diesen vielen Zahlen nicht blenden zu lassen
ist wohl ein frommer Wunsch. Aber: auch ein Jumbo ist
letztlich nur ein großes Stück Metall, welches die Umwelt verschmutzt. Auf eine (auf den zweiten Blick) relativ ökonomische Weise, denn wir Flug-Enthusiasten sind
schnell parat, wenn es darum geht die Fliegerei als legi-
timste Art der Fortbewegung zu verklären.

Hier das Rechenbeispiel von Leuten, welche von Berufs wegen zu kurz denken: die Flugzeugbauer, die Airlines- und Reisebüro-Angestellten und natürlich auch die Piloten. Sie werden nicht müde, uns zu erklären, wie spritsparend ein Flug eigentlich doch sei; sie rechnen uns vor, dass pro hundert Flugkilometer nur etwa drei Liter pro Passagier verbraucht würden. Viel weniger als ein Auto verbraucht. Nur, wer würde denn in die Karibik fahren, und wie?

Oder umweltpolitisch etwas ketzerisch hinterfragt: soll jeder Mensch ein Recht auf Ferien in der Karibik oder auf Gran Canaria haben? Was ist denn so falsch daran, in Europa mit dem Zug ans Meer zu fahren. Klingt natürlich nicht so hip wie jetten. Man muss kein Prophet sein um vorauszusehen, dass in nicht so ferner Zukunft das Fliegen wieder nur einer betuchten Klientel vorbehalten sein wird. Wie damals in den 1930er bis 1960er Jahren. Das ist grundsätzlich und objektiv betrachtet nichts Schlechtes für unsere Umwelt. Zu viele Billigfluglinien verpesten nämlich die Luft, nur damit ein paar umtriebige Geschäftsleute (zumeist Ex-Piloten oder Ex-Reisebürofuzzis) schnelles Geld verdienen.

Und zwar funktioniert das so: Man bestelle mit Hilfe einer seriösen Bank (...) 50 Airbusse und/oder Boeings zu Vorzugspreisen und lässt sich die Kickbacks auf ein Konto gutschreiben. Pro Flugzeug vergibt der Hersteller zwischen einer halben und einer ganzen Million US-Dollars an Discounts für den Chef der Firma. Mit diesen 25 Millionen in der Tasche kauft man sich Anteile einer schwächelnden Airline mit zweitklassigen Flugstrecken, um diese mit Dumpingpreisen aus dem Dornröschenschlaf zu wecken. Dann reduziert man die Ticketpreise drastisch. Denn wenn der Preis tief genug ist, lockt dies eine völlig neue Klientel an. Diese Kundschaft wird mit billigen Städteflügen dann quasi abhängig gemacht.

Zwangsläufig werden die Flieger nach und nach besser ausgelastet sein, was sich wiederum auf den Flugpreis auswirkt. Und zwar werden die Preise wieder erhöht, bis die Schmerzgrenze erreicht ist. Schnäppchenangebote von 19 Euro 99 gaukeln dem gemeinen Volk vor, fliegen sei auch für sie erschwinglich. Ein Drogendealer macht schließlich auch nichts anderes.

Selbst wenn die Firma Konkurs geht (und das tun die allermeisten innerhalb zwei Jahren), kümmert dies deren Manager wenig, und man macht das gleiche Spiel unter neuem Namen gleich nochmal und nochmal.

Ich hoffe, sie verzeihen mir diese kleine Exkursion in die Welt der Fat-Cats. Die Beweise dafür und die Namen werde ich ihnen schuldig bleiben, denn es mag zutreffen, dass ich in der Nacht geboren wurde, aber nicht erst letzte.

Wo war ich? Ach ja, beim Jumbo-Jet. Speziell die neueste Version, die Boeing 747-8, darf sich seit kurzem wieder den Titel des größten Passagierflugzeugs der Welt umhängen. Mal sehen für wie lange. Mit über 76 Metern Länge überragt der neue Jumbo den deutsch/französisch/europäischen „Superjumbo" A380 um etwa drei Meter! Arme Franzosen. La Grande Nation, wieder einmal geschlagen von den barbarischen Amis. Die Deutschen nehmen es erstaunlicherweise viel gelassener.

Hier ein kurzer Rückblick auf die Geschichte des größten Konkurrenten von Airbus. In den Sechzigerjahren suchte das US-Militär einen vierstrahligen Truppentransporter mit sehr hoher Kapazität. Er sollte 700 vollausgerüstete Soldaten oder 100 Tonnen sperrige Fracht wie etwa Panzer, Lastwagen oder Hubschrauber über transatlantische Distanzen mit einer Geschwindigkeit von etwa 1000 km/h transportieren können. Dabei sollte auch auf unbefestigten Pisten, sprich Sand oder Schotter, gestartet und gelandet werden können. Und der Stückpreis sollte auch in einem vernünftigen Rahmen sein. 25 Millionen damalige US-Dollars. Mit diesen Vorgaben machten sich zwei Flugzeughersteller an die Arbeit. Es waren Lockheed und Boeing. Nach etwa vier Jahren Entwicklung waren die Prototypen fertig. Noch ohne Hilfe von Computern notabene. Rechenschieber und Zeichnungsbrett waren die Hilfsmittel. Aus diesem Wettbewerb ging Lockheed mit dem Modell C-5 Galaxy als Sieger hervor.

Da Boeing natürlich sehr viel Geld in die Entwicklung des Jumbos gesteckt hatte, änderten sie ihn daher kurzerhand in eine Passagierversion um. Damals war man aber nicht sicher, ob die Welt ein so großes Flugzeug überhaupt brauchte, respektive wollte. Die Analysten gingen damals davon aus, dass dereinst die gleichzeitig in Entwicklung stehende Concorde mit ihrer doppelten Überschallgeschwindigkeit das Rennen machen würde. Die größten Passagier-Jets dieser Zeit waren DC-8 und Boeing 707. Flugzeuge mit maximal zweihundert Sitzplätzen.

Mit Hilfe der heute bankrotten PanAm (Pan American Airlines), welche 25 Stück des neuen 400-plätzigen Riesen bestellt hatte, wurde Anfang der Siebzigerjahre eine Revolution im Reisen eingeläutet. Hatte das Jet-Zeitalter für die Wohlhabenden schon zehn Jahre früher begonnen, war es nun an der Zeit, die Massen mit der großen weiten Welt zu verbinden. Langstrecken-Fliegen wurde dank der hohen Passagierkapazität praktisch über Nacht zur erschwinglichen Tatsache.

Nach und nach wollten die namhaften Airlines den Jumbo in ihrer Flotte haben. Es war sicher auch viel Prestige dabei, wenn ein Land sich das größte Passagierflugzeug der Welt leistete. Ob es dann auch gewinnbringend eingesetzt werden konnte war eher sekundär. Der Sprit war damals ja noch sehr billig. Nicht zuletzt durch die

Mithilfe Hollywoods, welche die 747 wenn immer möglich als Sujet benutzte, wurde der Jumbo zum bekanntesten Flugzeug der Welt. Er war das Nonplusultra, eine der größten Errungenschaften der Technik. Wer damals Kapitän eines solchen Monsters werden durfte, hatte das absolute Berufs-Ziel erreicht.

Auch heute wissen wir jüngeren Jumbo-Piloten, dass wir privilegiert sind, dieses wunderschöne Flugzeug fliegen zu dürfen.

Die Glaubensfrage

Airbus A380, schwerstes Passagierflugzeug (bis 800 Passagiere, etwa 74 Meter lang, 550 Tonnen)

Boeing B747-8, längstes Passagierflugzeug (bis 700 Passagiere, etwa 76 Meter lang, 450 Tonnen), hier die Fracht-Version

Die Frage ist immer die gleiche: Welches Flugzeug ist besser, Airbus oder Boeing?

Unter uns Piloten und Flugzeug-Enthusiasten gibt es manchmal die gleichen Rivalitäten wie bei Auto- oder Motorrad-Freaks. Wer fliegt die größere, schnellere, modernere, schönere, erfolgreichere oder eben einfach „bessere" Maschine.

Diese Frage zu beantworten ist müßig und kann im objektivsten Fall bloß eine persönliche Einschätzung sein.

Grundsätzlich darf man sagen, dass beide Firmen, Airbus wie Boeing, ausgezeichnete Produkte herstellen. Deswegen sind von ehemals etwa acht großen Flugzeugherstellern gerade mal diese zwei übriggeblieben.

Es kommt halt darauf an, wofür die Maschinen eingesetzt werden und wieviel Geld man bereit ist, dafür zu investieren. Für europäische Airlines macht es zurzeit mehr Sinn einen Europäer zu kaufen, weil die Preisnachlässe dermaßen hoch sind, dass man für relativ wenig Geld ein relativ gutes Fluggerät bekommt. Europa subventioniert den Flugzeugbau seit Jahren mit Steuer-Milliarden, und keiner scheint sich daran zu stören. Wichtig ist für Politiker jeglicher Couleur schließlich einzig und alleine die Arbeitsplatzbeschaffung, respektive dessen Erhalt. Bundeskanzlerin Angela Merkel, die machtorientierte Mitverwalterin des gigantischen sozialstaatlichen und finanzpolitischen Experiments (EU), ist ein bezeichnendes Beispiel dafür, denn die nächsten Wahlen stehen immer vor der Tür.

Bei den Amis läuft es natürlich ganz ähnlich. Nur vielleicht etwas „ehrlicher", denn Boeing ist heute in erster Linie ein großer Rüstungsbetrieb und bekommt milliardenschwere Staatsaufträge aus dem In- und Ausland. Da ist es naheliegend, dass Gelder und Knowhow in die Entwicklung von Passagierflugzeugen einfließen können und es auch tun. Als Pilot ist man entweder Airbus-

oder Boeing-Fan. Je nachdem, was man gerade fliegen darf. Und vor allem, von welcher „Flugzeug-Größe" man kommt. Das heißt, wenn ich von einer relativ kleinen Boeing B737 (ca. 150 Sitze) auf den wesentlich größeren Airbus A330 (ca. 280 Sitze) aufsteige, dann ist plötzlich Airbus das beste Flugzeug für mich.

Wenn ich später von diesem Airbus A330 auf die wesentlich größere Boeing B777 (ca. 100 Tonnen mehr) aufsteige, dann ist plötzlich Boeing das höchste meiner Gefühle. Size matters. Größe zählt. Dieses „meiner ist größer als deiner" legt sich erst, wenn man vorne links als Kapitän in der B747 sitzt. Oder eben in der A380. Auch dafür haben die Psychologen bestimmt tausend Erklärungen parat. Und wenn wir schon über Größe sprechen: Airbus sagt, dass ihr A380 bis zu 800 Passagiere befördern kann. Ist ja toll, aber eben überhaupt nichts Neues, denn schon in den 1970er Jahren hatte ein Boeing Jumbo-Jet über 1000 Menschen aus einem Krisengebiet in Afrika ausgeflogen. Und war gewichtsmäßig nicht mal überladen!

Größer, schneller, weiter etc. Wie groß soll denn das nächste große Flugzeug sein. 100 Meter? Ist dieser Wettlauf überhaupt noch zeitgemäß? Lassen wir uns davon immer noch beeindrucken? Ich jedenfalls nicht, denn persönlich wünsche ich mir Flugzeuge, die bedeutend weniger Sprit verbrauchen und weniger Lärm verursachen. Eben umweltverträglicher sind. Wir gehen schließlich warmen Zeiten entgegen. Oder doch kalten?

Versuchen wir trotzdem einen Vergleich zu machen: wir haben in meiner Firma Piloten, welche von der Boeing B747-400 auf den (kleineren) Airbus A340 wechseln mussten. Ein Karriere-Knick, denn der Airbus verfügt über sehr viel kleinere und schwächere Triebwerke, ist um einiges langsamer und wird mittels Sidestick, dem fly-by-wire System gesteuert. Mit Wehmut erinnern sich diese Piloten an den Jumbo. Da hatte man noch was in der Hand! Ob das nun Macho-Getue ist oder nicht spielt weniger eine Rolle. Tatsache ist, dass sich die Piloten bedeutend wohler fühlten, als sie nach drei Jahren wieder zurück auf den Jumbo durften.

Ich selber hatte schon einige Male die Gelegenheit, den Airbus A340 in unserem firmeneigenen Flugsimulator zu fliegen und hatte auch schon ein paar Jumpseat-Flüge (dritter Sitz im Cockpit) in anderen Airbus-Modellen gemacht. Es machte mir einfach sehr viel weniger Spaß, als eine Boeing zu fliegen. Da können mir die Airbus-Ingenieure noch so viel über automatische Pilotenkontrolle und so weiter erzählen; Fakt ist, dass wenn man Spaß am Flugzeug hat, man automatisch auch ein besserer Pilot ist. Aber auch dafür werde ich ihnen den wissenschaftlichen Beweis schuldig bleiben.

Ein Porsche ist eben ein Porsche, ein Ferrari ist ein Ferrari. Genauso beim Jumbo. Da wird auch die hässliche, dicke, neue A380 von Airbus (beeindruckende 80 Meter Spannweite) nicht viel ändern können. Schade, denn von den Franzosen erwartet man eigentlich, dass sie schöne Flugzeuge bauen. Man denke an die Concorde, Caravelle, Mirage oder an die Falcon-Jets.

Die A380 ist in der Tat ein großes Flugzeug. Vollbeladen ist sie etwa hundert Tonnen schwerer als der neue Jumbo B747-8. Das ist eine ganze Menge. Das ist soviel wie das Gesamtgewicht einer B757 oder eines A321. Beides Flugzeuge mit einer Kapazität von fast 200 Passagieren. Dummerweise ist aber vor allem das Leergewicht des „Super-Airbus-Jumbo" A380 viel zu hoch geraten. Das macht ihn äußerst ineffizient, sprich teurer im Flugstundenpreis. Die Standardausführung des A380 hat 550 Sitzplätze (Jumbo 450) und kann maximal mit bis zu 800 Stühlen (Jumbo, Kurzstreckenversion bis 700) ausgerüstet werden. Da gibt es ein Problem. Oder besser gesagt, viele Probleme. Das fängt bei den Flughäfen an. Sie wurden damals für die Boeing 747 ausgelegt und haben ihre

Infrastruktur für maximal 450 Passagiere gebaut. Jetzt stehen plötzlich 550 bis 800 Leute beim Gate und wollen gleichzeitig einsteigen. Da heißt es erst einmal warten. Und wer wartet schon gerne. Dasselbe erwartet den müden Fluggast, wenn er sein Gepäckstück nach dem Flug abholen will. Jeder steht zuvorderst am Förderband und wartet auf sein Gepäck. Diese Förderbänder werden wohl kaum vergrößert, nur weil ab und zu mal ein A380 vorbeischaut.

Es könnte auch durchaus sein, dass die Passagiere in Zukunft zuerst schauen, ob sie vielleicht mit einem anderen Flugzeug-Typ von A nach B kommen. Es waren bisher jedenfalls nur sehr wenige Flughäfen bereit, die notwendigen Millionen-Investitionen auf sich zu nehmen, nur weil sich eine Handvoll Airlines den A380 angeschafft hat.

Das ist der nächste Punkt. Bisher wurden ja nur etwa zweihundert Flugzeuge dieses Typs bestellt. Seit Jahren gingen keine wesentlichen Neubestellungen mehr ein. Ein Viertel des gesamten Auftragvolumens geht auf das Konto eines Prinzen aus dem Morgenland. „Emirates Airlines" und deren charismatischer Besitzer Scheich Maktoum haben sich den Euro-Jumbo für teilweise weit unter fünfzig Millionen Euro das Stück unter den Nagel gerissen. Wahrlich ein Schnäppchen, denn der Listenpreis liegt heute bei über zweihundert Millionen Euro! „Superdiscount pour le Superjumbo."

Ach ja, die Differenz zahlt wieder der, richtig, EU-Steuerzahler. Und das ganze nur, um das größte Flugzeug der Welt zu bauen?

Mittlerweile ist der neue und modernere Boeing 747-8 „Jumbo-Jet" ja sogar ein paar Meter länger als der europäische Superjumbo. Die ganze Arbeit also für die Katz?

Die vorwiegend französisch/deutsche Firma Airbus verliert mit diesem Prestige-Objekt A380 Geld. Sehr viel Geld. Um die zwölf Milliarden Euro Entwicklungskosten wieder einzuspielen, müssten in den nächsten zehn Jahren mindestens fünfhundert Flugzeuge für zweihundert Millionen Euro das Stück verkauft werden. Daran glauben nicht einmal mehr die kühnsten Zahlenakrobaten und Analysten von Airbus. Aber man macht trotzdem munter weiter. Man hat schließlich insgesamt über zweihundert (200!) Milliarden Dollar an zinsgünstigen Krediten von der EU erhalten. Die WTO hat diesbezüglich ihren Entscheid gefällt. Die EU wirft ihrerseits den USA vor, mehr als dreihundert Milliarden Dollar an Subventionen, respektive zinsvergünstigten Darlehen erhalten zu haben. Auch aus dem Steuertopf notabene. So macht Monopoly spielen natürlich Spaß.

Die anderen Airbus-Mitgliedstaaten innerhalb Europas führen seit jeher ein Schattendasein. Großbritannien hat dies eingesehen und hat sich kurz vor dem A380-Startschuss aus dem Abenteuer zurückgezogen und ihren zwanzig Prozent Aktien-Anteil zu einem Traumpreis veräußert. Der Deal der smarten Briten beinhaltete, dass sie die Flügel und weitere Komponenten trotzdem weiterhin bauen dürfen. Politik ist eben alles.

Über viele Jahrzehnte hinweg war Boeing der weltweite Marktführer für Passagierflugzeuge. Seine Mitbewerber waren McDonnell Douglas und Lockheed. Anfang der Siebzigerjahre setzte sich in Europa der Wunsch durch, etwas von diesem riesigen Kuchen abzuschneiden. Mit Hilfe von verschiedenen Staaten und speziell des flugfanatischen damaligen Bayrischen Ministerpräsidenten Franz-Josef Strauss wurde die Airbus GmbH ins Leben gerufen. Eine lose Gemeinschaft von hauptsächlich vier staatlichen Flugzeugbauern. Ziel war es, Boeing Paroli zu bieten. Airbus war viele Jahre ziemlich erfolglos und konnte nur durch massive Steuerspritzen am Leben gehalten werden. Bis den Europäern endlich der große Wurf gelang. Die A320. Ein 150-plätziges Kurzstreckenflugzeug, welches die äußerst erfolgreiche amerikanische Boeing 737 konkurrenzieren würde. Mit damals revolutionärer Technik im Bereich der Flugzeug-führungs-Systeme versuchten die Airbus-Ingenieure die Airlines von ihrem Produkt zu überzeugen. Die Piloten wehrten sich anfangs erfolgreich gegen diese neuartige und unausgereifte Technik. Der Grund: anstelle des ge-wohnten Steuerhorns war plötzlich ein kleiner Sidestick zur Steuerung des Flugzeugs angebracht. Fly-By-Wire oder eben „Fliegen mit Hilfe von elektronischen Einga-ben." Die Airbus-Ingenieure nahmen den Piloten das wichtigste Instrument weg. Das Steuerhorn. Es ist quasi so, wie wenn man einem Formel-1 Rennfahrer das Lenk-rad durch eine Tastatur ersetzt! Boeing und Airbus hatten zuvor schon einen großen Schritt in Sachen Computer-unterstützung getan und ihre B767 und A310 mit Bild-schirmen und Flight-management-Systemen bestückt. Airbus wollte durch die Kombination von Sidestick und Computertechnik die Flugsicherheit und Effizienz der Flugzeuge erhöhen. Am liebsten hätten sie ganz auf die Piloten verzichtet. Anfangs ging für sie der Schuss fast nach hinten los. Bei einer Vorführung anlässlich einer Flugshow im Elsass versagte die wichtige Schnittstel-le Computer/Mensch kläglich und die nagelneue A320 stürzte vor den Augen tausender Zuschauer in den Wald. Wie durch ein Wunder überlebten die meisten Passagie-re. Kurze Zeit später krachte bei Strassburg eine weite-re A320 einige Meilen vor der Piste in den Boden und ging in Flammen auf. Fast alle Passagiere starben. Das war ein herber Schlag für Airbus. Sogar eine der besten Airlines der Welt, die Deutsche Lufthansa, crashte einen Airbus A320 in Warschau, weil die Elektronik versag-te, respektive die Piloten nicht genau wussten, was das Flugzeug machte ...

Viele Piloten weigerten sich nun vehement, auf einen Airbus umgeschult zu werden. Es dauerte seine Zeit bis Airbus ihr System in den Griff bekam und das Vertrauen der Airlines wieder fand. Dank Tiefstpreisen wurde das Geschäft wieder angekurbelt und heute ist dieses Modell von Airbus absolut konkurrenzfähig. Durch die fetten Gewinne wurde Airbus leider etwas übermütig. Sie peilten die Oberklasse der Passagierflugzeuge an. Die Widebodies, die Großraumflugzeuge. Damit war viel mehr Geld zu machen. Kein Wunder, bei Verkaufspreisen von über hundert Millionen Euro. Speziell für die Manager war diese Art von Geld machen lukrativ. Bei einem Flugzeug-Verkauf spielt naturgemäß der Preis eine entscheidende Rolle. Wenn es um so viel Geld geht, ist die Gefahr groß, dass Kickbacks verteilt und auch angenommen werden! Kickbacks sind wie schon gesagt Discounts, Prozentchen, oder einfacher gesagt Schmiergelder. Bei einem Prozent pro Airbus oder Boeing kann ein bis dato kleiner Manager also durchaus Millionär werden … Wenn man nun bedenkt, dass eine Airline meist zehn oder mehr Flugzeuge bestellt, ist es einleuchtend, dass manch standfester Manager schwach wird. Und die Rechnung zahlt dann wieder, richtig, der Kunde, der Steuerzahler oder eben der Aktionär. Wie gesagt wurde Airbus übermütig und versuchte mit der A380 das Territorium des Jumbo-Jets anzugreifen. Airbus setzte alles aufs Spiel und begann den Superjumbo zu bauen. Sehr schnell erkannte man, dass es kein Spaziergang werden würde. Um dieses Produkt gewinnbringend auf den Markt zu bringen prognostizierte Airbus den Verkauf von achthundert Einheiten. Die Führungsriege machte sogar einen Markt von über eintausendzweihundert Flugzeugen dieser Größenordnung aus. Boeing hingegen errechnete maximal fünfhundert Flugzeuge für die nächsten fünfzehn Jahre. Deswegen sahen sie sich auch nicht veranlasst, diesen Wettbewerb mitzumachen. Mit Recht, denn Airbus konnte bislang nur gerade mal diese zweihundert Flugzeuge absetzen. Tendenz stark rückläufig.

Nachdem die Serienproduktion 2006 angefangen hatte ist über ein Jahr lang kein einziger A380 mehr verkauft worden. Im Gegenteil. Einige Firmen haben es sich anders überlegt und haben die Riesendinger abbestellt, weil Airbus unter anderem die Liefertermine nicht einhalten konnte. Erschwerend kam dazu, dass das Leergewicht des Riesen viel zu hoch ausfiel und damit die Effizienz stark verminderte. Zusätzlich waren hunderte Kabel zu kurz geplant worden.

Interne Querelen unter den Franzosen und Deutschen halfen auch nicht besonders, über die technischen Probleme hinwegzutäuschen. Fast die ganze Führungsmannschaft wurde endlich entlassen.

Zu hoffen bleibt aber, dass Airbus diese Katastrophe nicht noch das Genick bricht, denn Konkurrenz belebt bekanntlich den Markt und schafft neue, zeitgemäße Produkte. Und die kommen vor allem uns Piloten und natürlich auch den Passagieren zugute.

Offensichtlich reicht die B747 vollkommen aus. Boeing investiert stark in den Markt für 250-350 Passagiere, mit sehr viel Erfolg. Neuste Materialien und Technologien werden dabei eingesetzt. Gewicht und somit Sprit sparen ist die Maxime. Airbus würde auch gerne in diesem Segment mitmachen, doch dummerweise hat das Prestige-Projekt „Superjumbo" A380 eine Unmenge von Geld verbraten. Geld, welches jetzt dringend gebraucht würde um neue Produkte wie zum Beispiel den A350 zu entwickeln.

Es ist natürlich unschwer zu erkennen, wie ich „meine 747" verteidige. So hatte das Schweizer Fernsehen im Jahr 2000, beim Ausscheiden der wirklich alten Boeing 747-300 aus der Flotte der mittlerweile verblichenen Swissair, den etwas indifferenzierten Satz ausgestrahlt: „Der altmodische Jumbo-Jet macht den topmodernen Airbussen Platz." Peng! Seither muss ich bei jeder Gelegenheit auf die Frage, ob denn der Jumbo-Jet immer noch gebaut wird, antworten: „Ja, denn die neue Boeing B747-8 ist ein absolut topmodernes Flugzeug, welches mit dem alten Swissair-Jumbo nicht viel gemein hat. Außer, dass er ähnlich aussieht. Doch nur wenige, erfolgreiche Airlines können es sich aber heute leisten, ein zweihundert Millionen Euro teures Fluggerät gewinnbringend einzusetzen."

Und außerdem will ich ja schließlich keine alte Kiste fliegen. Tatsache ist aber, dass Airbus mit ihrem vermeintlich moderneren „fly-by-wire" Produkt kein bisschen mehr an Flugsicherheit oder Wirtschaftlichkeit hervorzaubern kann.

Boeing hingegen geht in seinen Konstruktionen den etwas konservativen Weg „never change a winning team". Mit offensichtlich sehr großem Erfolg.

Doch bei technikverrückten Flugzeugfans (nicht bei Piloten) zählt nur, wer denn das Letzte an Computertechnik im Cockpit eingebaut hat. Für uns Piloten hingegen spielt das, ob wir nun Airbus oder Boeing fliegen dürfen, eine sehr untergeordnete Rolle. Wichtig ist, dass alles funktioniert.

In diesem Zusammenhang ist es vielleicht interessant festzustellen, dass in den letzten zwanzig Jahren nichts wirklich Revolutionäres in Sachen Cockpit Layout oder Systemverbesserung geschehen ist. Vielleicht mit Ausnahme von zwei Neuerungen, welche entscheidend zur Flugsicherheit bei-getragen haben. Es sind dies das GPWS und das TCAS. Das GPWS (Ground Proximity Warning System) heißt übersetzt etwa Boden-Annäherungs-Warngerät. Es warnt den Piloten, wenn er aus Versehen zu nahe an einen Berg heranfliegt oder wenn er zum Beispiel die Landeklappen in Bodennähe zu weit ausfährt, ohne vorher das Fahrwerk auszufahren. Das (E)GPWS ist die verbesserte Version und beinhaltet eine Database der gesamten Erde, mitsamt den Bergen und Hügeln, aber auch mit den großen Gebäuden, Antennen und Brücken, welche im Anflugsektor ein Hindernis sein könnten. Fliegt man zum Beispiel bei Nacht und Nebel im Sinkflug in Richtung eines Berges, ertönt im Cockpit eine synthetische Frauenstimme mit der unmissverständlichen Aufforderung „Pull up, Pull up". Man tut dann gut daran dieser Dame zu gehorchen, und die Flugzeugnase gen Himmel zu richten, und sich beim zweiten Versuch etwas mehr zusammenzureißen.

Das TCAS (Traffic Control and Avoidance System) bedeutet übersetzt etwa Verkehrsüberwachungs-Gerät. Auf dem Navigationsbildschirm wird jedes andere Flugzeug mittels eines Punktes und der Höhendifferenz zum eigenen Flugzeug angezeigt. So sehen wir Piloten, was um uns herum geschieht. Sind zwei Flugzeuge auf Kollisionskurs, rechnen die Computer beider Flugzeuge aus, welche Korrektur angebracht ist, um eine Kollision zu vermeiden. Eine Anzeige im künstlichen Horizont gibt dann den Piloten den Befehl, zu steigen, zu sinken oder die Höhe, respektive die Fluglage beizubehalten. Durch den Einbau dieser beiden Systeme hat sich die Flugsicherheit dramatisch verbessert. Ich habe den weitaus größten Teil meiner Karriere in sogenannten Glas-Cockpits verbracht. Das sind moderne Kommandoräume, wo alle Flugdaten, Informationen und Navigationsinstrumente digital oder eben auf „Glasbildschirmen" aufgezeigt werden, und mittels Computertastatur eingegeben, respektive abgerufen werden. Manuelles Fliegen geschieht konventionell mit Steuerhorn und Ruder.

Dabei unterschieden sich Boeing und Airbus lange Zeit nicht wesentlich. Wie gesagt wurden die Airbus-Piloten mit der Einführung des A320 eines wichtigen Teils beraubt. Das Steuerhorn wurde ihnen weggenommen und durch einen Joystick ersetzt. Die Airbus-Ingenieure reizten die vorhandene Computertechnologie bis aufs letzte aus. Die Piloten wurden nicht gefragt, ob sie damit einverstanden wären. Das war ein großer Fehler, denn viele Airlines kauften sich lange keinen Airbus, weil ihre Piloten nicht von ein paar Computern übergangen werden wollten.

Fliegen hat eben nach wie vor etwas mit Machogehabe zu tun. Wenn man jetzt plötzlich ein kleines Hebelchen hat um einen solchen Riesenvogel zu fliegen, hat das tiefgreifende, psychologische Konsequenzen ... Kommt dazu, dass die Situational Awareness (das Verstehen, was die Instrumente mir über meine Position und Lage in der Luft sagen) stark darunter leidet. Dann nämlich, wenn der Autopilot eine Linkskurve einleitet, es man aber kaum wahrnimmt, weil sich der kleine Stick im Autopiloten-Flug nicht bewegt. Beim konventionellen Steuerhorn (Boeing) ist das sehr viel besser gelöst!!! Man sieht sofort, was der Autopilot machen will und kann somit notfalls direkt korrigierend eingreifen.

Hier ein kleiner Gratis-Tip an die Airbus-Ingenieure: Gebt den Piloten wieder ein normales fly-by-wire Steuerhorn und sie werden euch dafür lieben!

Der Airbus-Sidestick: Bewegt man diesen, gehen elektronische Inputs per Stromkabel direkt an die Servos (Hydraulik-Motoren) der Quer-, Höhen- und Seitenruder. Diese bewegen dann die Ruder innerhalb des von fünf Computern berechneten Sicherheitsbereiches (Envelope). Macht der Pilot zu große oder zu schnelle Inputs, zügelt ihn der Computer, um das Flugzeug nicht zu überlasten. Sowas nennt man dann fly-by-wire. Fliegen mit Hilfe von Stromkabeln. Die Airbus-Ingenieure, welche wie gesagt am liebsten Flugzeuge ohne Cockpit bauen würden (es aber nicht können!) behaupten gebetsmühlenartig, dass mit dem Sidestick die Piloten entlastet würden und die Flugsicherheit erhöht würde. Pustekuchen! Fragen sie die Airbus-Piloten.

Außerdem muss sich Airbus gefallen lassen, dass ihre Flugzeuge relativ oft von sogenannten Blackouts der

Bildschirme betroffen sind. Totalausfall praktisch aller (!) für das Fliegen notwendigen Informationen. Die Piloten mussten wiederholt für einige Minuten mit drei klitzekleinen Notinstrumenten die Fluglage, den Kurs, die Geschwindigkeit und die Höhe halten bis, ach Wunder, nach und nach Teile der Bildschirme wieder brauchbar wurden. Davon hört man in der Presse selten. Sowas ist mir persönlich auch schon passiert. Und zwar auch auf einem französischen Jet.

Während Airbus anfangs der Jahrtausendwende den amerikanischen Jumbo angriff, sonnten sich die Boeing Manager in ihrem Erfolg. Mit dem Verkauf von über eintausenddreihundert Boeing 747 haben sie sich ein gesundes Fettpolster geschaffen. Und wie die alten Römer wurden auch sie träge und selbstgefällig. Die Europäer wurden bestenfalls belächelt, wenn nicht sogar ignoriert.

Die Flugzeugbauer aus Seattle wurden völlig überrascht in ihrem Glauben, dass niemand ihr größtes Produkt gefährden könnte. Nun, mittlerweile ist Boeing aus dem selbst-herrlichen Dornröschen-Schlaf erwacht und hat in schierer Verzweiflung gewaltig zurückgeschlagen. Der Rüstungskonzern stand vor der Frage, die zivile Flugzeugproduktion aufzugeben oder den Spieß wieder umzudrehen.

Und wie sie ihn umdrehten! Mit dem absolut neuen Boeing 787 Dreamliner haben sie einen offenbar konkurrenzlosen, modernen Airliner konstruiert. Die hohen Verkaufszahlen sprechen für sich. Noch bevor das erste Flugzeug ausgeliefert wurde, waren die Auftragsbücher zum Bersten voll. Sechshundert B787 wurden schon vor dem Erstflug verkauft. Aber auch Boeing kochte nur mit Wasser, denn die Auslieferung verspätete sich genau so wie bei Airbus.

Nun musste sich Airbus seinerseits gefallen lassen, dass sie ein veraltetes Produkt anbieten. Da half auch der Verzweiflungsakt der A350 nicht viel. Sie haben es verpennt.

Der ewige Krieg zwischen neuer und alter Welt hat so seine Fortsetzung bekommen. Im Moment ist Boeing wieder in Führung. Aber die Europäer lassen sich bestimmt nicht in die Ecke treiben. Prestige um jeden Preis, solange der EU-Bürger weiterzahlen kann.

Also, welches ist nun das bessere Flugzeug?
Airbus? Boeing?

Besser machen als ...

Als ich noch ein junger Copilot war schwor ich mir, wenn ich denn mal Kapitän werden sollte, dass ich nicht die gleichen Fehler wie viele meiner damaligen Captains machen würde. Ich würde nie ein böses Wort zu meinen Mitarbeitern sagen. Schlechte Laune würde ich nie zeigen und den Stewardessen würde ich immer hilfreich zur Seite stehen und nicht allzu oft einen Kaffee bestellen. Ich würde sie als gleichwertige Crewmitglieder behandeln. Ich wollte auch sehr tolerant sein. Und tolerant wird man bekanntlich dann, wenn man selber Fehler macht. Und als Copilot machte ich viele davon.

Wieviel ich von meinen hehren Vorsätzen in mein jetziges Kapitäns-Leben hinüberretten konnte, muss ich offenlassen. Tatsache ist aber, dass die Erde sich in der Zwischenzeit ein paar Mal gedreht hat und sich die Einstellung der heutigen Generation Copiloten und Stewardessen zur Fliegerei sehr stark verändert hat. Das hat leider vor allem mit der geforderten Qualifikation der Stewardessen und vor allem mit der schlechten Bezahlung der Copiloten zu tun. In meiner Firma verdient ein Copilot etwa die Hälfte eines Kapitäns. You get what you pay. Und wenn man nicht das Glück hat, einen Job in Asien zu bekommen, dann bleibt man auf einer B737 oder A320 bei einem Billigflieger sitzen und kommt auf maximal 7000 Euro als Captain (Ausnahmen easy-Jet, Ryanair) vor Steuern.

Damals, während meiner Zeit im Büro als Maschinen-Konstrukteur, machte ich eine spezielle Erfahrung mit meinem Boss. Es hatte die ganze Nacht geschneit und auf meinem Weg zur Arbeit herrschte ein Riesenchaos. Natürlich kam ich zu spät zur Arbeit. Mit schlechtem Gewissen trat ich meinem Chef unter die Augen und begann mich für die Verspätung zu entschuldigen. Er winkte lächelnd ab und meinte; an einem Tag wie heute versuchen nur dumme Leute pünktlich zu sein!

Ich war ziemlich überrascht. Was wollte er mir damit wohl sagen? Um pünktlich zu sein hätte ich viel riskieren müssen (oder sehr viel früher aufstehen müssen). Und es war gut, es nicht zu tun. Auf meinem Arbeitsweg begegnete ich drei Auffahrunfällen. Sie alle kamen zu spät zur Arbeit ...

Ich realisierte, dass manchmal allgemein akzeptierte, traditionelle Regeln, wie zum Beispiel pünktliches Erscheinen am Arbeitsplatz, missachtet werden müssen, um eine Situation erfolgreich zu meistern.

In jeder Situation, wo Prioritäten gefragt sind, muss man die relative Wichtigkeit und die Umstände in Betracht ziehen. Man muss zwischendurch auch bereit sein, eigene Regeln zu überdenken oder sie sogar zu ändern.

Ein Beispiel: Nach dem Händewaschen trockne ich sie. Ein-fache Priorität. Haben wir ja schon als Kind gelernt.

Schwieriger wird die Sache mit den Prioritäten, wenn im Flugzeug bei einem plötzlichen Kabinendruck-Abfall in 10 000 Metern Höhe über dem flachen Pazifik oder eben in der Region der über 8000 Meter hohen Berge des Himalayas die richtige Entscheidung getroffen werden muss. Was beim ersten Fall richtig ist kann im zweiten Fall tödlich sein; nämlich unverzüglich auf eine Höhe absinken (ca. 3000 Meter über Meer) wo Atmen auch ohne künstlichen Sauerstoff möglich ist. Deshalb ist es im Himalaya ratsam, zuerst den Bergen auszuweichen und erst dann auf die 3000 Meter abzusinken. Dazu braucht man lange, bevor man die Berge überfliegt, eine klare Strategie. Eine Strategie, um genau herauszufinden, in welche Richtung beim Überfliegen der Berge bei besagtem Kabinendruck-Abfall ausgewichen werden muss, damit man so schnell wie möglich auf diese für die Passagiere lebensnotwendigen 3000 Meter absinken kann. Im Gegensatz zu den Masken im Cockpit verfügen die Sauerstoffmasken der Passagiere nämlich nur eine gewisse Zeit ausreichend Atemluft ... Überrascht? Auch würde der niedrige Luftdruck in der Kabine vielen Menschen sehr zu schaffen machen.

Menschen tendieren in Momenten von Stress, Gefahr oder zu hoher Arbeitslast zu verzweifeln. Bemerkbar beim sogenannten Tunnelblick. Man nimmt nur noch sehr selektiv wahr und verliert bisweilen den Überblick.

Angenommen ein frischgebackener Copilot fliegt einen ihm unbekannten Flughafen an. Irgendwann ist ja immer das erste Mal. Das Wetter spielt verrückt und zu allem Überfluss versteht er den spanischen Fluglotsen nicht richtig. Als Kapitän gehört es zu meinen Aufgaben, meinen Copiloten zu beobachten. Hat er alles richtig verstanden? Hat er die Strategie für den Anflug wirklich begriffen oder hat er einfach nur genickt? Deshalb ist es für mich wichtig, herauszufinden, wann er die Grenze zur Überforderung erreicht hat. Dann gilt es, den Copiloten zu beruhigen und gegebenenfalls „zurückzuholen".

Dabei gilt es auch, eine möglichst relaxte Atmosphäre (glaubhaft) zu verbreiten. Das darf durchaus auch mit einem kleinen Scherz geschehen. Ich zum Beispiel frage dann lächelnd meinen schwitzenden Kollegen auf dem rechten Sitz: „Are we having fun?" (haben wir Spaß?) Diese völlig unerwartete Frage bringt praktisch jeden kurzfristig überforderten Copiloten aus seinem Teufelskreis heraus, und er beginnt wieder klar zu denken.

Mit dieser lapidaren Frage signalisiere ich zwei Dinge; erstens das Bewusstsein, dass wir in einer für ihn etwas schwierigen Situation sind und zweitens, dass es o.k. ist zuzugeben, am persönlichen Limit angelangt zu sein.

Mit ein, zwei freundlichen Tipps führt man den Partner wieder auf „die richtige Bahn". Das erfordert natürlich einen gewissen Überblick, den man mit den Jahren bekommt. Aber es erfordert auch die Einsicht, dass es meistens nicht nötig ist, das Steuer immer gleich selber zu übernehmen, denn nur so kann der Copilot auch etwas lernen.

Pilotengehälter

Immer wieder im Fokus der Medien ist das angeblich zu hohe Einkommen der Piloten.

Lassen sie es mich so formulieren: Tatsache ist, dass ein junger Copilot als Berufsanfänger nicht mehr oder sogar weniger verdient als ein vergleichbarer Berufsneuling in ähnlich qualifizierten Berufen. Zum Beispiel ein Ingenieur oder ein Arzt. Dies kann man in den Gehaltstabellen der Airlines sehr einfach nachprüfen.

Dass ein Kapitän nach 25 Dienstjahren wesentlich mehr verdient, zum Teil eben doppelt oder dreimal so viel, möchte ich einmal damit begründen: Er wird nicht nur dafür bezahlt problemlos von A nach B zu fliegen. Er wird dafür bezahlt, dass er in einer gefährlichen Notsituation den aufkommenden Belastungen gewachsen ist und genug Kreativität entwickelt, um daraus eine sichere Landung zu produzieren. Und das nennt man dann Erfahrung.

Und wer glaubt, dass in der heutigen, ach so modernen Fliegerei diese Situationen selten sind, dem sei folgendes gesagt: Es gibt kaum einen Flug, bei dem nicht irgendein technisches System den Dienst versagt oder irgendeine vorher unbekannte Größe den Flugverlauf beeinflusst, oder ändert. Es werden damit Entscheidungen erforderlich gemacht, die das Gelingen oder den Misserfolg bewirken. Der Misserfolg endet in unserem Beruf nicht selten tödlich.

Die große Anzahl von Erfolgen aber ist der Maßstab. Und daran gemessen möchte ich behaupten, dass viele Airlines (vor allem kleine) ihren Luftkutschern sogar viel zu wenig bezahlen!

Zusammenfassend kann man sagen, dass die Asiaten etwas besser zahlen als die Europäer und Amerikaner.

Und sie bieten mehr Freitage. Dafür muss man die Sozialleistungen selber übernehmen.

Hier einige Angaben über die Pilotengehälter, welche ich zum Teil von aktiven Piloten persönlich bekommen habe:

Brutto-Lohn in EURO pro Monat nach etwa 15 (Captain) und 5 (Copilot) Dienstjahren in der Firma. Alle Vergütungen sind darin enthalten, außer den Pensionen, welche zum Teil erheblich variieren. Deshalb sind diese Angaben mit sehr viel Vorsicht zu genießen!

Fluggesellschaft	Captain	Copilot	Steuern
SWISS (ex Crossair)	7700,–	5000,–	20%
Austrian	11 000,–	5500,–	40%
Lufthansa	13 000,–	6500,–	50%
United/American	14 000,–	5500,–	40%
Singapore Airlines	10 500,–	4500,–	20%
Air France	15 000,–	9000,–	40%
Emirates	10 000,–	7000,–	0%
SWISS (ex Swissair)	13 000,–	7000,–	20%
Japan Airlines	16 000,–	10 000,–	50%
Cathay Pacific	15 000,–	9000,–	20%

(1 EUR = 1,25 USD = 1,35 CHF)

Und wenn Sie mein Gehalt interessiert, dann fragen Sie mich einfach. Ich werde mir aber erlauben, auch Sie zu fragen!

Warum fliegt ein Flugzeug?

Diese Frage einfach, aber gleichzeitig auch richtig zu beantworten ist schwierig. Es hat immerhin viele tausend Jahre gedauert und viele Abstürze gefordert um es herauszufinden. Lassen sie es mich trotzdem versuchen (die Physiker unter ihnen möchte ich bitten, großzügig zu sein).

Das wichtigste um zu begreifen warum Flugzeuge oder Vögel fliegen ist folgendes; die Luft um uns herum ist eine Masse. Nur können wir sie nicht sehen. Halten sie die Hand bei 80 Km/h aus dem Autofenster und, je nachdem wie sie die Handfläche in den Wind stellen, fühlen sie mehr oder weniger Widerstand. Es ist also „etwas" da. Die Luft. Wenn wir einen Fisch im Wasser beobachten sehen wir, dass er darin „schwebt". Mal rauf, mal runter. Nichts Besonderes. Ähnlich scheint sich der Vogel in der Luft zu verhalten. Der Unterschied von Wasser und Luft ist, ganz grob, dass Wasser sich nicht zusammendrücken lässt und dass man Luft nicht sieht. Wenigstens meistens nicht. Doch fangen wir von vorne an:

Die Flügel:

Es gibt sie in allen Größen und Variationen, je nachdem für welche Geschwindigkeiten sie gebraucht werden. Vielleicht ist ihnen in der Schule schon mal der Name Bernoulli oder Venturi begegnet. Daniel Bernoulli war ein Schweizer Mathematiker, welcher im 18. Jahrhundert eine Entdeckung gemacht hat: Je schneller eine Masse (Luft) sich um ein Objekt (Flügel) bewegt, umso tiefer wird der Luftdruck. Dies wiederum basierte sehr wahrscheinlich auf einer Entdeckung eines schlauen Italieners, Venturi, welcher zuvor bemerkt hatte, dass eine Luftmasse, welche durch ein enges Tal gezwungen wird, an der engsten Stelle die höchste Geschwindigkeit hat. Zum Beispiel in den Föhntälern.

Toll. Und was heißt das nun für die Fliegerei?
Dazu muss man sich den Flügel etwas genauer ansehen.

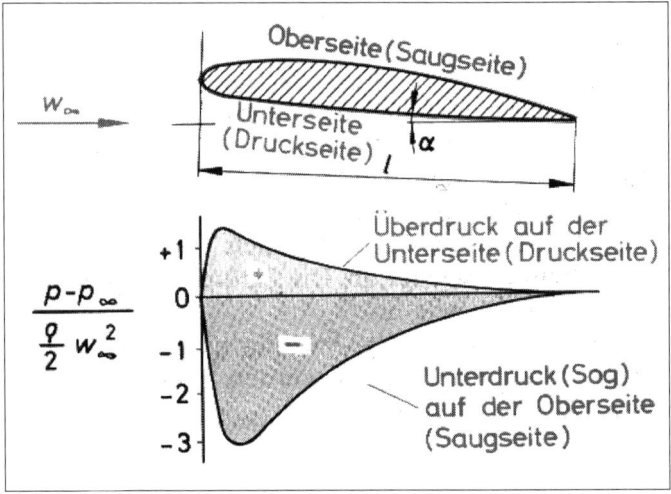

Profil des Flügels, Druckverhältnisse

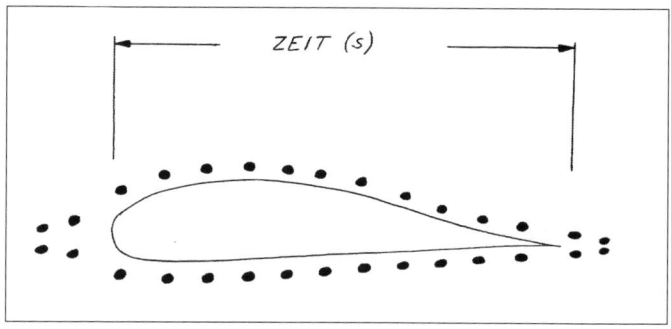

Flügelprofil, Luftmoleküle

Auf dem Bild erkennt man, sehr vereinfacht, dass die Luftmoleküle auf der Flügeloberseite in der gleichen Zeit einen weiteren Weg zurücklegen müssen, um sich hinter dem Flügel mit den Luftmolekülen der unter dem Flügel bewegenden Luftmasse zu vereinen. Ein weiterer Weg in der gleichen Zeit heißt auch, dass sich die Moleküle schneller bewegen müssen. Und das heißt wiederum, dass der Luftdruck tiefer ist und somit den Flügel förmlich hinaufsaugen. So entsteht Auftrieb. Zwei Drittel des Auftriebs werden somit durch den Sog über dem Flügel und etwa ein Drittel durch den Überdruck unter dem Flügel erzeugt. Einfach, oder?

Das erklärt leider noch nicht, warum ein Flugzeug auch auf dem Rücken fliegen kann. Und um die Physiker zu beruhigen: Der Coanda-Effekt spielt auch eine Rolle und auch die Tatsache, dass ein Flügel schlichtweg auf der Luft „reitet" hat sich mittlerweile rumgesprochen.

Versuchen wir der Sache etwas genauer auf den Grund zu gehen. Etwas professioneller. Physikalischer sozusagen.

Der Auftrieb entsteht dynamisch durch Luft, die um die Tragfläche herum strömt. Insgesamt wird die Luft dadurch nach unten gelenkt und der Flügel erhält (nach Newtons drittem Gesetz, Kraft = Gegenkraft) eine nach oben gerichtete Kraft. Diese hält das Flugzeug – entgegen der nach unten gerichteten Schwerkraft – in der Luft. Wenn wir nun die Luftströmung um eine Auftrieb erzeugende Tragfläche im Detail betrachten, stellen wir fest, dass sich die Luft darüber schneller als darunter bewegt. Wie wir gesehen haben geht die Beschleunigung der Luft auf der Flügeloberseite gemäß dem Bernoulli/Venturi-Effekt mit Druckdifferenzen einher; verringerter Druck auf der Oberseite und erhöhter Druck auf der Unterseite. Es zeigt sich, dass der Überdruck an einer typischen Tragfläche eben einen Drittel und der Unterdruck über dem Flügel zwei Drittel des gesamten Auftriebs ausmachen. Die spezielle Form des Profils, dessen Oberseite konvex gewölbt ist, verstärkt den Geschwindigkeitsunterschied zwischen Ober- und Unterseite der Tragfläche. Mit von der Partie ist seit neuesten Erkenntnissen, wie gesagt, der sogenannte Coanda-Effekt. Der beruht auf dem Prinzip, dass Flüssigkeiten und Luft einer konvex gekrümmten Form folgen und nicht senkrecht nach unten „fallen". Die exakte Form (Profil) des Tragflügels ist auch entscheidend für eine laminare bzw. turbulente Luftströmung. Grundsätzlich jedoch erzeugt jede (auch flache) Form einen Auftrieb. Richtig, sogar ein Scheunen-Tor kann man zum Fliegen bringen, sofern man es mit einem Anstellwinkel schräg zur Luftströmung hält und mit einem sehr starken Antrieb bestückt. Beispiele hierfür sind kleine Modellflugzeuge, Papierflieger oder eben die aus dem Autofenster gehaltene Hand. Da die Auftriebserzeugung immer gleich funktioniert (außer vielleicht bei Raketen oder Gewehrkugeln) sind Flugzeuge mit fast allen Flügelprofilen in der Lage, grundsätzlich auch auf dem Rücken zu fliegen.

Entscheidend beeinflusst wird der Auftrieb durch Veränderungen des Anstellwinkels. Dies allerdings nur bis zu einem bestimmten Punkt. Wird dann versucht, den Anstellwinkel noch weiter zu erhöhen, löst sich die Luftströmung von der Oberseite des Profils ab (Strömungsabriss) und das Flugzeug sackt zu Boden.

Auftrieb und Bewegung der Luft noch etwas physikalischer, richtiger und deshalb auch langweiliger formuliert: Die zum Fliegen notwendige Leistung besteht aus den zur Erreichung des Auftriebs und zur Überwindung des Luftwiderstandes notwendigen Teilleistungen. Das heißt: Die nach oben gerichtete Auftriebskraft entspricht der vertikalen Impulsänderung pro Zeiteinheit einer über die Flügelfläche angenommenen Luftmasse nach unten. Die Höhe dieser Luftmassensäule steigt aufgrund der Viskosität der Luft mit zunehmender Geschwindigkeit. Da der Luftmasse durch ihre Beschleunigung nach unten kinetische Energie zugeführt wird, lässt sich darüber die für den Auftrieb notwendige Leistung bestimmen. Die zur Überwindung des Luftwiderstandes des Flügels notwendige Leistung steigt mit steigender Geschwindigkeit in dritter Potenz. Somit ergibt sich für jeden Flugzeugtyp ein Optimum der Reisegeschwindigkeit. Ein Optimum, bei der die Summe beider Leistungsanteile einen minimalen Kerosinverbrauch für die Reisezeit ergibt. Die ökonomischste Geschwindigkeit eben. Bei geringer Reisegeschwindigkeit ist eher die Auftriebsleistung dominant, und deshalb haben langsame Flugzeuge wie Segelflugzeuge oder Propellermaschinen große, gerade Flügel.

Bei hohen Geschwindigkeiten überwiegt die Widerstandsleistung. Deshalb haben schnelle Flugzeuge (Kampfjets) relativ kurze, gepfeilte Flügel. Passagier-Jets müssen sogar in der Lage sein sowohl langsam (Start und Landung) wie auch schnell (Reiseflug) fliegen zu können. Dabei werden die Flügel bei Bedarf mit Hilfe der Klappen vergrößert, respektive verkleinert.

Die Klappen:

Schauen wir uns einen Flügel etwas näher an beobachten wir, dass da überall Klappen vor, über und hinter den Flügeln sind. Das sind sogenannte Slats (Vorflügel) und Flaps (Landeklappen).

Wozu braucht man die? Beim Start und bei der Landung ist das Flugzeug zwangsläufig relativ langsam. Muss es ja sein, denn die Landebahn ist ja nicht unendlich lang und auch die Räder halten nur eine bestimmte Geschwindigkeit aus. Um abheben zu können und auch wieder um relativ langsam auf den Boden zurückkehren zu können braucht das Flugzeug viel Auftrieb. Das heißt große, dicke Flügel. Diese erreicht man, indem man sie vorne und hinten „künstlich" vergrößert. Und zwar aerodynamisch. Ein ausgeklügeltes System von einzelnen Flügelchen innerhalb des Flügels verändert das Profil, um optimalen Auftrieb bei langsamer Geschwindigkeit zu erhalten. Beschleunigt man das Flugzeug im Steigflug, zieht man diese Klappen nach und nach wieder ein und, durch den geringeren Luftwiderstand erhöht man die Geschwindigkeit bis zur sogenannten Reisegeschwindigkeit.

Vor der Landung wiederholt sich dieses Spiel in umgekehrter Reihenfolge, damit das Flugzeug schön „langsam" auf den Boden zurückkehren kann. Bei einem kleinen Vierplätzer sind das etwa 100 km/h und bei einer vollbesetzten B747 können das über 300 km/h sein.

So, nun wissen wir warum ein Flugzeug fliegt. Jetzt wollen wir aber auch bestimmen, wohin die Reise geht. Dazu brauchen wir ein Steuer, ähnlich dem Auto oder dem Schiff. Mit diesem Steuer werden die Quer-, Seiten- und Höhenruder bewegt.

Profilveränderung durch die Flaps

Die Ruder:

Mit Hilfe dieser Ruder wird das Flugzeug um die drei
Achsen bewegt. Um die Längs-, Hoch- und die Querach-
se.

Das Höhenruder:

Es dient, wie der Name schon sagt, zur Veränderung der
Flughöhe. Einfach gesagt; will ich steigen, dann zieh ich
am Steuerhorn und schon zeigt die Flugzeugnase in den
Himmel. Gebe ich gleichzeitig etwas mehr Gas, bin ich
schon in einem Steigflug. Absinken ist einfach umgekehrt.

Die Querruder:

Will ich eine Kurve fliegen, drehe ich das Steuerhorn, ähnlich dem Auto-Lenkrad, in die gewünschte Richtung. Die Querruder an der Flügelhinterkante zwingen so das Flugzeug in eine sogenannte Rollbewegung. Da sich in dieser Querlage der Auftrieb vermindert, ziehe ich ein wenig am Steuerhorn und gebe wiederum etwas mehr Gas um die Höhe zu halten.

Das Seitenruder:

Die Seitenflosse hinten am Rumpf hält das Flugzeug dabei stabil in der Luft. Mit Hilfe des darin integrierten Seitenruders wird die ganze Kurve koordiniert, das heißt, sauber ausgeführt.

Was sich hier bewusst relativ einfach anhört erfordert etwas Übung und Geschick. Um ein kleines Flugzeug alleine zu steuern braucht ein durchschnittlich begabter Mensch etwa 8 bis 10 Stunden Training unter Aufsicht. Keine große Hexerei also, vorausgesetzt man hat zuvor die nötige Theorie gelernt. Interessant in diesem Zusammenhang ist die oft gestellte Frage, ob denn ein Pilot eines kleinen Privatflugzeugs notfalls in der Lage wäre, einen Passagier-Jet zu landen. Um es vorneweg zu nehmen, sie ahnen es: Natürlich nicht! Was einige Flugsimulatorfreaks und Privatpiloten nicht daran hindert, es jedem der es hören möchte, anders zu erklären ... In gewissen Internet-Foren träumen diese Heimcomputer-Kapitäne heimlich davon, dass auf ihrem Low-Cost-Städteflug die gesamte Crew an der ach so häufigen Fischvergiftung stirbt und sie nun als Retter der Situation in Aktion treten dürfen und endlich am richtigen Flugzeug beweisen dürfen, was sie können. Sie haben schließlich tausende Stunden an ihrem PC verbracht und haben ihr Computerprogramm auch schon ganz ordentlich im Griff. So ordentlich, dass es sie in den Zustand versetzt, auch das richtige Flugzeug mittels Autopilot zu einer sicheren Landung auf einem Flughafen zu bringen.

Ich selber schaue ab und zu ins „www.flightforum.ch" rein. Grundsätzlich bekommt man hier sehr viele Informationen über die Privatfliegerei. Nur sind dort leider auch einige Möchtegern-Kapitäne am Werk, welche es sich zur Aufgabe gemacht haben, unseren Job als Piloten zu relativieren, respektive unsere Arbeit zu verniedlichen. Damit können und müssen wir natürlich leben. Die Moderatoren in diesem Forum sind äußerst tolerant mit diesen Individuen. Jeder darf seine Meinung haben und diese natürlich auch äußern. Nur darf man nicht vergessen, dass die Hersteller dieser Software-Programme für Heimwerkerpiloten die Absicht haben, möglichst viele ihrer teuren Flugsimulator-Programme zu verkaufen. Um dies zu tun, haben sie das ganze so stark vereinfacht, dass jeder durchschnittlich begabte Freizeit-Kapitän das Spiel innert kürzester Zeit beherrschen kann. Und ihn natürlich dazu verleitet, auch einen Airbus notfalls sicher zur Landung zu bringen.

Das Triebwerk

GE B747 Jumbo-Triebwerk (26 Tonnen Schub)

Der Flugzeug-Antrieb
(Motor, Triebwerk, Düse, Jet-Engine)

Um ein Flugzeug in die Luft zu bringen, braucht es einen Antrieb. Logisch, war aber bis etwa 1901 das größte Problem der Pioniere der Luftfahrt. Otto Lilienthals Hängegleiter gab es ja schon und auch das Prinzip des Propellers war bereits erfunden. Aber es gab noch keinen starken Motor, um ihn anzutreiben und somit aus eigener Kraft vom Boden abzuheben.

So war zum Beispiel der offiziell anerkannte Erstflug der Gebrüder Wright im Jahre 1903 nur möglich, weil sie nicht einen, sondern gleich zwei Motoren auf ihr fragiles Fluggerät schraubten. Dieser Hüpfer hätte, gemessen an der Flugdistanz, innerhalb eines Jumbo-Jets gemacht werden können. Gerade mal 50 Meter schafften sie. Aber es war der Anfang. Wer hätte damals gedacht, dass schlappe siebzig Jahre später in einem Flugzeug über 400 Personen bei Kaffee und Kuchen locker 10 000 Kilometer mit annähernd Schallgeschwindigkeit zurücklegen könnten?

Anfangs wurden die Flugzeuge also von Propellern angetrieben. Der Propeller hat ähnliche aerodynamische Eigenschaften wie der Flügel. Durch seine Drehbewegung schraubt er sich gewissermaßen durch die Luft. Propellerflugzeuge sind am effizientesten bei langsameren Fluggeschwindigkeiten. Bis zu einer Speed von etwa 500 Stundenkilometern entfalten die Propeller ihre volle Kraft. Bei höheren Geschwindigkeiten aber geraten die Blattspitzen in den Überschallbereich und die Strömung reißt ab. Deshalb werden Flugzeuge, welche im Nahverkehr (bis ca. 700 km) eingesetzt werden, bevorzugt mit spritsparenden Propeller-Triebwerken ausgerüstet. Der Zeitgewinn mit einem Jet ist auf diesen kurzen Strecken minimal. Tatsache ist aber leider, dass die Passagiere den Propellerflugzeugen weniger Vertrauen schenken als den Düsenflugzeugen. Deswegen werden dummerweise auch auf kurzen Flügen bereits kleine Jets mit nur 50 Plätzen eingesetzt. Ökologisch ein totaler Unsinn. Nur weil Passagiere Propellerflugzeuge mit „altmodisch" und „unsicher" assoziieren, haben die Airlines nachgegeben und setzen auch auf Strecken unter 500 Kilometern Jet-Flugzeuge ein. Nicht nur das; auch die Piloten möchten möglichst schnell vom Propeller- zum Düsentriebwerk wechseln, weil dadurch unter anderem ihr gesellschaftliches Ego befriedigt wird. Obwohl der Unterschied eines Jetpiloten zu einem Turboprop-Piloten sehr klein ist, scheuen vor allem angehende, junge Copiloten keine

Kosten, eigenfinanzierte (Eltern ...) Jet-Typeratings in der Größenordnung von 20 000 Euro zu machen. Nur um „dabei" zu sein im Club der tollkühnsten Luftkutscher.

Will man schneller und vor allem größere Strecken effizient fliegen, braucht man ein Düsen- oder eben Jet-Triebwerk. Das Prinzip dieser Art von Antrieb ist relativ simpel, die Ausführung dagegen sehr komplex. Die Funktionsweise lässt sich in einem Satz etwa so erklären: Viel Luft wird angesaugt, verdichtet, mit Kerosin versetzt zur Explosion gebracht, um mit dem austretenden heißen Abgas-Strahl, welcher unter anderem das Flugzeug nach vorne beschleunigt und eine Turbine antreibt, eine freilaufende Welle oder aerodynamisch die erste Stufe des Triebwerks, zwecks Ansaugen besagter Luft, in Drehbewegung zu versetzen. Puah ... Das ganze bei extrem hoher Drehzahl und schon zischt und dröhnt es gewaltig.

Funktionsweise des Jet-Triebwerkes:
Ein Strahl-Triebwerk ist in der heutigen Form fast immer ein sogenanntes Turbinen-Luftstrahltriebwerk. Um das Prinzip nun etwas genauer zu erklären: Das Triebwerk saugt die Umgebungsluft ein und komprimiert sie in einem Verdichter (Kompressor). In der nachfolgenden Brennkammer wird der Treibstoff (Kerosin) eingespritzt und zum Entzünden gebracht. Diese Verbrennung (Expansion) erhöht die Temperatur und die Strömungs-Geschwindigkeit. Die in diesem Gas entstandene Strömungsenergie wird in der dahinter folgenden Hochdruck-Turbine entladen und in Drehbewegung umgesetzt. Durch eine interne Welle oder eben auch aerodynamisch wird so die erste Stufe des Triebwerks, der sogenannte Fan (Propeller) angetrieben. Genau dieser saugt die Luft wieder an und so geht das Spiel von vorne los.

Ach ja, bevor das Spiel überhaupt los gehen kann, muss das Triebwerk auf eine Mindestdrehzahl beschleunigt werden. Dies geschieht meist mit Hilfe von heißer Druckluft, welche dem Hilfsaggregat (APU, Auxiliary Power Unit) entzogen wird. Für kleinere Triebwerke reicht auch ein Elektro-Starter. Boeing bietet allerdings auch für große Triebwerke (B787) die Möglichkeit eines Elektro-Starts an.

Die Leistungskurve des Strahl-Triebwerks verläuft in etwa logarithmisch, respektive exponentiell. Das heißt, bei 90 % Drehzahl gibt das Triebwerk etwa 50 % Leistung ab. Bei 100 % Drehzahl ergeben sich etwa 100 % Leistung.

Bei Militärflugzeugen (oder damals bei der Concorde) wird zu guter Letzt die heiße, ausströmende Luft nochmals mit Kerosin versetzt und schon haben wir den Nachbrenner, welcher das Flugzeug auf Überschallgeschwindigkeit antreibt. Ein wahnsinnig spritschluckendes, unökonomisches Verfahren.

Der Vorteil eines Strahl-Triebwerkes gegenüber einem Propeller-Triebwerk ist seine Effizienz in großen Höhen (weniger Luftwiderstand und kalte Luft) und seine Zuverlässigkeit. Wenn man sich vorstellt, dass die Motoren bei einem Langstreckenflug bis zu 18 Stunden klaglos ihren Dienst tun und nach der Landung kaum zwei Stunden Verschnaufpause haben, um den Rückflug anzutreten.

Der Nachteil ist der komplizierte Fertigungs-Aufwand und die teuren Materialien.

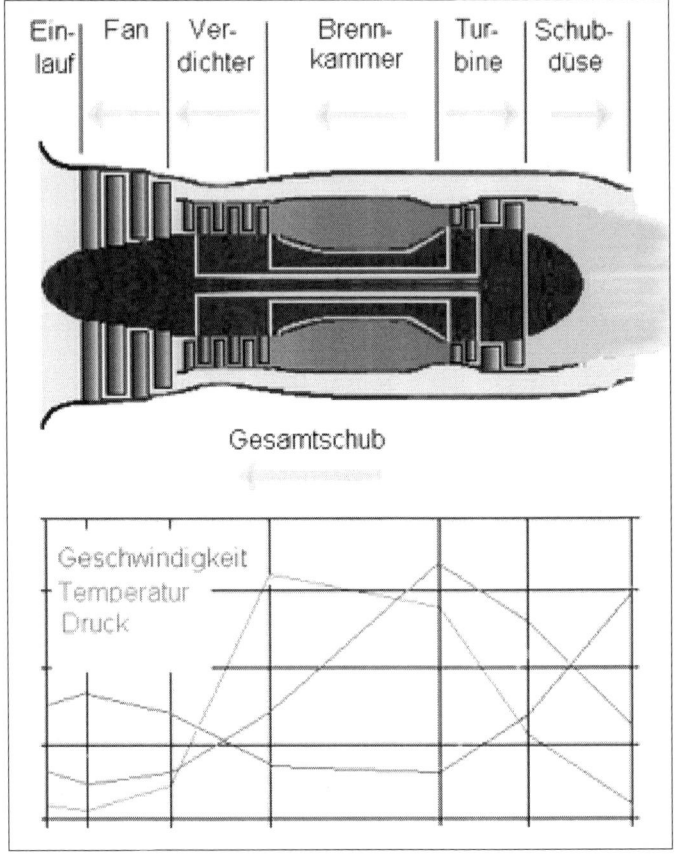

Prinzip der Strahl-Turbine

Die Turbine besteht grundsätzlich aus einer Vielzahl von Turbinenschaufeln, ähnlich einem Wasserkraftwerk und aus einer Brennkammer. Die Schaufeln sind aus hochwertigen Materialien und mit einer extremen Genauigkeit hergestellt. Diese Art von Triebwerk muss bei langsamen (Start, Landung) und hohen Geschwindigkeiten (Reiseflug) eine sehr hohe Leistung abgeben. Dabei sollten der Treibstoffverbrauch, der Lärmpegel und die Wartung möglichst niedrig sein. Zusätzlich muss ein solches Jet-Triebwerk auch robust sein. So robust, dass es einen auf 10 000 Metern fliegenden, großen Zugvogel (das gibt es!) mühelos schlucken kann. Bei Tests am Boden werden fünf Kilo schwere (tote) Fasane mit etwa 700 km/h in die auf Startleistung drehenden Triebwerke „geschossen". Bei der hohen Drehzahl der verschiedenen Turbinenstufen (15-30 000 U/min) werden die Vögel richtiggehend zerhackt. Mit Highspeed Kameras sieht man das sehr eindrücklich (www.youtube.com/engine test birds)

Die Turbinenschaufeln werden normalerweise gekühlt (Innen- oder Film-Kühlung) und bestehen heute aus widerstandsfähigen Superlegierungen. Diese Stoffe werden darüber hinaus in einer Vorzugsrichtung erstarrt, erhalten in ihrem Kristallgitter also eine definierte Richtung und erlauben so, die optimalen Werkstoffeigenschaften entlang der höchsten Belastung (Temperatur, Drehzahl) wirksam werden zu lassen. Zusätzlich wird an besonders kritischen Stellen, etwa der Schaufelvorderkante, der Werkstoff mit keramischen Belägen geschützt. Wegen der hohen Belastung ist dennoch ein Bruch nicht auszuschließen, daher werden die Mäntel von Turbinen mit Kevlar-Matten ausgelegt, um zu verhindern, dass Triebwerksteile tragende Strukturen oder gar den Rumpf beschädigen oder Personen verletzen.

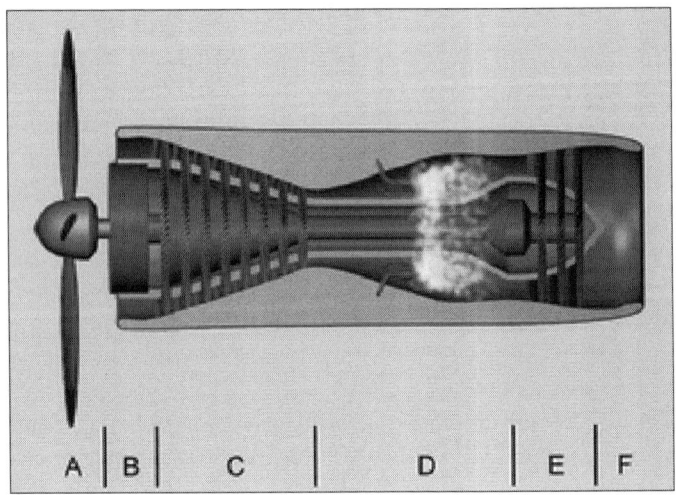

Propeller-Turbine

A = Propeller
B = Getriebe
C = Kompressor
D = Brennkammer
E = Turbine
F = Ausstossdüse

Wie schon erwähnt, haben besonders kleinere Passagierflugzeuge das Turboprop-Triebwerk (Jet-Prop), welches von den Passagieren zu Unrecht nicht sonderlich geschätzt wird. Wie funktioniert es? Nun grundsätzlich ist es dem Strahl-Triebwerk ganz ähnlich, außer dass die Leistung des Motors genutzt wird um eine Luftschraube (Propeller) über ein Untersetzungsgetriebe anzutreiben.

Erste Turboprop-Triebwerke entstanden bereits Ende der 1940er Jahre. Propellerflugzeuge erreichen eine Reisegeschwindigkeit von rund 600 km/h, welche durch verstell-bare Luftschrauben und unterschiedliche Techniken zur Leistungssteigerung der Motoren noch geringfügig erhöht werden kann.

Jedoch ließ sich das Ziel, Flugzeuge zu bauen, die schneller als 800 km/h fliegen konnten, nicht realisieren, ohne eine neue Antriebstechnik zu entwickeln.

Die bereits früh als beste Lösung erkannten Rückstoßantriebe (Jets) ließen sich erst umsetzen, als man genügend Kenntnisse auf den Gebieten der Aerodynamik, der Thermodynamik, sowie der Metallurgie hatte.

Der Engländer Frank Whittle reichte schon 1928 verschiedene Vorschläge zum Bau von Strahltriebwerken ein. Er dachte an ein Antriebssystem, das in einer Höhe von 35 000 Fuß (etwa 11 000 Meter) seine Arbeit verrichten sollte, konnte aber keine Partner dafür gewinnen. Der Schlüssel zu einem verwendbaren Strahlantrieb war die Gasturbine, bei der die Energie zum Antrieb des Kompressors von der Turbine selbst stammte. Die Arbeit an einer solchen integrierten Bauart begann 1930. Whittle reichte entsprechende Patente für einen solchen Antrieb ein, die 1932 anerkannt wurden. Sein Triebwerk besaß eine einzige Turbinenstufe, die einen Zentrifugalkompressor antrieb. Seither hat sich eine Menge getan auf diesem Gebiet. Speziell der Zweite Weltkrieg und der nachfolgende Kalte Krieg trieb die Ingenieure zu immer stärkeren Triebwerks-Typen an. Erst die Ölkrise 1973 veranlasste die Triebwerksbauer, nach ökologisch sinnvolleren Lösungen zu suchen. Heute zeigt die Entwicklungstendenz weiter zum sparsameren, noch effizienteren und „umweltfreundlicheren" Triebwerk. Grundsätzlich zielt die Entwicklung bei zivilen Strahlantrieben auf eine höhere Verdichtung, eine höhere Brennkammertemperatur, ein höheres Bypassverhältnis, eine höhere Zuverlässigkeit und längere Lebensdauer der Triebwerke.

Aktuelle Triebwerkstypen wie das General Electric GE90, das Pratt & Whitney PW4000 oder das Rolls Royce

Trent800 benötigen dabei (pro kN/h Schub) 45 % weniger Kraftstoff als Turbojets der ersten Generation. Also etwa die Hälfte. Der Triebwerksdurchmesser dieser Aggregate erreicht bis zu 3,5 m bei einem Schub von über 500 kN (GE90-115B). Gleichzeitig ist man heute aber beim Triebwerksdurchmesser bei einer kritischen Größe angekommen. Die Enden der Turbinenblätter des Fans erreichen fast Überschallgeschwindigkeit und somit reißt auch hier die Strömung ab, ähnlich dem Propeller.

Auch werden für die Nutzung regenerativer Energien Triebwerke mit Wasserstoff als Treibstoff in Betracht gezogen. Da Wasserstoff jedoch bei Normaltemperatur einen Dampfdruck von über 200 Bar hat, ist dessen Lagerung nur in äußerst massiven Tanks, resp. Druckbehältern möglich. Diese wiederum sind entsprechend schwer und stehen im Widerspruch zum Leichtbau, welcher im Flugzeugbau angestrebt wird.

Atemluft vom Triebwerk:

Die Reiseflughöhe von Passagierflugzeugen ist eine sehr unwirtliche Gegend. In 10 000 Metern herrscht arktische Kälte. Bis zu Minus 70 Grad Celsius. Sauerstoff gibt es da oben auch praktisch keinen mehr. Um sich auf dieser Höhe gemütlich einen Kinofilm anzusehen oder eben einen Martini zu schlürfen muss die Passagier-Kabine kontinuierlich mit frischer, gereinigter Luft aufgepumpt werden. Diese kommt aus dem Triebwerk. Und zwar mit Zapfluft aus dessen Verdichter. Diese heiße, komprimierte Luft wird zuerst abgekühlt, vom giftigen Ozon, welches sich in großer Höhe in der Umgebungsluft befindet, befreit und über die Belüftung in die Kabine gepumpt. Dabei erreicht man einen Kabinendruck vergleichbar mit einer Höhe von etwa 2000 Metern über Meer. Dies entspricht der Höhe eines mittleren Berges und ist somit „überlebbar" für alle Passagiere.

Die Qualität dieser künstlich erzeugten Atemluft ist übrigens entgegen landläufiger Meinung erstaunlich gut. Vergleichbar sogar mit Spital Klima-Anlagen. Nur ist leider die Luftfeuchtigkeit sehr gering (etwa 10 bis 15%). Es wäre technisch machbar, diese Luft zu befeuchten. Macht man aber nicht. Der Grund dafür ist relativ einfach, denn wo es keine Luftfeuchtigkeit gibt, gibt es keinen Rost. Und wer will schon in einem rostigen Flugzeug sitzen? Auch hier geht Boeing in die Offensive und bietet auf den neuesten Modellen (dank neuen Baumaterialien für den Rumpf) eine Luftfeuchtigkeit und Kabinendruck an, welche auf etwa 1200 Metern über Meer anzutreffen sind. Vergleichbar mit einem Luft-Kurort in den Alpen. Das Fliegen wird dadurch insgesamt sehr viel angenehmer und gesünder. Da bleibt noch das Problem der kosmischen Strahlung. Auf großen Höhen, ab zirka 11 000 Metern, erreicht die radioaktive Strahlung aus dem Weltall Werte, die für den Menschen auf längere Zeit schädlich sein können.

Früher stieg ich mit dem Privat-Jet ganz gerne mal bis auf 15 500 Meter. Die Aussicht dort oben ist atemberaubend. Speziell wenn man über die Alpen fliegt. Man sieht zum Beispiel über Basel die ganze Schweiz vom Bodensee bis hinunter nach Genf. Heute bin ich vorsichtiger. Da man mit dem Jumbo meist sehr schwer ist, kommt man zu Beginn des Fluges nur auf etwa 10 000 Meter. Nachdem das Fluggewicht infolge Spritverbrauch abnimmt, steigen wir dann auf maximal 13 500 Meter. In der Regel aber steigen wir kaum höher als 11 000 Meter und bleiben somit unterhalb der gefährlichen Strahlungs-Zone.

Der Künstliche Horizont

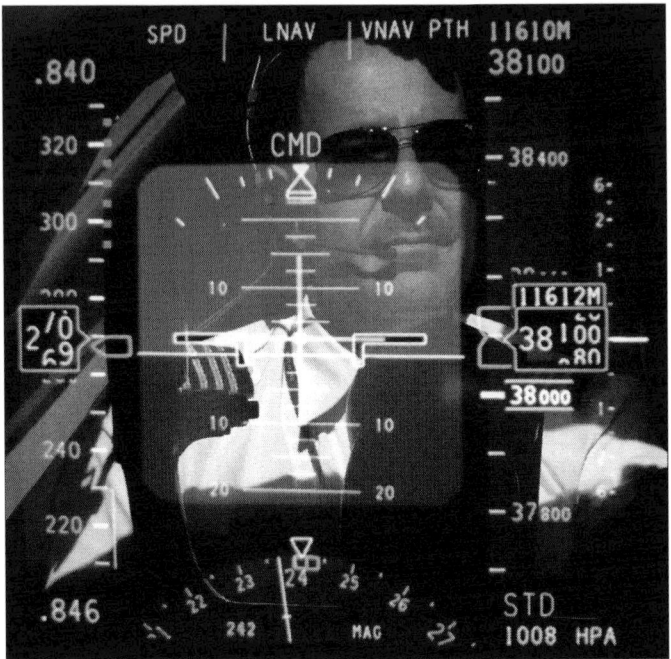

PFD Primary Flight Display, im Reiseflug (B747-400)

Das wichtigste Navigations-Instrument, neben Kompass und Höhenmesser, ist der Künstliche Horizont. Nun, was ist er, und wozu brauchen wir ihn?

Um bei jedem Wetter und auch bei Nacht fliegen zu können, muss man sehen, wie das Flugzeug in der Luft „liegt". Bei Tag und bei schönem Wetter schauen wir einfach aus dem Cockpitfenster und wissen sofort, ob wir geradeaus fliegen oder ob wir eine Kurve machen. Ob wir im Steig- oder Sinkflug sind. Bei Nacht und Nebel wird die Sache schwieriger, respektive unmöglich ohne die Hilfe des Künstlichen Horizontes. Er zeigt uns, wo genau die Linie des Horizontes verläuft. Blau ist der Himmel, braun ist die Erde. Macht doch Sinn. Mit dieser Information sieht man als Pilot quasi durch die Wolken durch. Die Nacht wird so zum Tag. Um dieses Instrument zu beherrschen, sind viele Stunden Simulatortraining erforderlich. Eine Fehlinterpretation des Künstlichen Horizontes ist tödlich. Es bedarf auch nach Erhalt der Lizenz des sogenannten IR oder Instrument Ratings, kontinuierlichen Trainings um in Übung zu bleiben. Deswegen ist diese Art der Fliegerei vorwiegend den Berufspiloten vorbehalten. Sie fliegen fast täglich bei verschiedensten Wetterlagen und bei Tag und bei Nacht. Sie bleiben daher fast automatisch in Übung.

Es gibt auch einige Privatpiloten, welche sich diese spezielle Qualifikation erarbeitet haben. Nur ist es so, dass die meisten von ihnen auch nach vielen Jahren mit einem sehr unguten Gefühl durch die Wolken fliegen. Es fehlt ihnen eben am Training. Und so ist die Unfallursache „Verlust der Orientierung" bei Privatpiloten eher zu finden als bei den Profis. Somit muss ich ihnen gerade hier empfehlen: Sollte ihr Nachbar sie bei Nebel im Winter mit dem Privatflugzeug nach Spanien einladen, vergewissern sie sich, ob er denn auch genügend Erfahrung mitbringt! Das hat wenig mit Misstrauen zu tun. Privatpiloten sind natürlich nicht zwingend Hasardeure. Sie haben aber durchwegs weniger Erfahrung als die Berufspiloten. Auch wenn sie tausend Flugstunden vorweisen können. Kommt dazu, dass sich einige Piloten sogar trauen, mit einmotorigen Kolbenmotor-Flugzeugen die Alpen bei Nacht und Schneetreiben zu überqueren. No risk – no fun!

Wie funktioniert denn nun ein Künstlicher Horizont? Um bei Nebel die „Lage im Raum" festzustellen ist es erforderlich, ein Instrument zu haben, welches uns anzeigt, wo oben und unten ist. Beim Kurvenflug ist „unten" nämlich nicht unbedingt dort, wo das Wasser hinfließt oder wohin der Pendel zeigt. Fliegt man einen Looping, kann das Wasser durchaus „aufwärts" fließen oder der Pendel nach oben zeigen. Das hat mit der Fliehkraft, respektive der Beschleunigung zu tun. Um jetzt aber genau zu wissen, wo der Horizont ist, braucht es die Hilfe des sogenannten Kreisels. Als Kind haben sie damit bestimmt schon gespielt. Ein Kreisel hat gemäß physikalischer Definition das Bestreben, im Raum seine Lage beizubehalten. Dies tut er im Künstlichen Horizont sehr präzise, weil er sich dort drin mit etwa 15–20 000 Umdrehungen dreht.

Der Künstliche Horizont enthält ein Kreiselsystem, welches kardanisch aufgehängt im Raum stabil ist. Das Flugzeug dreht sich gewissermaßen um das Instrument. Bewegt sich nun das Flugzeug in einer Kurve nach rechts, entsteht ein Wert X, welcher auf einer Skala im Cockpit angezeigt wird.

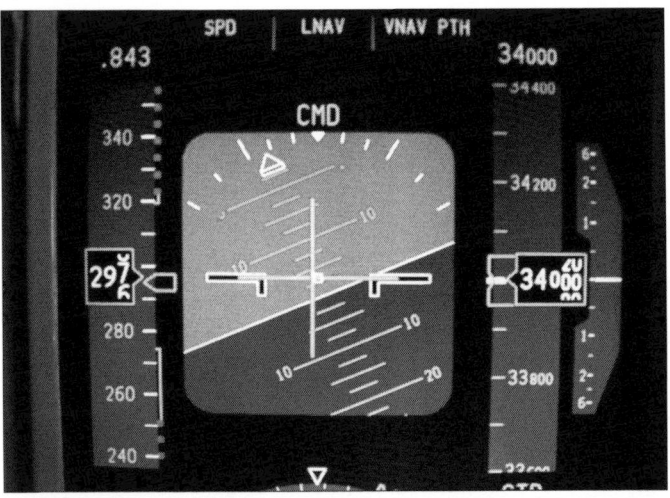

Fluglage in einer Rechtskurve (34 000 Fuss, etwa 900 km/h)

Der Pilot sieht dann sofort: Aha, wir haben etwa 23 Grad Querlage nach rechts und die Nase des Flugzeuges zeigt etwa 3 Grad nach oben. Ein Blick auf den Höhenmesser und auf die Geschwindigkeit gibt ihm dann automatisch den Befehl, etwas mehr Gas zu geben, um die Flughöhe zu halten. Das erfordert, wie gesagt, etwas Übung.

Gerät ein im Instrumentenflug ungeübter Pilot in eine Wolke, dauert es zwischen 10 und 30 Sekunden, bis das Flugzeug unkontrollierbar wird und somit abstürzt. Außer, das Flugzeug ist gut ausgetrimmt. Aber sobald der Pilot das Steuer bewegt, ist sein Schicksal besiegelt ...

Wie gesagt dreht sich das Flugzeug also um das Instrument. Ebenso dreht sich auf langen Flügen aber auch die Erde unter dem Flugzeug (-Instrument) und die Horizontlinie würde sich am Äquator pro Tag einmal vollständig drehen, in höheren Breiten sogar Pendelbewegungen ausführen. Deshalb ist der Horizontkreisel „gefesselt" – eine Masse am unteren Ende der Achse richtet ihn immer wieder auf. Die resultierende Präzessionsbewegung (Abweichung) wird durch die Reibung in der Aufhängung gedämpft, so dass die Achse in einer Spiralbewegung in die Senkrechte zurückkehrt. Langsame Bewegungen wie die Drehung der Erde (15 Grad pro Stunde), aber auch Flüge über längere Strecken (1 Grad pro 60 NM) werden durch die von der Masse ausgehen-de Rückstellkraft kompensiert. Dieser relativ komplexe Mechanismus erlaubt es, auch bei Nacht und Nebel immer genau zu wissen, wo oben und unten ist. Und mit Hilfe des Höhenmessers, des Kompasses und des Geschwindigkeitsmessers kann man durch dichte Wolken und bei stockdunkler Nacht von A nach B gelangen.

Die neuen Kreiselinstrumente werden mit Laser betrieben. Sie heißen IRS (Inertial Reference System) und sind wesentlich genauer und wartungsfreundlicher. In Verbindung mit dem GPS bekommen die Piloten heute extrem genaue Angaben über ihre Position und Fluglage.

Die Druckkabine

Wenn wir unseren Martini auf 10 000 Metern über Meer schlürfen, denkt wohl keiner von uns daran, dass zwanzig Zentimeter von unseren angenehmen 21 Grad und der relativ sauberen Kabinenluft absolut lebensbedrohliche Verhältnisse herrschen. Dort draußen wird es bis zu Minus 70 Grad Celsius kalt, vom 950 km/h Fahrtwind und der kosmischen Strahlung nicht zu reden. Zusätzlich enthält die Luft giftiges Ozon und der Umgebungsluftdruck ist so niedrig, dass unser Körper in kürzester Zeit langsam „explodieren" würde. Wir würden aufgehen wie ein Kuchen. Der Grund ist folgender: Auf Meereshöhe drückt die Atmosphäre, also die Luft über uns mit etwa einem Kilogramm pro Quadrat-Zentimeter auf unseren Körper und natürlich auch auf alle anderen Dinge auf der Erde. Die Luft hat erstaunlicherweise auch ein Gewicht und bei zehn Kilometer Luft über uns kommt da schon einiges zusammen. Das sind also viele Tonnen Außendruck, die auf unserem Körper, respektive unserer Haut lasten. Macht aber nichts, weil der gleiche Druck auch quasi von innen kommt. Als Ausgleich sozusagen. Klingt kompliziert und: ist es auch. Aber daran hat sich der Mensch und alle anderen Lebewesen im Laufe der Jahrmillionen natürlich gewöhnt. Somit ist es für uns schwierig, die Luft um uns herum zu fühlen und sie als Druck wahrzunehmen. Diese Luft ist für uns meistens nicht sichtbar, weil deren Moleküle das Licht weder reflektieren noch absorbieren. Das einzige was wir wirklich wahrnehmen ist die Lufttemperatur. Oder wenn jemand bestimmte Atembeschwerden hat, fühlt er sich auf 1500 Meter über Meer viel wohler als zum Beispiel am Meer. Es hat weniger Luftdruck dort oben. Deshalb verbringen viele Menschen ihren angenehmsten Urlaub in einem „Luftkurort" in den Bergen.

Wie zum Beispiel Marietta und ich. Wir zwei haben das Glück, in einem traumhaften Ski- und Wanderparadies (Flims-Laax, Graubünden) inmitten der Schweizer Berge zu leben. Ich bin mir diese gesunde Höhenluft also gewohnt und muss auch während meiner Arbeitszeit im Flugzeug nicht auf sie verzichten. In der Flugzeugkabine herrscht ein ähnlicher Luftdruck wie wenn ich über die hinter meinem Haus im Fels verankerte Leiter auf meinen Hausberg von 1200 Metern über Meer auf zirka 2000 Meter über Meer klettere.

Einstieg zum Pinut/Flims, für geübte Wanderer, 1200 m ü. m

Zurück zur Druckkabine; um jetzt aber auch auf 10 000 Metern genügend Atemluft zu haben und vor allem auch genügend Druck auf den Körper zu bekommen, haben uns die Flugzeug-Ingenieure die Druckkabine beschert. Das Prinzip ist wiederum einfach, die Ausführung dagegen sehr komplex. Um auf 10 000 Metern die gleichen atmosphärischen Bedingungen zu schaffen wie auf etwa 2000 Metern muss der Flugzeugrumpf, respektive die Kabine mit Atemluft aufgepumpt werden. Dies geschieht, wie erwähnt, mit Hilfe der Luft aus den Triebwerken. Dabei wird die Kabine während des Steigfluges kontinuierlich aufgepumpt. Bei Erreichen der Reiseflughöhe wird die verbrauchte Kabinenluft permanent gefiltert, gereinigt und mit Zapf-Luft der Triebwerke gemischt wieder in die Belüftung abgegeben. Somit entsteht ein Kreislauf, der normales Atmen in einem Flugzeug möglich macht. Nicht schlecht, wenn man bedenkt wo man sich gerade aufhält.

Sollte der Kabinendruck aber, aus welchen Gründen auch immer, abfallen, wird der Pilot das Flugzeug drillmäßig in einem kontrollierten sehr steilen Sinkflug auf etwa 3000 Meter (vorausgesetzt es hat keine hohen Berge) hinunter bringen, wo sie, nachdem sie ihre Sauerstoffmaske wieder abgenommen haben, ihren Martini leertrinken können.

Sie haben vor dem Flug natürlich gut aufgepasst, als die blonde Stewardess sie mit der Bedienung der Sauerstoffmasken vertraut gemacht hat. Es ist der einzige Moment, ihr zuzuhören und weniger auf ihre Beine zu schauen. Allerdings muss ich immer ein bisschen schmunzeln, wenn sie sagt: „Bei einem unwahrscheinlichen Absinken des Kabinendruckes nehmen sie die vor ihnen hängende Sauerstoffmaske, legen sie an und atmen normal weiter …"

Nun, in der Realität sieht das ganze eher so aus: Durch das metergroße Loch im Flugzeug wird die ganze

Luft aus der Kabine gepresst, alles wird in Richtung Loch gesaugt, es herrscht ohrenbetäubender Lärm, die Luft kondensiert und dichter Nebel erschwert das Suchen der Sauerstoffmaske. Dabei wird es innerhalb kürzester Zeit Minus 40 Grad kalt und das Flugzeug befindet sich in einem horrenden Sturzflug! Und sie haben Todesangst.

Was sagte Blondi? Atmen sie normal weiter …!

TCAS und GPWS

Das TCAS:

Eine der wirklichen Errungenschaften der Flugsicher-
heits-Technik ist, wie schon erwähnt, das TCAS, oder
Traffic Control and Avoidance System. Es erlaubt den
Piloten, den unmittelbaren Verkehr um sein Flugzeug
herum digital auf dem Bildschirm zu beobachten. Ist
er auf Kollisionskurs mit einem anderen Flugzeug vergleicht ein ausgeklügeltes Computersystem beide Flug-
zeugwerte und gibt beiden Piloten klare Anweisungen,
zu steigen oder zu sinken. Diesen Anweisungen ist strikte zu folgen. Ohne wenn und aber! Dadurch hat sich die
Flugsicherheit extrem verbessert. War auch nötig, denn
mittlerweile hat sich die Höhenstaffelung der Flugzeuge
von bisher komfortablen 2000 Fuß (650m) auf 1000 Fuß
halbiert. Uns trennen nur noch etwa 300 Meter vom Gegenverkehr! Und das bei Geschwindigkeiten von je 900
km/h. Man begegnet sich also mit der Geschwindigkeit
einer Gewehrkugel.

Zusätzlich erhöht sich der Luftverkehr, speziell in Europa, Asien und den USA jährlich um einige Prozentpunkte.
Da war es unumgänglich, dass auch die Technik Riesen-
schritte machen musste. Seit praktisch alle Passagierflugzeuge mit extrem genauen GPS navigieren gilt mehr
denn je: Rausschauen. Obwohl das Global Positionning
System (GPS) sehr viele Vorteile bietet, hat es einen wesentlichen Nachteil: Es ist so genau, dass sich der Gegenverkehr exakt übereinander begegnet. Da muss nur ein
relativ kleiner Fehler im Einhalten der Flughöhe geschehen und schon knallt es fürchterlich. Es wäre vielleicht
ratsam, die laterale Genauigkeit außerhalb des Flugha-

fengebietes etwas zu verändern, damit die Flugzeuge mit ein paar hundert Metern seitlichem Abstand aneinander vorbei sausen. Irgendwann werden sich wieder zwei Flugzeuge aus „unerklärlichen" Gründen abschießen.

Das GPWS:

Die zweite große Errungenschaft zur Erhöhung der Flugsicherheit ist das GPWS oder Ground Proximity Warning System. Mit dessen Hilfe wird der Pilot vor drohenden Hindernissen wie Bergen oder gar Gebäuden und Brücken (EGPWS) gewarnt und entsprechend beraten, was zu tun ist. Auch dieser Aufforderung muss zwingend gefolgt werden.

Diesem Warnsystem haben tausende Passagiere ihr Leben zu verdanken, ohne dass die Airlines es ihnen natürlich gesagt hätten.

Zum Beispiel bei Nebel. Fliegt ein Pilot bei einem ILS (Instrument Landing System) nicht genau seinem vorgegebenen Leitstrahl Richtung Landebahn, gibt ihm das GPWS klare Anweisung, doch bitte etwas genauer zu fliegen. Folgt er dieser Aufforderung nicht unverzüglich, bekommt er eine weitere, noch schärfere Anweisung, dass er sich dem Boden zu schnell nähert. Spätestens jetzt beginnt auch der kühnste Luftkutscher einen Go-Around (Durchstart) einzuleiten, um sich die Sache noch einmal gründlich zu überdenken.

In Hongkong schaffte es eine „erfahrene chinesische Crew" nachts, ihren nagelneuen Jumbo fünf Kilometer vor der Landebahn auf dreißig Meter über dem Wasser absinken zu lassen!!! Nachdem das EGPWS sämtliche Warnungen abgegeben hatte und der Copilot es endlich wagte, den Kapitän auf seinen groben Fehler aufmerksam zu machen, entschloss sich dieser für einen Durchstart. Wie gesagt dreißig (30!) Meter über den Fischen! Mit 300 km/h!

Die Dunkelziffer dieser Fast-Unfälle kann man nur erahnen. Sie muss aber riesig sein! Und mit zunehmendem Flugverkehr (gepaart mit abnehmender Pilotenqualität) muss man kein Prophet sein, um Schlimmes zu erahnen. Die ersten Jahre nach 9/11 waren reine Glücksache. Weil viele Piloten gefeuert wurden, blieben nur die Erfahrensten im Geschäft. Das half. Zusätzlich wurden die alten, spritsaufenden Flugzeuge verschrottet oder in die Wüste gestellt. Auch das half. Nur ist es heute leider so, dass sich immer mehr Billigfluggesellschaften billige Flugzeuge und billige Piloten anschaffen! You get what you pay. Die Abstürze sind vorprogrammiert. Da helfen leider auch TCAS und GPWS wenig.

Was macht eigentlich der Autopilot?

Douglas DC-6 (späte 1940er Jahre) mit Autopilot

Wir sind an eine Party eingeladen. Und tatsächlich sieht mein Arbeitsplan so aus, dass ich dieses Event gemeinsam mit meiner Frau besuchen kann. Die Stimmung ist gut und wir kennen sogar den einen oder andern. Nach anfänglichem Smalltalk dreht die Diskussionsrichtung meistens in Richtung Fliegerei. Damit wir uns richtig verstehen: ich persönlich habe überhaupt nichts dagegen. Im Gegenteil, denn ich plaudere gerne über die Fliegerei, alles andere wäre gelogen. Meine Frau kennt das bereits zur Genüge. Und sie spielt immer brav mit, obwohl sie weiß, dass sie dann bei diesem Monolog praktisch ausgeklammert wird. Da helfen auch meine Versuche wenig, ihre damalige Tätigkeit als Flight Attendant auf dem Falcon 900 Privatjet ins Zentrum der Diskussion zu rücken. Oder gar ihren Job im Diamantenhandel. Fehlanzeige.

Bei solchen Anlässen stellen wir beide immer wieder fest, wie die Leute auf meinen Beruf reagieren. War es vor fünfzehn Jahren noch von einem „super, dass muss bestimmt toll sein" begleitet, kriege ich mittlerweile die ganze Bandbreite zu spüren. Ich muss manchmal sogar höllisch aufpassen, dass kein Neid entsteht. Man muss eben sehr aufpassen, dass man erlebte und entsprechend wahre Geschichten so erzählt, dass kein Neid aufkommen kann. Und das ist manchmal gar nicht so einfach, denn auch Tiefstapler werden erkannt.

Und da es immer mehr Home-Computer-Freizeitkapitäne gibt, wird uns Piloten öfters als uns lieb ist klar gemacht, dass wir sowieso alles dem Autopiloten überlassen. Hollywood sei Dank muss ich mir sogar von „erfahrenen Privatpiloten" diese Merkwürdigkeit manchmal anhören. Zeit also, etwas Licht ins Dunkel zu bringen.

Zuerst vielleicht, warum nennt man ihn Autopilot? Übersetzt etwa „selbständig Führen" suggeriert, dass da etwas von alleine geschieht. Und genau da liegt der Hund begraben, denn von alleine passiert auch auf Knopfdruck nicht wirklich viel. Es ist vielmehr eine ganz bestimmte und sich während des „automatischen Flugverlaufes" dauernd verändernde Kombination von Flugmodus-Einstellungen, welche vom Piloten zur richtigen Zeit und der Phase des Fluges entsprechend über verschiedene Schalter, Knöpfe und Hebel eingegeben werden muss.

Der Begriff Autopilot ist also irreführend. Was er aber kann, und da sind wir alle wirklich sehr froh darüber, ist folgende Routinearbeiten übernehmen, und zwar ohne müde zu werden:

Erstens: Er kann unter bestimmten Voraussetzungen eine vom Piloten eingegebene Flughöhe halten.

Zweitens: Er kann unter bestimmten Voraussetzungen eine vom Piloten eingegebene Strecke bis etwa 200 Kilometer vor dem Ziel abfliegen.

Drittens: Er kann unter bestimmten Voraussetzungen eine vom Piloten eingegebene Steig- oder Sinkrate und die Geschwindigkeit beibehalten.

Und was vielleicht neu ist für Sie; er macht dabei gelegentlich auch Fehler! Und zwar täglich.

Um die gestellten Aufgaben richtig auszuführen braucht der Autopilot also regelmäßige Inputs und Kontrolle seitens des menschlichen Piloten. Zusätzlich kann der Autopilot eine Kombination dieser von der Besatzung über den Bordcomputer eingegebenen Daten ausführen. Das heißt zum Beispiel, dass der Autopilot aufgrund verschiedenster, permanent von den Piloten korrigierten Parameter einen Sinkflug mit Kurven bis hin zur „automatischen" Landung ausführt.

Vorausgesetzt die Technik, das Wetter und, eben der Pilot spielen mit. Die Technik deshalb, weil für eine erfolgreiche Autopilotenfliegerei praktisch alle Komponenten einwandfrei funktionieren müssen. Fällt zum Beispiel ein Servosystem für die Querruder aus oder hat man Schwierigkeiten die Landeklappen vollständig auszufahren ist Sense mit Autopilot. Weht ein zu starker Seitenwind bei der Automatischen Landung muss manuell, eben von Hand gelandet werden.

Automatische Landungen werden deshalb praktisch ausschließlich bei dichtem Nebel ausgeführt. Weil man ja fast nichts sieht. Und bei dichtem Nebel herrscht fast immer die zur automatischen Landung erforderliche Windstille. Also übergeben wir dem Autopiloten die Aufgabe, uns auf die Piste zu führen. Aber auch dafür müssen wir ihn ständig mit Informationen füttern, respektive Informationen ändern, damit die Sache nicht schief läuft.

Kommt dazu, dass wir im richtigen Moment die Lande-klappen setzen und das Fahrwerk ausfahren müssen. Von der erhöhten Bereitschaft, den Autopiloten dabei ganz genau zu beobachten noch gar nicht zu sprechen. Bei der kleinsten Abweichung muss der Kommandant entscheiden, was zu tun ist (ein Autopilot kann nicht selber entscheiden). Bei einer automatischen Landung sind solche Entscheide weit schwieriger zu treffen als bei einer von Hand ausgeführten. Dabei kommt es näm-lich auf die Flughöhe an, bei der ein Teil des Autopiloten, des Flugzeuges oder der Bodenstation (ILS, Beleuchtung etc.) den Geist aufgibt.

Und das kommt öfter vor, als ihnen ihre Lieblings-Air-line weißmacht. Zum einen ist diese Entscheidungsphase vor dem eigentlichen Anflug. Das heißt, bevor Klappen und Fahrwerk betätigt worden sind, muss entschieden werden, ob automatisch gelandet werden kann. Fällt eine Komponente aus, fliegt man dann in den Warteluft-raum (Holding) und versucht, das Problem mit Hilfe von Checklisten zu lösen. Hat man Erfolg, versucht man es ein zweites Mal. Taucht ein Problem erst im eigentlichen Anflug auf, kommt es auf die Flughöhe über Grund an, wo „es" passiert. Ist man höher als 1000 Fuß über dem Boden darf man versuchen, das Problem mit Hilfe der Checklisten zu lösen. Ist man darunter, und hier kommt das schwierige, wird je nach dem durchgestartet oder der Landeanflug fortgesetzt. Fortgesetzt wird, wenn die Sichtweite etwas (klar definiert) besser wird und deshalb trotzdem gelandet werden kann. Nämlich von Hand. Muss man aber durchstarten ist an einen zweiten Anflug kaum zu denken, weil die Sichtweite ja ungenügend ist und jetzt zudem der Treibstoff zu Ende geht. In diesem Falle wird zum Ausweichflughafen geflogen. Dort muss das Wetter zwingend viel besser sein. Und zwar so gut, dass man dort „von Hand" landen kann.

Aber die Ursache des allgemeinen Missverständnisses bezüglich der Limiten des Autopiloten ist auch bei anerkannten Fachzeitschriften wie zum Beispiel des „Aerospace International" zu finden. Erst kürzlich mussten wir Piloten uns von Wissenschaftlern einiges gefallen lassen. Um angeblich die Flugsicherheit zu erhöhen, sollen in Zukunft die Passagierflugzeuge ohne Piloten an Bord von einem Flughafen zum anderen geschickt werden ... Verschiedene Professoren an amerikanischen und englischen Universitäten vertraten allen Ernstes die Ansicht, dass es innerhalb der nächsten zwanzig Jahre technisch möglich wäre, Passagierflugzeuge ohne Cockpitbesatzung aufeinander loszulassen. Bei erhöhter Flugsicherheit, notabene!

Ihr Lehrstuhl in Ehren, aber für solchen Unsinn fehlt uns Piloten, welche die tägliche Problematik des Flugverkehrs inklusive der daraus resultierenden Fehlerquellen bestimmt nicht totschweigen, sondern im Gegenteil lautstark verbessert haben möchten, ganz einfach die Geduld. Diese Herren schwafeln irgendwas von „der Pilot muss vom Flugzeug entfernt werden, damit die Fliegerei sicherer wird" und drei Abschnitte weiter wollen sie dann einen „Operateur", der im warmen, sicheren Büro vier oder mehr fliegende Flugzeuge betreut und im Notfall das eine oder andere Problemchen löst.

In diesen Artikeln wird mit Hilfe von unbemannten militärischen Drohnen (UAV) der direkte Link zu Passagierflugzeugen gemacht. Rein die Dimension muss man sich mal vor Augen führen. Ein 400 Tonnen Jumbo mit ebensovielen Menschen an Bord soll von einem Riesenflughafen, nachdem er irgendwie vom Dock bis zur Piste gerollt worden ist, bei böigem Querwind starten, vollautomatisch und autonom bei 200 km/h entscheiden ob der Start fortgesetzt wird bei, sagen wir mal, einem Hüsteln des Triebwerks Nummer Vier. Allein um diese Entscheidung zu treffen fehlt bis zum heutigen Zeitpunkt die

Software. Angenommen der Automatische Kapitän (Microsoft? Apple?) entscheidet sich für das Fortsetzen des Starts. Wie spürt er wieviel Seiten-, Quer-, und Höhenruder es bedarf, um das Flugzeug vom Boden zu heben? Das ist bereits für gute Piloten absolut anspruchsvoll, denn zum Zeitpunkt des Abhebens ist das Heck des Jumbos gerade mal 99 Zentimeter über dem Boden. Ein klein bisschen zuviel am Steuerhorn gezogen und der Rumpf streift den Boden, was bei 300 km/h mehr als einen Lackschaden hinterlässt.

Geben wir dem Intel-Inside Autopiloten trotzdem eine Chance und gehen davon aus, dass er das alles kann und auch gleich das brennende Triebwerk unter Kontrolle bringt, danach automatisch über einem menschenleeren Ort Treibstoff ablässt und dann etwas später mit dem maximal zulässigen Landegewicht landen kann. Von einem menschlichen Piloten sind bis zu diesem Zeitpunkt schon so viele, zum Teil kreative Entscheidungen getroffen worden, dass spätestens jetzt der Autopiloten-Computer explodieren müsste (Bluescreen).

Aber diese Wissenschaftler, welche sich übrigens (wen wundert's?) vorwiegend vom Staat bezahlen lassen, machen munter weiter. Zu ihrem großen Glück gab es 9/11, die Terror-Attacken in Amerika. Sie behaupten allen Ernstes, dass vollautomatische, zivile Flugzeuge für Terroristen in Zukunft wohl kaum ein attraktives Ziel bieten würden, um Hochhäuser zu rammen. Es gebe dann ja gar keine Möglichkeit mehr, die Piloten zu überwältigen (keine mehr da) um das Flugzeug manuell zum Absturz zu bringen (kein Cockpit mehr da). Nun könne man in aller Ruhe vom Boden aus die Maschine in einer Wüste notlanden ... (oder eben ins Pentagon steuern, die Computer-Hacker freut's).

Bei all dieser Sciencefiction haben diese Berufstheoretiker wohl einen kleinen Faktor vergessen. Richtig, den

Passagier. Wer um Himmels Willen ist so schwachsinnig und setzt sich in ein pilotenloses Flugzeug? Niemand! Doch jetzt brennt die Fantasie der Professoren vollständig durch, denn sie bringen den Vergleich mit der Straßenbahn. Diese würde schließlich auch teilweise ohne Fahrer, völlig automatisch von A nach B fahren und die Menschen hätten sich daran gewöhnt. Klar doch, mit 60 Sachen auf Schienen und ohne Gegenverkehr eine Vollbremsung zu machen, wenn die Systeme ausfallen, ist ja wohl dasselbe wie mit knapp 1000 km/h in einen Berg knallen. So langsam dämmert es mir und ich verstehe, was diese ganz bestimmt intelligenten, aber eben Nicht-Piloten erreichen müssen. Es geht letztlich darum, den Kostenfaktor ‚Pilot' aus der Monatsrechnung der Airlines zu eliminieren. Die Cockpit-Crews (inkl. Cabin-Crews) schlagen mit etwa einem Fünftel der Operationskosten eines Fluges zu Buche. Piloten sind also naturgemäß teuer und sind zudem meist gut in Gewerkschaften oder Verbänden organisiert. Und sie fordern dauernd mehr Geld und bessere Pensionen. Seit in den Chef-Etagen der großen Airlines vermehrt Quereinsteiger aus branchenfremden Bereichen kommen und von der Fliegerei rein gar nichts verstehen, grassiert die Mär, dass man in Zukunft auch ohne Piloten auskommen könnte. Dadurch lässt es sich wohl auch erklären, warum verschiedene Airlines die obengenannten Professoren offiziell und auch finanziell unterstützen. Eine reine Geld-Verteilungs-Maschinerie wird hier auf Kosten der Flugsicherheit in Gang gesetzt und keiner scheint sie aufzuhalten zu wollen.

Soviel zum Thema Autopilot. Diese Hilfe für den Piloten gibt es übrigens seit dem Ersten Weltkrieg. Natürlich noch nicht so ausgefeilt wie heute, aber immerhin. Schon damals konnten Flugzeuge die Höhe und Richtung mit Hilfe von Barometer und Kurskreisel halten.

Eines aber machte der Autopilot auch damals nicht: Entscheidungen treffen. Als Pilot trifft man dauernd wichtige und weniger wichtige Entscheidungen. Bewusst (oder sogar unbewusst) versuchen wir, optimale Lösungen für weniger optimale Gegebenheiten zu finden. Und da wir selber im Flugzeug drin sitzen, werden wir auch alles tun, um sicher runter zu kommen. Computerprogramme können uns diesbezüglich das Wasser nicht reichen, denn wir Menschen kreieren Entscheidungen vorwiegend aufgrund langer Erfahrung und gelerntem Wissen. Dabei wägt das Gehirn bisweilen sogar instinktiv ab, welche Lösung die zurzeit beste ist. Standen dem Kapitän früher vier Cockpitmitglieder zur Verfügung, hilft ihm heute bei der Entscheidungsfindung nur noch der Copilot. Klar haben wir heute eine Vielzahl von schlauen Instrumenten und Computern, die uns Hinweise zur Lösung verschiedener Probleme geben können. Entscheiden tut der Kapitän letztlich aber immer noch alleine.

Autopilot-Bedienung über MCP (Mode Control Panel) und ...

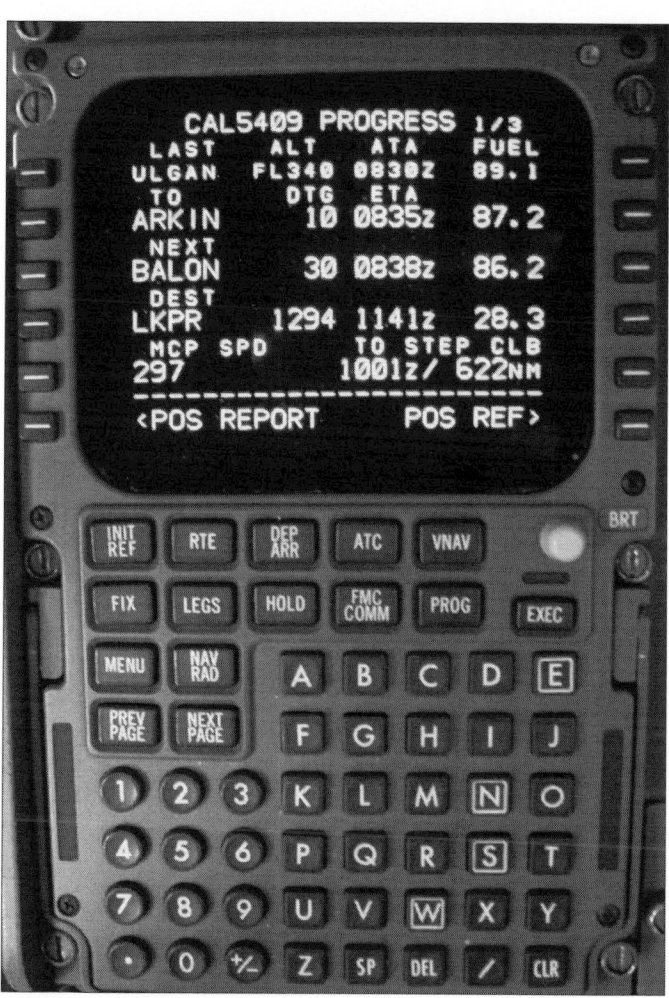

FMS (Flight Management System) Tastatur.

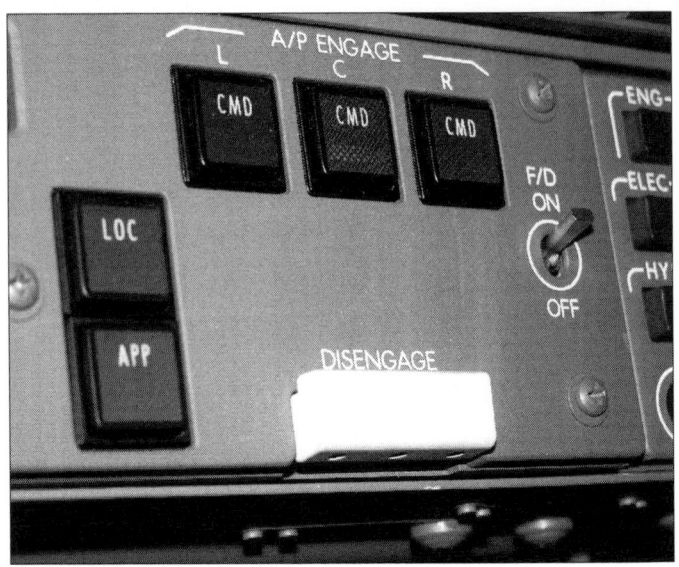

Autopilot Knöpfe (L/C/R)

In Zukunft ohne Piloten?

Blitzgescheite Ingenieure der US-Luftwaffe haben es nach (offiziell) sechs Versuchen geschafft, ein kleines, ferngesteuertes Versuchsflugzeug von Amerika nach Australien zu schicken. Es soll im Outback sicher gelandet sein. Man feierte es als die Zukunft der automatisierten Verkehrsfliegerei. Wohl nicht in den nächsten 50 Jahren, denn um dieses Modellflugzeug im sechsten Anlauf (nach fünf Abstürzen) nach Downunder zu schicken waren 300 hochqualifizierte Ingenieure im Dreischichten-Betrieb rund um die Uhr ziemlich nervös damit beschäftigt, die Kiste auf Kurs zu halten.

Selbst unsere lieben Stewardessen glauben bisweilen, dass die zwei Typen dort vorne nicht viel zu tun haben.

Nun, dies haben wir uns selber zuzuschreiben. Wir sind es, welche den Damen und Herren im hinteren Teil des Flugzeuges jahrelang erklärten, wie sicher und (ergo) automatisch im Cockpit alles läuft. Man wollte, dass sie sich sicher fühlten und nebenbei wollte man natürlich auch Kommandant eines möglichst modernen Flugzeuges sein. Der Schuss ging logischerweise nach hinten los. Viele Flight Attendants verbreiten nach wie vor die These, dass heutzutage alles automatisch funktioniert und dass die Piloten dauernd Kaffee trinken.

Das führt mich wieder zur oft gestellten Frage, ob denn ein Privatpilot in der Lage wäre einen Passagierjet zu landen. Diese Frage stellt sich, außer eben gewissen Privatpiloten oder Leuten in der Heimcomputer-Simulatoren-Gemeinde kein vernünftiger Mensch. Nur ist es so, dass sich einzelne dieser tollkühnen (privaten) Piloten in ihren fliegenden Kisten grundsätzlich etwas überschätzen.

Nehmen wir den Bankangestellten Meier, welcher in der Freizeit kleine ein- oder sogar zweimotorige Flugzeuge fliegt. Als Ausgleich zu seinem stressigen Beruf, wie er sagt. Einmal pro Monat zieht er über bekanntem Terrain und bei schönstem Wetter seine Schlaufen. Mit dabei natürlich immer ein paar Freunde. Die hat man, wenn man den Flugschein hat. Als Ausgleich zu dieser Tätigkeit bedient besagter Bankangestellte abends nach getaner Arbeit seinen Computer-Simulator. Völlig in Ordnung. Nach ein paar Jahren gönnt er sich sogar das Top-Programm inklusive Steuerknüppel und Seitenruder. Und natürlich fliegt er jetzt auch schon die B747-400 im Simulator. Und dies mittlerweile schon ganz ordentlich.

Ab und zu muss Herr Meier geschäftlich ins Ausland verreisen. In der Business-Class sinniert er (bei einem Martini oder Campari-Soda?) über die Möglichkeit, dieses Flugzeug selber zu steuern. Würde er dieses Passagierflugzeug heil runter bringen? Was für eine Frage. Ja, er würde diese Kiste heil runter bringen, und zwar mit Hilfe des Autopiloten! Ein bisschen LNAV und VNAV. Flaps, Gear Down und Autobrakes. Easy.

Dream on, Captain Kirk! Keine Chance, mein Freund.

Abschließend muss gesagt werden, dass die Piloten trotz oder bisweilen genau wegen dieser automatischen Flugkontrollen immer noch Fehler machen. Die Schnittstelle Pilot/Automatik ist immer noch DER riesige Gefahrenherd. Ein systematisches und exaktes Arbeiten ist unerlässlich. Auch unter Stressbedingungen wie schlechtem Wetter, knappem Treibstoffvorrat, Müdigkeit oder technischen Problemen.

Deswegen braucht es auch zwei Piloten, welche sich gegenseitig überwachen. Die Automatik dient ausschließlich zur Entlastung der Crew. Sie muss peinlich genau programmiert und laufend überwacht und gegebenenfalls angepasst werden. Nur wird glücklicherweise die monotone Serienarbeit von der Automatik weit präziser erledigt, als es der beste Pilot je könnte. Deshalb sind wir Flugzeugführer sehr froh um die Hilfe des Autopiloten.

Mein Rat

Sollten sie lieber Leser, nach über zweihundert Seiten immer noch Lust haben, Pilot zu werden, möchte ich ihnen folgende Empfehlung geben:

Stellen sie sich zuerst einem anspruchsvollen, neutralen Auswahlverfahren um abzuklären, ob sie für die Pilotenlaufbahn geeignet sind.

Sind sie geeignet, werden sie auch weniger Probleme haben eine vorfinanzierte Ausbildung, zum Beispiel bei Lufthansa, zu bekommen. Gehören sie aber zu den für die Pilotenlaufbahn vielleicht weniger geeigneten Menschen, so haben sie zwei Möglichkeiten. Nämlich:

A) Sich dies einzugestehen und in einem anderen Beruf, in dem sie mehr Begabung aufweisen, ein erfülltes Leben zu führen und die Fliegerei als schönes Hobby zu betreiben.

B) Den eigenfinanzierten Weg (100 000,– Euro) zu gehen und mit den damit verbundenen Einschränkungen und den begrenzten beruflichen Aufstiegsmöglichkeiten zufrieden zu sein.

In jedem Fall empfehle ich ihnen, eine gute Ausbildung und/oder ein Studium zuvor abzuschließen und ein paar Jahre zu arbeiten. Das gibt Berufserfahrung und Kohle. Man muss heute auch nicht mehr zwingend jünger als dreißig sein, um Pilot zu werden!

Die „Neutralen Auswahlverfahren" bergen leider die Gefahr, dass sie meist von privaten Flugschulen angeboten werden. Diese haben naturgemäß ein starkes Interesse daran, „geeignete" Leute zu finden, um ihre Schulen auszulasten. Speziell wenn Flaute herrscht. Und für Flugschulen herrscht fast immer Flaute.

Das von Flugschulen verbreitete Gerücht vom akuten Pilotenmangel hält sich seit Jahren hartnäckig, ist aber eben trotzdem nur ein Gerücht.

So muss man selber mit sich EHRLICH ins Gericht gehen und herausfinden, ob man geeignet ist oder eben nicht! Nur die Freude an der Fliegerei reicht bei weitem nicht. Auch wenn vielleicht das nötige Kleingeld beschafft werden könnte ...

Wie bewerbe ich mich richtig?

Diese Frage stellt sich praktisch kein einziger Pilotenanwärter früh genug. Wieso soll man denn auch. Es stehen schließlich im Moment größere Probleme an, als sich mit der Bewerbung auseinander zu setzen. Prüfungen, Prüfungen, Prüfungen. Das ist natürlich durchaus verständlich. Allerdings muss ich sagen; sich erst dann intensiv mit der Jobsuche zu befassen, wenn die Wasseroberkante an der Unterlippe steht, finde ich tollkühn und entspricht nicht dem Sicherheitsdenken eines angehenden, modernen Linienpiloten. Also darf man getrost schon Bewerbungen verschicken, wenn man noch nicht über die ersehnten Lizenzen verfügt. Das ist zwar unüblich, hat aber den Nebeneffekt, dass man trotzdem schon mal bei den großen Airlines registriert wird. Bei den kleinen und kleinsten Flugbetrieben hat man wenigstens mal seinen Namen hinterlassen. Es gibt genügend Literatur, um eine Bewerbung stilsicher zu formulieren. Für den Betrachter der Bewerbung (i.d.R. eine Sekretärin mit wenig Ahnung vom Fliegen) ist es an-genehm, wenn die wichtigsten Daten auf der ersten Seite stehen. Das gilt übrigens auch für E-Mail-Bewerbungen (PDF), welche zwar von technischem Verständnis zeugen, jedoch unpersönlich und zum Teil komplizierter vom Arbeitgeber in spe zu verarbeiten sind.

1. Name
2. Alter
3. Zivilstand
4. Nationalität
5. Lizenzen
6. Flugstunden total
7. Flugstunden Typen
8. Arbeitsbeginn sofort

Alles andere ist auf der zweiten Seite zu vermerken. Kurz und bündig. Keine Fliegergeschichten. Vergessen sie nicht, zuoberst auf jeder Seite ihren Namen hinzuschreiben und die Kopien des Lebenslaufes, Passes und der Lizenzen mit einer Büroklammer zu befestigen, damit sie von der Sekretärin einfacher kopiert werden können. Die Fotos werden auf der Rückseite mit dem Namen versehen.

Verfügt man über die Gabe einer schönen Handschrift ist dies erfahrungsgemäß nicht zu unterschätzen. Merke: es ist nicht der Chefpilot, der die Bewerbung als erster liest. Es ist immer seine Sekretärin.

Sobald man die Bewerbung abschickt, hat man auch 24 Stunden pro Tag auf dem Handy erreichbar zu sein. Wie ich schon erwähnt habe, ist es durchaus von Vorteil hin und wieder anzurufen, und nachzuhaken, ob denn die Situation noch die gleiche sei. Auch hier wieder: der Name wird registriert und die Bewerbung landet wieder zuoberst auf dem Stapel! Hier gilt der Grundsatz; nicht zu oft aber auch nicht erst alle drei Monate.

Pilot zu werden hängt auch damit zusammen, ob man ein, sagen wir mal „politisches Gespür" hat. Es ist nicht unerheblich, bei Anstellungsgesprächen die richtigen Floskeln zu benutzen und einige sogar bewusst nicht zu gebrauchen.

Piloten und Alkohol

Eines vorneweg: Ja, es gibt sie. Die Piloten, welche abends an der Bar stehen und vielleicht ein Glas zuviel hatten. Aber dann fliegen sie garantiert nicht am nächsten Tag! So dämlich ist kein Pilot. Keiner!

Die zwei, drei Fälle, welche man in der Tagespresse liest, sind die absolute Ausnahme und haben fast allesamt die gleiche Begründung: Rest-Alkohol.

Jeder mir bekannte Fall von Piloten mit Rest-Alkohol resultiert aus folgendem Szenario: Nach einem langen Tag im Cockpit gönnt sich Herr Kapitän noch einen Schlummertrunk, in der Meinung, dass sein nächster Einsatz erst in 24 Stunden ist. Schon nach acht Stunden jedoch kriegt er die Nachricht unter die Hotelzimmertür gesteckt, bitte in drei Stunden einzuchecken. Flugplanänderung! Das ist durchaus legal und üblich. Jetzt hat unser Kapitän aber ein Problem. Soll er sich krank melden? Oder etwa „zugeben", dass er ein paar Bierchen getrunken hat? Soll er den Flug antreten? Er fühlt sich o. k., spürt nichts mehr von letzter Nacht und hat auch genug geschlafen.

Eine Entscheidung, die ihm auf jeden Fall den Tag verdirbt. Nur ist es heute so, dass wir im Durchschnitt monatlich etwa zweimal ins Röhrchen blasen müssen. Stichproben auf allen Flughäfen. Zum Teil werden diese Kontrollen von der eigenen Firma durchgeführt, um dem Gesetzgeber zu zeigen, wie ernst man dieses Problem nimmt.

Ich persönlich finde es gut so. Viel Saufen ist eh ungesund und gibt schlechten Atem. Und die Passagiere haben ein Recht auf nüchterne Piloten. Selbstredend. Das löst aber leider noch nicht das Problem der Alkoholiker. Pilot sein ist auch ein Stressberuf. Nicht Dauerstress, aber hie und da doch stressig. Im Vergleich zu Ärzten und Rechtsanwälten hat man stets möglichst 100% seines Wissens sofort abrufbar bereitzuhalten. Zudem reist man ständig von einer Zeitzone in die andere. Man befindet sich außerdem in einer Alubüchse mit zehn Prozent Luftfeuchtigkeit und einem Kabinendruck von 2000 Metern über Meer. Das ganze bei einem konstanten Lärm von etwa 85 Dezibel. Und die anderen Faktoren wie Ehefrau (und oder Freundin), Familie, Anschaffungen und nicht zuletzt die Jobsicherheit steuern das ihre zum Stress bei. Daraus ergibt sich zwingend, dass es auch unter den Piloten Alkoholiker geben muss. Sie trinken zwar nichts vor dem Fliegen. Dafür um so mehr in ihrer Freizeit, wenn sie im Hotel sind. Das kann zur tickenden Zeitbombe werden.

Kosten eines Fluges
(ZRH−LAX−ZRH)

Warum zahlt der eine 600 Euro und der andere 1200
Euro in der exakt gleichen Economy-Klasse, um von Zürich nach Los Angeles und wieder zurückzufliegen?

Um diese simple Frage richtig zu beantworten braucht
man sehr viele Informationen. Der Preis-Dschungel hat
sich seit dem „glorreichen" Internet nur scheinbar etwas
gelichtet, denn alles ist nach wie vor (bewusst) ziemlich
unüberschaubar. Speziell als Laie, und das sind wir fast
alle, ist man darauf angewiesen, möglichst viele Produkte miteinander zu vergleichen. Das kostet Zeit und Nerven.

Economy Class nach der Jahrtausendwende

Grundsätzlich meine ich, dass man Flug-Arrangements mit Hotel und Mietwagen einem Reisebüro anvertrauen sollte. Das sind Profis, und die dürfen auch etwas kosten. Versuchen sie, liebe Leser, vom Schnäppchen-Denken wegzukommen, denn die Rechnung zahlt immer der Kunde. Immer! Also sie und ich! Oder möchten Sie etwa mit einem schlecht (billig) gewarteten Flugzeug über den Atlantik fliegen, nur um ein paar Kröten zu sparen? Ziemlich kalt das Wasser dort …

Also was kostet so ein Flug denn eigentlich? Das fängt naturgemäß mit dem Flugzeug an. Nehmen wir das Beispiel der Boeing 747. Sie kostet knapp 150 Millionen Euro und hat Platz für 400 Passagiere in drei Klassen (First F, Business C, Economy Y). Der Jumbo wird, wie zum Beispiel auch die A340 oder A380, vorwiegend von großen, internationalen Fluggesellschaften eingesetzt und ist speziell für große Distanzen und für Flüge über große Meere geeignet. Deshalb auch die vier Triebwerke.

Rechnet man eine Flugzeit von 25 Stunden von Zürich nach L.A. und zurück, kosten die zwei Trips die Airline etwa eine halbe Million Euro.

Bei einer Auslastung von 85 %, also 340 zahlenden Passagieren kommen so etwa 425 000,– Euro zusammen.

Dabei ist die Business Class (C Klasse) der wichtigste Faktor. Damit man in der Holzklasse für preiswerte 800 Euro nach L.A. und zurückfliegen kann, braucht es eine prall gefüllte, teure C Klasse. Ohne Geschäftsleute kann ein solcher Flug gar nicht rentabel betrieben werden. Die etwa 30 bis 80 Sitze (je ca. 3500 Euro) bringen rund einen Drittel der Passagier-Einkünfte ein. Die zwölf Sitze in der First Class kosten sowieso mehr als man je damit verdienen kann. Sie sind reines Prestige der Airline auf Kosten der hinteren Passagiere und der Fracht.

Mit der Fracht schließlich, kann man fehlende Passagiere kompensieren. Aber auch hier ist die Tendenz eher rückläufig, was die Einkünfte betrifft. Der Frachtmarkt ist gesättigt. Zumindest was die Margen anbelangt.

First Class Sitz bei Japan Airlines

Cocktail-Bar in Virgin Atlantics B747 First Class

Um einen Ticketpreis zu berechnen braucht es viele Er-
fahrungswerte. Und vor allem hellseherische Fähigkeiten, denn leider werden die relativ genauen Erfahrungs-
werte vom volatilen Ölpreis zunehmend verzerrt.

Die Kerosinkosten machen mittlerweile fast ein Drittel
der totalen Flugstundenkosten aus. Die Airlines bezahlen nicht immer den aktuellen Tagespreis, sondern sie
„hedgen" Fuel. Das heißt, wenn der Ölpreis relativ tief
ist, wird eingekauft. Und zwar soviel wie möglich, um
bei einem Ölpreis-Anstieg entsprechende Reserven zu
haben.

Reiche Fluggesellschaften aus den Golfstaaten und
Asien versuchen damit ihre preiswerten Tickets zu erklären. Tatsache ist, dass diese nur einen Bruchteil der
Treibstoffkosten wirklich bezahlen müssen. Airlines aus
diesen Regionen können es sich auch eher leisten, neue
Flugzeuge zu kaufen und sofort bar zu bezahlen. Das ist
billiger als leasen und wirkt sich positiv auf den Ticketpreis aus. Zusätzlich sind dort die Verwaltungs-, Kabi-
nenpersonal- und Mechanikerkosten sehr viel tiefer als
im Westen.

Die Wartung der Flugzeuge ist äußerst aufwendig und
entsprechend teuer. An Flugzeuge lässt man vorteilhaf-
terweise nur Profis ran (außer vielleicht in Drittweltländern). Diese speziell ausgebildeten Techniker sorgen
dafür, dass die Piloten ein einwandfreies Flugzeug übernehmen können. An dieser Stelle möchte ich mich ganz
herzlich speziell bei den Flugzeugmechanikern bedanken. Für jede Flugstunde braucht es viele sogenannte
Techniker-Stunden. Das macht die Fliegerei sicher und
eben auch teuer. Merke: Was nichts kostet, ist nichts
wert.

Der tägliche Verschleiß an einem Jumbo ist zum Teil beträchtlich. Nehmen wir die Bereifung. Achtzehn Räder hat das Ding. Am Hauptfahrwerk sind sechzehn Räder, welche einzeln mit ABS gebremst werden, um eine optimale Verzögerung zu erreichen. Setzt man mit maximalem Landegewicht und etwa 300 km/h auf, werden das Fahrwerk und die Reifen extremen Belastungen ausgesetzt. Der Abrieb ist enorm. Durchschnittlich muss die Bereifung nach etwa achtzig Landungen ersetzt werden, je nachdem wie sanft aufgesetzt und abgebremst wird (erwähnenswert ist dabei, dass harte Landungen gummischonender sind als butterweiche). Ein Satz Michelin-Reifen kostet rund 60 000 Euro und wird durchschnittlich etwa alle zwei Monate ersetzt.

Auch die Belastungen an den Landeklappen und den Rudern sind ein Kostenfaktor. Dies leuchtet ein, wenn man sich vorstellt, dass ein 300 Tonnen Flugzeug bei 400 km/h vor dem Landeanflug eine Kurve macht und dabei die Klappen ausfährt. Das ganze bei Turbulenz und Eisregen. Je öfter sie bewegt werden um so früher müssen sie gewartet oder eben teilweise ersetzt werden.

Die sündhaft teuren, aber äußerst effizienten Karbon-Bremsen werden rot- bis weißglühend beim Abbremsen von 300 km/h auf null innerhalb von 2000 Metern Landebahn.

Für alle diese Komponenten gibt es die sogenannten Wartungsintervalle. Um sicher zu gehen, dass auch jedes Teil am Flugzeug periodisch überprüft wird, benutzt man eine riesige Mängelliste, welche minutiös abgehakt wird. Geflickt wird relativ wenig. Ersetzt wird nach Vorschrift. Dafür sorgt der Hersteller mit einer Fülle von Weisungen und Empfehlungen. Aber auch der Staat und nicht zuletzt die Airlines haben natürlich ein großes Interesse daran, dass die Flugzeuge in Topzustand herumfliegen.

Stellt man nun die 425 000 Euro Ticketeinnahmen einem Jumbo-Flugstundenpreis von etwa 17 000 Euro gegenüber, ergibt sich ein Gewinn von etwa: null Euro ...!

Also muss der Gewinn bei einer Auslastung von weniger als 85 % Passagieren ausschließlich von der mitgeführten Luft-Fracht (ca. 30 Tonnen) erbracht werden. Das Airline-Geschäft ist folglich nicht besonders rentabel, außer für das Top-Management natürlich. Wie man sieht, kostet das ganze eine Menge Geld. Vielleicht denken sie das nächste Mal daran, wenn sie wieder auf der Suche nach einem Billigflugticket sind.

Das Gepäck

Bestimmt stehen auch sie nach jedem Flug voller Erwartung am Gepäckband. Sie kommen an ihrer Destination an, müde vom langen Flug und möchten nur noch so schnell wie möglich ins Hotel und unter die Dusche. Sich den Dreck der langen Reise abwaschen.

Ja, wo is er denn, ihr schöner Koffer? Sie hatten sorgfältig nur das wichtigste eingepackt, was für einen zwei Wochentrip nötig ist. Sie hatten ihn sauber an ihrem Heimatflughafen in der Zivilisation eingecheckt. Vier Stunden haben sie gebraucht, um wirklich nur das strategisch wichtigste für den wohlverdienten Urlaub mitzunehmen. Und jetzt kommt er nicht. Alle anderen nehmen wie selbstverständlich nach und nach ihre hässlichen Koffer vom Band. Nur sie stehen verlegen da und starren auf den sich langsam aber sicher leerenden Kreisel. Ab und zu knallt wieder ein verloren geglaubtes Gepäckstück auf das Band. Doch leider nicht ihres. Mit äußerster Ablehnung malen sie sich langsam aus, was das für den Verlauf der nächsten Tage für Konsequenzen haben könnte. Hat der dubiose Typ dort drüben mit dem vielen Gepäck auf seinem Wagen nicht vielleicht auch ihren Koffer mitgenommen? Fehlanzeige, denn sie haben ihrem Koffer einen auffälligen Aufkleber verpasst, damit sie ihn auch immer sofort erkennen würden, und vor allem damit ihn niemand anders aus Versehen mitnimmt. Mittlerweile stehen Sie ganz alleine am Gepäckband. Monoton klingt das Surren des Motors. Bis es ganz still wird. Wo ist ihr Koffer? Sch... Warum ausgerechnet sie?

Nun, sie werden jetzt Teil einer Statistik: Pro Jahr gehen nämlich etwa dreißig Millionen Gepäckstücke „verloren". Erstaunliche 99 Prozent davon finden innerhalb von fünf Tagen den Weg zurück zum rechtmäßigen

Besitzer. Von diesen 30 Millionen Gepäckstücken gehen übrigens etwa 300 000 (1 %) „verloren", weil sie von den Passagieren falsch abgeholt wurden. Wirklich unwiderruflich verloren gehen jährlich weltweit nur etwa 10 000 Stück. Trotz allem also eine erstaunlich sichere Sache. Was für sie im Moment ein schwacher Trost ist, denn das Band steht still. Es bleibt ihnen also nichts anderes übrig, als zum Gepäckbüro zu gehen und sich dort in die Warteschlange zu stellen. Name, Adresse, Fabrikat und Farbe des Koffers.

Dreimal musste ich das in den letzten zehn Jahren machen. Und jedes Mal wurde mir der Koffer glücklicherweise innerhalb von 24 Stunden zugestellt. Früher umsonst und heute für eine Gebühr von etwa zwanzig Euro. Diese bezahlt man praktischerweise nicht an die Airline. Nein, diese unangenehme Sache haben die Airlines ausgelagert. Unbekannte „Gepäckfirmen" stehen für die Fluggesellschaften grade. Das heißt, sie schieben den Schwarzen Peter hin und her. Niemand war natürlich schuld, dass mein Koffer es nicht schaffte. Im Gegenteil: Ich musste mir schon anhören, dass ich ihn zu spät eingecheckt hätte.

Mein Tipp an dieser Stelle: Checken sie nur die Sachen ein, welche sie entbehren können, respektive welche sie leicht an ihrer Destination ersetzen, respektive kaufen können. Versichern sie sich, dass sie keine Getränke oder Haarsprays mitgeführt haben. Das sind nämlich gefundene Fressen für die Security-Angestellten. Es gibt ihnen das Recht, ihren mit viel Sorgfalt gepackten Koffer nach Drogen etc. zu durchstöbern. In fremden Ländern kann es schon mal vorkommen, dass dabei auch etwas geklaut wird.

Die Stewardessen
(can't live without them – can't shoot them …)

„Meine" China-Airlines Stewardessen …

Um es vorneweg zu nehmen: Die allermeisten unserer Kabinenmitarbeiter sind professionell, freundlich und machen ihren anstrengenden Job ausgezeichnet!

Über diese zumeist hübschen Damen wurde schon viel geschrieben, und mancher Passagier hat so seine Fantasien. Auch in Filmen meistern sie jede erdenkliche Situation mit Bravour. Sie beruhigen mit psychologischem Feingefühl abgebrühte Attentäter oder an akuter Flugangst leidende Passagiere. Gelegentlich landen sie auch mal einen Jumbo-Jet grad selber, wenn die Piloten an bekannter Fischvergiftung verstorben sind. Und immer lächeln sie dabei. Nicht wenige Stewardessen versuchen auch, sich vor dem Ende ihrer Karriere einen First Class Passagier oder wenigstens einen Kapitän als Altersvorsorge zu angeln.

Jeder Passagier (und auch Pilot) hat so seine Erfahrung mit ihnen gemacht. Im Großen und Ganzen sind sie zumeist äußerst nett, und sie sind auch ausgezeichnete Teamworker.

In erster Linie sind sie für die Sicherheit der Passagiere im Einsatz. Ein freundlicher Service und ein gewinnendes Aussehen ergänzen ihr Arbeitsprofil. Soviel zur Theorie. Nun, so war es zumindest in den Jahren vor den Low cost Carriers (Billigflieger). Heutzutage wird man vermehrt von schlecht gelaunten, weil unmotivierten (schlecht bezahlten) Drachen in die randvolle Alu-Dose geschleust. Auch einen Schluck Wasser servieren die Mädchen mit äußerster Ablehnung. Duty Free verkaufen geht noch einigermaßen, weil sie da am Umsatz beteiligt sind. Vorbei sind auch die Zeiten, wo Fliegen noch ein Erlebnis war. Die Fliegerei ist zum Massentransportmittel verkommen. Speziell die Kurzstrecke. Jeder darf fliegen (leider, und bezahlt damit auch meinen Lohn, ich weiß …). Fast jeder kann sich heute drei Mal im Jahr eine Woche Ballermann auf Palma de Mallorca leisten. Schnäppchen verleiten die Schlaumeier unter ihnen auf primitivste Weise, das günstigste Flug-Angebot zu erhaschen. Zum Teil unter hundert Euro pro Flug. Es sind dann auch genau diese Dumpfbacken, welche allen Ernstes ein tadellos gewartetes Fluggerät und einen perfekten Service fordern und sich nebenbei über Global Warming wundern!!!

Ich schweife wieder ab, aber genau diese Mentalität hat leider zur Folge, dass entsprechend schlechtes Kabinenpersonal in diesen Aldi-Fliegern anzutreffen ist. Nochmals: ich meine damit nicht alle Stewardessen und Stewards!

Die Stewardessen also. Flugbegleiter, Cabin Attendants oder eben auch Flight Attendants genannt. Vorwiegend weiblich, dauert ihre Ausbildung im Schnitt einen Monat! Sie lesen richtig; einen Monat. Nach etwa zwanzig Tagen Training also haben diese Mädchen das nötige Rüstzeug, um bei einer Katastrophe die richtigen Handgriffe zu machen …

Denkste! Ein Blick in die Statistik zeigt, dass bei einer erschreckend großen Anzahl von Unfällen nicht sehr viel vom Gelernten umgesetzt wird. Speziell nicht von den jungen, unerfahrenen Stewardessen. Nach sechs, sieben Jahren Erfahrung sieht die Geschichte schon etwas besser aus. Nur ist es dann leider so, dass die Mädels völlig ausgebrannt sind und sich zum Beispiel in die Ehe flüchten.

Ihre Motivation zu steigern gehört offiziell zur Job-Description der Piloten. Eine fast unlösbare Aufgabe, denn zum einen haben wir nicht den besten Ruf unter den Kabinenmitarbeitern und zum andern trennt eine kugelsichere Cockpit-Türe das Flugzeug in zwei Parteien. Die unterbezahlten, sich zwischen den Gängen mit betrunkenen, meist männlichen Passagieren herumschlagenden Flight Attendants auf der einen Seite und die geschniegelten Porschefahrer (ich habe leider keinen) auf der anderen Seite der Cockpit-Tür. Zwei Welten, die einfach nicht so ganz zueinander passen wollen. Und doch; gegen außen hin müssen wir ein Team sein. Einmal pro Jahr besuchen wir sogar die vom Gesetz geforderten CRM Kurse. Crew Ressource Management oder anders gesagt; Kurse, die das Zusammenarbeiten als Besatzung fördern und somit die Flugsicherheit erhöhen sollen. Man soll quasi Freund sein mit den Mitarbeitern. Forget it! Reine Augenwischerei. Sie sind, wie alle gängigen Managementkurse der Neunzigerjahre, dazu gemacht, eine sogenannte Wertschätzung gegenüber den Mitarbeitern, respektive Untergebenen vorzutäuschen. Ich spreche jetzt vorwiegend von asiatischen Airlines. In Europa sieht die Sache etwas besser aus. Dort sind die Kurse teilweise auch wirklich professionell von Psychologen oder zumindest von psychologisch geschultem Personal geführt und fördern im Idealfall tatsächlich die Zusammenarbeit von Cockpit und Kabine. Aber letztlich meine ich: Warum sind wir nicht einfach ehrlich miteinander und arbeiten einfach so gut es halt geht zusammen? Punkt.

Bei Kapitän und Copiloten ist diese Teambildung etwas realistischer, und die wirklich guten Airlines leisten sich sogar professionelle Hilfe, wenn es um CRM im Cockpit geht. Und die braucht es dringend! Es reicht nicht, wenn man firmenintern ein paar eigene Piloten oder sogar Copiloten zu CRM-Instruktoren „ausbildet" und sich dann mehr Sicherheit im Cockpit, respektive in der Kabine erhofft. Es braucht dringend Profis dafür. Hier muss geklotzt werden!

Die Psychologie ist (logischerweise) zu komplex, als dass man sie den Laien überlassen sollte. Aber das kostet halt.

Eine der effizientesten CRM-Kurse für Piloten und Stewardessen in Europa führt Captain Thomas Fakoussas „Awareness Training" (www.awarenesstraining.de) aus Deutschland durch. Da dieser Psychosoph (!) jahrzehntelang für Lufthansa als Copilot und Kapitän im Cockpit saß, hat er den einzigartigen Überblick über die Schnittstelle Cockpit/Technik und auch Cockpit/Kabine. Als in Ägypten geborener und in Deutschland aufgewachsener Pilot hat er verschiedene zusätzliche Hürden bestehen müssen, um bei Lufthansa angestellt zu werden. Europäische Top-Airlines versuchen, bei ihm einen Termin zu bekommen.

Wenn es um das Zusammenspiel Cockpit/Kabine geht, herrscht sehr oft eine gewisse Hassliebe seitens der Stewardessen vor. Und zwar deshalb, weil sie einerseits darauf angewiesen sind, dass wir Piloten unseren Job richtig machen. Andererseits gibt es unter den Flugzeugführern auch einige schwarze Schafe, die ihre Position missbrauchen und die Stewardessen als ihre persönlichen Diener betrachten. Obwohl diese Fälle zwar eher selten sind, brennen sie sich in die Köpfe der Flugbegleiterinnen ein. Schon am ersten Tag des Kurses werden sie vor uns gewarnt! Das macht unsere Arbeit als Pilot nicht wirklich einfacher.

Am Anfang meiner Karriere als Kapitän habe ich noch sehr viel Zeit und Mühe aufgewendet, diese Damen und Herren für uns zu gewinnen. Aber das legte sich mit der Zeit. Heute versuche ich nur noch, professionell und korrekt zu sein. Von einem wirklichen Team kann leider keine Rede mehr sein. Das würde sich möglicherweise erst dann ändern, wenn die Flugbegleiter/innen nach einem ähnlichen Auswahlverfahren wie die Piloten eingestellt würden. Und dabei gleichzeitig die Bezahlung massiv erhöht würde. Da dies in naher Zukunft mit Sicherheit nicht geschehen wird, muss sich die Situation zwangsläufig verschlechtern. Letztlich wieder auf Kosten der Flugsicherheit!

Die Situation würde sich bestimmt auch dadurch entspannen, wenn gewisse Mitarbeiter in der Flugzeug-Kabine nicht dauernd das Bedürfnis hätten, intellektuell mit den Piloten gleichgestellt zu werden. Sorry, meine Damen, ich möchte nicht unhöflich sein, aber dafür sind die Verantwortlichkeiten gegenüber den Passagieren, respektive dem Flugzeug ungleich unterschiedlich, sprich meilenweit voneinander entfernt.

Darüber mögen sich die Stewardessen empören und mir in Zukunft den heißen Kaffee über die Hose leeren. Tatsache ist, meiner Meinung nach, dass hier eine gespielte Crew-Kultur im besten Fall nichts nützt, oder eben sogar schadet. Seien wir doch einfach ehrlich miteinander und schätzen uns gegenseitig. Aber hören wir doch bitte auf, den Stewards und Stewardessen vorzugaukeln, dass wir gleichwertig im Team sind!

Beginnen wir doch wieder, den einzelnen Menschen in seiner Subjektivität und Einzigartigkeit zu achten und zu schätzen. Nicht nur im Flugzeug. Der Rest müsste dann von selber gehen. Es ist schließlich schon schwer genug, die Hierarchie im Cockpit glaubhaft in einem gewissen Rahmen zu halten. Ähnlich gute Resultate mit den Flight Attendants zu erreichen ist schlicht unmöglich. Damit wir uns richtig verstehen; ich mag die Stewards und naturgemäß vor allem die Stewardessen sehr gut und wir haben auch oft a Gaudi. Ich werde versuchen, sie auch in Zukunft zu einem Abendessen einzuladen, wenn sie mich denn begleiten möchten. Übrigens, dass man sich als Crew duzt ist für mich sowieso selbstverständlich. Es gibt im deutschsprachigen Raum Piloten und Copiloten, die diesbezüglich etwas Mühe haben. Aber das geht mich ja nichts an, hoffe aber, dass sich diese geistig „alten Säcke" bald von der Fliegerei verabschieden und uns etwas Jüngeren Platz machen. Auch hier gilt: Hierarchie und Anerkennung muss auf natürlichem Wege geschehen, nicht nach Anzahl Streifen am Ärmel.

Zu guter Letzt: Wie nennt man eine schwangere Stewardess? ... Pilotenfehler!

Das Wetter

Wir suchen uns einen Weg durch die südostasiatischen Gewitter

Das Wetter ist seit jeher das Lieblingsthema der Menschen. Es beeindruckt die meisten von uns. Und manche beeinflusst es gar. Die einen mehr, die anderen weniger. Wetterfühligkeit kann vielen Menschen ganz schön aufs Gemüt schlagen. Andere wiederum können sich an einem Gewitter nicht sattsehen. Tatsache ist, dass es das beliebteste Thema ist, um eine Konversation mit wildfremden Mitmenschen zu beginnen.

War das Wetter früher für das tägliche Überleben der Menschen bestimmend, so scheint es heute höchstens noch bestimmend für die Wahl der Garderobe zu sein.

In unserem Beruf ist das Wetter nach wie vor ein wichtiger Teil und muss deshalb vor dem Flug sehr genau studiert werden. Die Meteorologie nimmt einen besonderen Stellenwert in der Pilotenausbildung ein. Speziell auf den Langstreckenflügen ist es zwingend notwendig zu wissen, welches Wetter ich nach 14 Stunden Flugzeit bei der Landung auf einem anderen Kontinent erwarten kann. Daraus wird unter anderem der Treibstoffverbrauch berechnet und die Wahl des Ausweichflughafens bestimmt.

Auf langen Flügen in Richtung Osten versucht man zudem möglichst, die Vorzüge des Jetstreams zu nutzen. Diese Luftmasse bewegt sich auf etwa 10 000 Metern mit bis zu 300 km/h von West nach Ost. Auf der Nord- und Südhalbkugel der Erde. Das hat zur Folge, dass bei diesem Rückenwind die Flugzeit erheblich verkürzt werden kann. Allerdings fliegt man ja irgendwann auch wieder zurück und muss dann versuchen, diesem Jetstream auszuweichen. Dabei lohnt es sich zum Beispiel bei einem Flug von den USA nach Asien entweder etwas tiefer zu fliegen (weniger Gegenwind) oder weite Umwege nördlich der direkten Route bis hinauf nach Alaska an die Beringstraße zu fliegen. Der Nachteil beim tiefer fliegen ist, dass dort der Treibstoffverbrauch wegen der dichteren Luftmasse natürlich entsprechend höher ist. Fliegt man den Umweg nach Norden, ist der Flugweg etwas weiter und somit ist auch hier mit einer Zunahme an Zeit und an Spritverbrauch einzukalkulieren. Hier gilt es also sehr gut abzuwägen, was letztlich billiger ist. Bei den heutigen Kerosinpreisen und den hohen Wartungskosten eine nicht zu unterschätzende Aufgabe für die Dispatcher, die Flugplaner also.

Während des Fluges, bei Tag und bei Nacht, ist der sogenannte Wetter-Radar eingeschaltet. Dieser Radar erkennt Wasserpartikel in einer Entfernung von bis zu 200 Kilometern. Je mehr Wasserpartikel in einer Wolke, umso größer die Wahrscheinlichkeit eines Gewitters. Auf dem Bildschirm im Cockpit werden die „Gefährlichkeitsstufen" in grün, gelb und rot angezeigt. Rot darf unter keinen Umständen durchflogen werden. Bei grün und gelb ist mit Turbulenzen zu rechnen und der Pilot schaltet deswegen vorsichtshalber das „Fasten Seat Belt" Zeichen ein. Zeit also, sich anzuschnallen. Übrigens bin ich, auch wenn ich als Passagier mitfliege, immer angeschnallt. Es sterben jedes Jahr ein bis zwei Passagiere oder Flugbegleiter, weil sie bei Turbulenz an die Kabinendecke geschleudert werden. Etwa hundert verletzen sich, zum Teil erheblich. Statistisch.

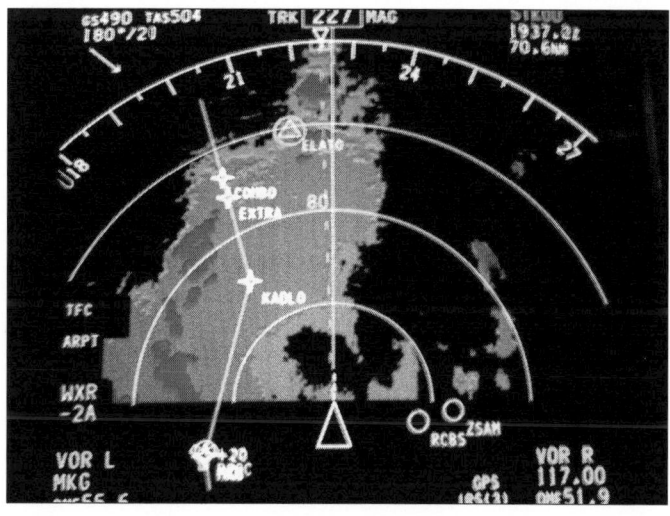

Wetter-Radar. Hier zwischen Taiwan und China (turbulent, daher etwas unscharf)

Ein Luftloch ist übrigens nichts anderes als turbulente Luft. Die Luft kann ja kein Loch haben ... Turbulenz entsteht, wenn sich die Temperatur innerhalb der Luftmasse ändert oder auch wenn man über die Berge fliegt, denn das kann auch die Luft in über 10 000 Metern Höhe

beeinflussen. Oder wenn man durch die Luftverwirbe-
lungen eines vorausfliegenden Flugzeuges fliegt kann
es auch vorkommen, dass man kräftig durchgeschüttelt
wird. Beim Start und bei der Landung werden deswegen
Mindestabstände zwischen den Flugzeugen eingehalten.
Diese Abstände sind vor allem von der Spannweite, dem
Gewicht und der Geschwindigkeit des vorausfliegenden
Jets abhängig. Je langsamer, schwerer und größer das
Flugzeug vor uns ist, umso größer können die Wirbel-
schleppen hinter ihm sein. Diese können kleinere Flugzeuge sogar zum Absturz bringen, und deshalb ist es
ratsam, diesen Sicherheitsabstand einzuhalten. Der Pas-
sagiersitz bei den Flügeln, respektive dem Notausgang
bietet bei Turbulenz die komfortabelste Reise. Nicht zuletzt deshalb ist es der beliebteste Platz im Flugzeug.

Abschließend kann gesagt werden, dass Turbulenz
grundsätzlich nicht gefährlich, sondern vor allem unangenehm ist. Der Air France Unfall über dem Südatlantik
könnte allerdings der erste Absturz mit Turbulenz als
Hauptursache sein. Der Airbus A330 flog direkt in ein
Gewitter hinein und wurde gewaltig durchgeschüttelt.
Dabei wurde der Autopilot überfordert und schaltete
sich aus. Die Piloten (im Cockpit befanden sich mit sehr
hoher Wahrscheinlichkeit zwei Copiloten, denn der Captain hatte Ruhezeit und schlief im Ruheraum) verloren
die Kontrolle über das Flugzeug und stürzten ab. Über
200 Tote. Ich halte es durchaus für möglich, dass Airbus nicht daran interessiert war, die Blackbox zu finden.
Könnte ja sein, dass ihr Sidestick/Fly-by-Wire System in
diesem Moment nicht besonders hilfreich war. Aber das
ist Spekulation. Und solange man die Ursache nicht genau kennt, darf man nur laut darüber nachdenken.

In der Fliegerei gilt der Winterbetrieb nach wie vor als
besondere Herausforderung an Mensch und Material.
Als Passagier merkt man davon nicht sehr viel. Außer,

dass mit Verspätungen gerechnet werden muss. Dass überhaupt geflogen werden kann, hängt von sehr vielen Faktoren ab.

Das fängt beim Flugzeug an. Um für einen Winterbetrieb zugelassen zu werden bedarf es einer tadellosen Ausrüstung. Nein nicht Schneeketten, aber einwandfrei funktionierende Enteisungsanlagen für die Flügel und die Triebwerkseinlässe und natürlich beheizte Frontscheiben. Zwei Wetter-Radars und natürlich zwei für den Schlechtwetterbetrieb ausgebildete Piloten gehören auch dazu. Zusätzlich muss das Flugzeug für Automatische Landungen zertifiziert und freigegeben sein. Bei Landungen im Schneetreiben bei Sichtweiten unter 100 Metern gehört viel Vertrauen in die Technik und vor allem gute Kenntnisse derselben. Bei unserer Firma werden nur die erfahrensten Piloten in diese Wintergebiete geschickt. Die weniger Erfahrenen dürfen während dieser Zeit vorwiegend in Asien fliegen und kommen im Winter, zwecks Erfahrung sammeln, nur als zweite Piloten nach Europa und Amerika zum Einsatz. Unsere anspruchsvollsten Winterdestinationen sind Fairbanks und Anchorage in Alaska. Aber auch New York oder Chicago können es in sich haben. Europa hingegen ist im Winter wettermäßig sehr selten besonders anforderungsreich. Außer natürlich Skandinavien.

Um ein Flugzeug vor dem Start von Schnee und Eis zu befreien ist viel Chemie vonnöten. Viele Tonnen werden jedes Jahr über die Flugzeuge gesprüht, um dann am Boden von der Kanalisation aufgefangen und in ein Sammelbecken zurückgeführt zu werden. Danach wird diese Flüssigkeit wiederaufbereitet ein weiteres Mal verwendet.

Das Flugzeug wird kurz vor dem Start zur sogenannten Enteisungsstation gerollt, wo es mit laufenden Triebwerken von Schnee und Eis befreit, und mit einer Schicht Spezialfilm bedeckt wird, um ein weiteres Vereisen innerhalb der nächsten 15 bis 30 Minuten zu verhindern. Dabei werden etwa 2000 Liter pro Jumbo verbraucht. Kostenpunkt: etwa 2000 Euro.

Anflug auf Anchorage/Alaska (07R). Beim Aufsetzen verringert sich die Sicht schlagartig auf unter 350 Meter. Eine Automatische Landung ist hier empfohlen.

Schubumkehr. Der KLM-Jumbo pflügt sich durch den Neuschnee

Was ist Luft?

Die Luft ist unsichtbar. Meistens jedenfalls, und das ist genau der Grund, warum es für uns Menschen sehr schwer zu begreifen ist, warum ein Flugzeug überhaupt fliegt. Wäre Wasser ganz unsichtbar, würden wir wohl mit gemischten Gefühlen ein Boot besteigen ...

Dennoch sind Luft und Wasser in gewisser Weise ganz ähnlich. Zwar kann man die Luft nicht sehen, aber man kann seinen Effekt beobachten und auch fühlen. Wenn sich Bäume im Sturm biegen oder wenn man eben die Hand während des Autofahrens aus dem Fenster hält.

Die Luft ist unter anderem auch den Gesetzen der Schwerkraft unterworfen. Das heißt, wie bereits gesagt; auch Luft wiegt etwas. Dieses Gewicht hängt von verschiedenen Faktoren wie Temperatur, Feuchtigkeit und Druck ab. Heiße Luft ist leichter als kalte, feuchte Luft ist leichter als trockene und die Luft oben in den Bergen ist auch leichter als die Luft im Tal, weil die zehn Kilometer Luft über uns ganz schön auf alle Dinge darunter drücken. Steht man auf einem Berg, lasten vielleicht nur sieben Kilometer Luft auf uns.

Die Luft ist also meistens nicht sichtbar. Zum Glück, denn sonst würden wir nicht viel von der schönen Welt sehen. Im Ernst, die Luft ist natürlich voller Moleküle. Diese sind sehr klein und haben die Eigenschaft, dass sie das Licht kaum reflektieren. Also sieht man die Luft nicht. Die Physiker unter den Lesern mögen mir verzeihen, aber komplizierte Vorgänge einfach zu erklären erfordert manchmal einige Abstriche an der Realität. Es ist wahrscheinlich so, wie wenn mir ein Physiker sagt, dass der Autopilot sowieso alles macht. Wenn sie einen Kondensstreifen am Himmel beobachten, sehen sie sogar wie feuchte Luft sichtbar wird. In großer Höhe verbinden sich kleinste Schmutzpartikel der heißen Abgase mit der immer noch etwas feuchten Luft, deshalb sehen wir die weißen Streifen, welche je nach Feuchtigkeit und Windstärke Sekunden oder gar Stunden in der Umgebungsluft schweben, respektive mit etwa 200 bis 500 Fuß pro Minute absinken und dann verdampfen.

Die Luft täuscht das menschliche Auge also. Das nächste Mal, wenn sie aus dem Flugzeugfenster schauen, stellen sie sich einfach vor, dass sie ein Fisch im glasklaren Wasser sind. Und solange das Flugzeug sich vorwärts bewegt, kann es nicht runterfallen. Selbst wenn auf 10 000 Metern alle Triebwerke ausfallen sollten, wird der Pilot die Nase des Flugzeuges etwas nach unten drücken und schon segelt es in Richtung Flugplatz. Wenn es denn einen im Umkreis von 100 bis 150 Kilometern hat.

Dies wurde in der Vergangenheit schon einige Male und vor allem natürlich unfreiwillig vorgeführt. Einer Air Canada Boeing 767 ging plötzlich der Sprit aus und der erfahrene Pilot, ein ehemaliger Segelflieger, landete die Maschine auf einer für ein lokales Autorennen abgesperrten Bahn. Man stelle sich den Airliner im Rückspiegel vor … Ursache für den Totalausfall beider Triebwerke war, dass nicht in Kilos, sondern in Pfund betankt wurde. Oops!

Auch einem Airbus A310 einer großen deutschen Chartergesellschaft ging der Treibstoff aus, weil nach dem Start in Griechenland das Fahrwerk nicht eingefahren werden konnte und das Flugzeug wegen des zusätzlichen Luftwiderstandes sehr viel mehr Kerosin verbrauchte, als der Herr Kapitän berechnet hatte. Der Kopilot konnte sich nicht durchsetzen. Folge war auch hier ein Totalausfall der Triebwerksleistung und die Crew war gezwungen, im Segelflug den Flughafen von Wien anzusteuern. Sie setzten kurz vor der Piste auf. Flugzeug Schrott. Glücklicherweise wurde niemand lebensgefährlich verletzt.

Die Piloten einer anderen kanadischen Fluggesellschaft versuchten ein an sich kleines Problem der Treibstoffpumpen während ihres Fluges nach Europa ohne die erforderliche Checkliste zu lösen. Mit fatalen Folgen. Sie ließen irrtümlicherweise den ganzen Treibstoff ab und mussten auf einer kleinen Insel im Atlantik notlanden. Riesenglück gehabt! Und zu guter Letzt segelt auch der Space Shuttle ohne Triebwerksleistung punktgenau zurück zur Mutter Erde. Meistens jedenfalls.

Leider ist die Luft nicht immer unsichtbar. Dies beschert uns den Nebel oder eben die Wolken. Wenn der Taupunkt und die Lufttemperatur sehr nahe beieinander liegen, hat dies oft zur Folge, dass dadurch Nebel entsteht. Die Sichtweite nimmt ab und somit sind die Fähigkeiten der Piloten, respektive die technischen Errungenschaften der Fliegerei gefragt.

Für den Start bei Nebel ist eine gewisse Sichtweite unerlässlich. Man muss wenigstens etwa hundert Meter der Piste vor dem Flugzeug sehen. Oder zumindest die extrem hellen, weißen Lämpchen, welche in den Boden eingelassen sind.

Gestartet wird immer „von Hand". Kein Autopilot der Welt kann dem Piloten (zum Glück) diese Aufgabe abnehmen. Bei 270 km/h nur hundert Meter weit zu sehen ist etwas gewöhnungsbedürftig. Versuchen sie's mal mit dem Auto bei 170 km/h. Erschwerend dabei ist, dass man bei einem Triebwerksausfall (und dem daraus resultierenden Schubverlust auf der einen Seite des Flugzeuges) die Mittellinie nicht verlassen darf und entweder den Start fortsetzt oder eine Vollbremsung macht. Dies erfordert viel Übung und deshalb wird bei dichtem Nebel der Start und auch die Landung meistens vom Kapitän ausgeführt. Um bei schlechter Sicht zu landen brauchen wir die Hilfe des Autopiloten. Bei Windstille, und diese herrscht bei Nebel ja meist, bringt er das Flugzeug punktgenau und sanft auf die Piste.

Die Flug-Sicherheit

Fliegen ist relativ sicher.

„Die Freiheit des Fliegens kann man erst dann genießen, wenn man die Disziplin des Fliegens gelernt hat. Disziplin beugt Abstürzen vor. Die Gefahr an sich ist relativ. Die Unerfahrenheit kann aber deren Vergrößerungsglas sein."

Diese hehren Worte stammen von Charles Lindbergh, dem Bezwinger des Atlantiks.

Doch wie sicher die Fliegerei wirklich ist, müsste man wohl die Hinterbliebenen von Flugzeugabstürzen fragen. Die Antwort ist geschenkt.

Die Frage sollte viel mehr sein: Ist fliegen gefährlich? Darauf muss ich nach über zwanzig Jahren im Business ehrlich mit „Ja" antworten. Fliegen ist sogar sehr gefährlich. Es gibt kaum ein Transportmittel, bei dem soviel schief gehen kann wie die Fliegerei (ich spitze es natürlich bewusst ein bisschen zu, damit es auch Spaß macht).

Es sollte jedem klar sein, dass bei so vielen Teilen, welche in einem Flugzeug eingebaut sind, auch ab und zu etwas kaputt geht. Sechs Millionen Teile in der B747 zum Beispiel, Nieten mit eingerechnet (nein, nicht die Piloten).

In der Fliegerei hat man es sich aufgrund vieler Unfälle zur Maxime gemacht, alle wichtigen Komponenten mindestens zweifach einzubauen. Daraus resultiert leider auch die mathematische Konsequenz, dass die Chance doppelt so groß ist, dass etwas kaputt gehen kann. Beim viermotorigen Jumbo besteht demnach also etwa eine doppelt so hohe Wahrscheinlichkeit, dass ein Triebwerk versagen kann und auch versagen wird, im Vergleich zu einer Zweimotorigen. Oder wie war das mir der Mathematik, Herr Professor Perez?

Ich habe ihnen eingangs versprochen, dass sie nach der Lektüre dieses Buches weniger Flugangst haben werden als zuvor. Dazu gehört auch, dass man auf dem Weg dorthin drei wichtige Schritte machen muss.

Erster Schritt: Verstehen, warum ein Flugzeug fliegt.
Zweiter Schritt: Was kann alles schief gehen?
Dritter Schritt: Wenn etwas schief geht, ist das zwangsläufig das Ende?

Also, wenn zum Beispiel ein viermotoriges Flugzeug einen Triebwerksschaden erleidet und das Triebwerk stillgelegt werden muss, dann produzieren die verbleibenden drei Triebwerke bedeutend mehr Leistung, als wenn beispielsweise ein zweimotoriges Flugzeug einen Triebwerksschaden hat. Deswegen sind Viermotorige bedeutend sicherer als Zweimotorige, brauchen aber naturgemäß auch mehr Treibstoff. Speziell wenn ich über die unendlichen Weiten des Pazifiks fliege, fühle ich mich in meiner Viermotorigen viel sicherer.

Es gibt eine Regel die besagt, dass bei einem zweimotorigen Passagierflugzeug nach Ausfall eines Motors mit dem verbleibenden Motor das rettende Ufer erreicht werden muss, und zwar innerhalb etwa drei Stunden. Deswegen fliegen auf den Pazifik-Strecken vorwiegend Vierstrahler wie zum Beispiel die A340 oder eben der Jumbo. Sie können bei Ausfall eines Triebwerkes problemlos bis zur Destination weiterfliegen. Ohne, dass die Passagiere etwas davon bemerken.

Gewisse Airlines, welche ihre Passagiere in Zweimotorigen nach Übersee schicken, nehmen aus Geldgier bewusst in Kauf, dass über bestimmten Flächen, respektive Distanzen zwischen den Kontinenten, ein Triebwerksausfall im Desaster enden wird! Mit dem verbleibenden einzigen Triebwerk ist es von dort aus nämlich unmöglich, einen rettenden Flughafen zwecks Notlandung zu erreichen. Unmöglich! Grund: Mit dem verbleibenden, funktionierenden Triebwerk kann nicht auf 10 000 Metern weiter geflogen werden, weil es zu wenig Schubkraft entwickelt um das Flugzeug in der dünnen Luft oben zu halten. Deshalb muss man auf etwa 8000 Meter absinken. Dort herrscht aber viel mehr Luftwiderstand, und man muss deshalb viel mehr Gas geben, um in nützlicher Zeit das rettende Ufer zu erreichen. Dabei verbraucht dieses verbleibende Triebwerk mehr Treibstoff als zwei gesunde Triebwerke auf 10 000 Metern Höhe brauchen! Hier wird ganz offensichtlich und mit behördlichem Segen an der falschen Stelle Geld gespart.

Speziell kleinere Airlines mit aufkommensschwachen Transpazifik-Routen setzen zweistrahlige Boeing 767 oder Airbus A330 ein. Bisher ist offiziell noch nichts wirklich schief gegangen. Es sind natürlich schon einige Male Triebwerke über dem Atlantik oder dem Pazifik ausgefallen; aber immer an Stellen über dem Meer, wo zufälligerweise eine rettende Insel mit Flughafen innerhalb etwa zwei Stunden erreicht wurde. Es dürfte aber nur eine Frage der Zeit sein, bis …

Es darf auch nicht verschwiegen werden, dass eine Notwasserung eines Großraumflugzeuges in jedem Fall in einem Crash enden wird. Mit vielen Toten. In jedem Fall!

Haben sie schon mal die Sicherheitsinstruktionen für eine Notwasserung gelesen? Wenn sie auf dem Bild ein völlig intaktes Flugzeug im Wasser sehen ist das eine blanke Irreführung der Passagiere. Darüber dürfen sie ruhig mal nachdenken, beim Buchen des nächsten Billig-Fluges über den Atlantik oder den Pazifik.

Die Reisebüros wissen naturgemäß, dass bei Transpazifikflügen mit Zweimotorigen ein erhöhtes Risiko besteht. Sie werden sie aber nicht darüber informieren. Bisher hatte man ganz einfach Glück. Aber der Tag wird kommen, wo gejammert wird. Dann wird ein vollbesetzter zweimotoriger Großraum-Jet ohne einen Tropfen Sprit in den Teich plumpsen und alle werden sterben. Eine Notwasserung klappt nämlich bestenfalls im Film oder bei schönstem Wetter, bei Tag und bei absolut flacher See. Selbst dann werden kaum die Hälfte der Passagiere überleben können. Wer das Gegenteil behauptet, hat wie immer, einen guten kommerziellen Grund dafür. Die Airbus A320 Notwasserung in New Yorks Hudson River war eine Ausnahmeleistung des Captains, gepaart mit optimalen Voraussetzungen: Schönes Wetter, keine Wellen und Rettungsboote in Griffnähe. Sie hatten Riesenglück!

Flugsicherheit fängt schon am Boden an. Als Pilot genießt man naturgemäß eine tolle Aussicht, wenn man in der Luft ist. Am Boden sieht die Geschichte etwas anders aus. Es ist vergleichbar mit Lastwagenfahren ohne Rückspiegel. Nach vorne ist die Sicht relativ gut. Im Jumbo-Cockpit auf zehn Metern über dem Boden sehe ich zum Beispiel die ersten 25 Meter vor dem Flugzeug nicht, weil die Nase der Maschine doch sehr lang ist. Man hat auch nur sehr limitierte Möglichkeiten seitlich nach hinten zu sehen. Selbst mit den Kameras, welche in einigen Airlinern eingebaut sind, ist es schwierig einen Überblick über das Geschehen hinter dem Flugzeug zu bekommen. Daher ist es unerlässlich, sich genau einzuprägen, was sich hinter dem Flugzeug befinden wird, bevor man zum Beispiel eine 90 Grad-Kurve am Boden macht. Die Triebwerksleistung beim normalen Rollen kann Container und Fahrzeuge, welche sich hinter den Düsen befinden, wie Spielzeugautos wegblasen. Selbst wenn sie hundert Meter weit wegstehen.

Gefährlich ist auch das Überqueren der Pisten. Bei Tag und bei guter Sicht ist es einfach. Bei Nacht oder bei Nebel jedoch ist es extrem wichtig, genau zu wissen, wo man sich befindet, und wohin man rollen muss. Die Navigation am Boden bei Nacht und bei Nebel geschieht mit Hilfe des Kompasses und den Flugplatzkarten.

Dabei ist es besonders wichtig zu wissen, wo sich die anderen Flugzeuge befinden. Man macht sich anhand des Funkverkehrs ein „Bild" von der Position der anderen Verkehrsteilnehmer. Das setzt voraus, dass man den Flughafen zuvor genau studiert hat. Sich mit einer B747 verfahren kann mitunter ein teures unterfangen sein, denn nicht alle Taxiways (Rollwege) halten dem Gewicht eines Jumbos stand.

Fakt ist, dass es täglich vorkommt, dass sich Piloten verfransen. Besonders tragisch sind die Fälle, wo Piloten eine aktive Piste überqueren wollten und dabei einer startenden Maschine im Weg standen. Insgesamt sind dadurch schon viele hundert Menschen gestorben. Selbst das bisher größte Flugzeugunglück in der zivilen Luftfahrt ereignete sich nicht in der Luft, sondern am Boden. Zwei Jumbo-Jets kollidierten im dichten Nebel auf dem Flughafen Los Rodeos auf Teneriffa. Allein bei diesem Unglück starben 583 Menschen. Ursache war letztendlich die Kommunikation von Piloten und Tower. Veraltete Funkgeräte, ein sehr schlechtes Englisch des spanischen Tower-Lotsen, dazu ein sehr schlechtes Hierarchie-Klima im Cockpit der KLM-747, und vor allem die kaltschnäuzige (weil gestresste) Art des holländischen Kapitäns kostete fast allen das Leben. Er startete bei Nebel ohne Freigabe des Towers. Mit voller Wucht donnerte er in eine immer noch auf der Piste rollenden PanAm Boeing 747. Sie hatten keine Chance.

Moderne Flughäfen sind heute mit einem Bodenradar ausgerüstet. Dadurch wurde die passive Sicherheit am Boden drastisch erhöht. Eliminiert wurde die Fehlerquote dadurch zwar nicht wirklich, denn es gibt weltweit heute noch täglich sogenannte Runway-Incursions. Fälle also, wo Flugzeuge ohne Erlaubnis der Fluglotsen eine Piste überqueren und fast in andere Flugzeuge donnern. Oder aber mit voller Erlaubnis der Lotsen die Piste überqueren, obwohl eine solche nicht hätte gegeben werden dürfen. Sehr viel Glück und die Aufmerksamkeit der Piloten/Lotsen verhinderte in vielen Fällen ein Unglück. Eine Lösung des Problems lässt aber weiter auf sich warten. Moderne Flugzeuge haben bereits ein Ground Mapping System eingebaut. Das heißt, auf dem Bildschirm im Cockpit wird das Flugplatzdiagramm dargestellt und die aktuelle Position des Flugzeuges und der Weg zur Piste, respektive zum Gate eingeblendet. Aber bis alle Flugzeuge über ein solches System verfügen, werden noch viele Jahre vergehen. Bis dann bleibt das Rollen am Boden ein sehr großer Gefahrenherd für die Fliegerei. An dieser Stelle möchte ich mich bei allen Fluglotsen für ihre Geduld mit uns Piloten bedanken. Sie verstehen, dass wir uns (im Gegensatz zu ihnen) auf unzähligen Flughäfen auskennen müssen, und wiederholen ihre Anweisungen auch beim dritten Mal, ohne dabei irgendwelche Emotionen zu zeigen. Bei uns Piloten hingegen herrscht gelegentlich die Meinung, dass die Controller uns unnötig warten lassen, respektive nicht gerade bevorzugt behandeln.

Ich hatte die Gelegenheit, einen ganzen Arbeitstag eines befreundeten Fluglotsen mitzuverfolgen. Ich durfte ihm bei seiner Arbeit beim An- und Abflugsektor, bis hin zur Bodenkontrolle, inklusive Kontrollturm über die Schulter schauen und weiß heute, worüber sich die Lotsen zu Recht ärgern. Am Schluss durfte ich sogar die größte Lichtshow der Schweiz bedienen, die Pistenbeleuchtung des Flughafens Zürich.

Es vergeht mittlerweile kaum ein Monat, wo nicht an irgendeinem Ort der Welt ein großes Passagierflugzeug abstürzt. Nach 9/11 hat sich die Lage für kurze Zeit etwas gebessert. Grund dafür war ja, und dafür hab ich immer noch keine verlässlichen Beweise, die bessere Qualität der Piloten.

Die Wirren nach den Anschlägen in den USA zwangen viele Airlines den Gürtel enger zu schnallen. Diesen Gürtel schnallt man bekanntlich besser unter dem Bauch zusammen. Schauen wir uns das Organigramm der Airlines an, wird immer genau unter dem Top-Management enger geschnallt.

Wir als Nicht-Manager sind schlechter organisiert, weil wir unsere Arbeitszeit mit, richtig, arbeiten verbringen. Da ist wenig Zeit, Strategien für die Arbeitsplatz-Sicherung zu entwickeln.

Weil nun aber das Volk nach den Terrorakten etwas flugmüde wurde, respektive berechtigterweise Schiss vor dem Fliegen hatte, gingen die Ergebnisse der großen, sonst schon chronisch finanziell angeschlagenen Airlines in den Keller. Da musste man natürlich etwas dagegen tun. Deshalb wurden tausende von Piloten und Flight Attendants entlassen. Natürlich gilt auch in diesem Business; die letzten beißen die Hunde. Die senioritätsmäßig hinten anstehenden, sprich jüngsten Kapitäne und Copiloten wurden zuerst rausgeschmissen. Es war einfach keine Arbeit mehr für sie da. Gleichzeitig wurde vom Management hastig das letzte Geld unter sich verteilt. Der Rest ist Geschichte.

Zurück zu meiner Behauptung. Weil eben die unerfahrensten und jüngsten Piloten aus den Firmen gekippt wurden, hatte dies einen kurzfristig positiven Nebeneffekt für die Flugsicherheit. Die alten und erfahrenen Piloten behielten ihre Jobs. Die Folge: In fliegerisch brenzligen Situationen war ein besseres Team im Cockpit.

Das war auch bitter nötig, denn gespart wurde seither nicht nur am Personal, sondern vor allem auch an den

Wartungskosten der Flugzeuge. Es gab nach 9/11 nachweislich mehr brenzlige Situationen pro Flug als davor.

Jets verhalten sich so wie ihr Auto, wenn sie es technisch vernachlässigen. Nur gibt's dort oben keinen Pannendienst.

Die Fliegerei folgt seit Jahrzehnten einem Siebenjahres-Rhythmus von guten und schlechten Jahren. Das bedeutet, dass wir zurzeit wieder im Abschwung sind. Das sieht man an den Ergebnissen der Fluggesellschaften. Innerhalb der Führung werden aber immer noch Bonus und 15. Jahresgehalt diskutiert. Für die Führung, nota bene.

Uns Piloten wird erfolgreich eingehämmert, dass wir froh sein müssen, unseren geliebten Job zu behalten. Die „kurz-fristige" zwanzig Prozent Gehaltskürzung im Jahr 2001/02 wegen der damaligen schlechten Passagierauslastung wurde zum Dauerzustand.

Aber wie sieht es mit der Flugsicherheit im Allgemeinen aus? Dafür reicht vorerst ein Blick in die Statistik. Und die wird (offiziell) von Jahr zu Jahr besser. Dafür gibt es viele Gründe. Zum einen, weil sie offiziell ist, zum andern fliegen die Airlines heute mit wesentlich jüngerem Flugmaterial. Das kostet zwar etwas mehr im Leasing, dafür hat man sehr viel tiefere Wartungskosten. Wenn das Leasing dann abgelaufen ist, beschafft man sich einfach neue, wieder geleaste Flugzeuge. Die Frage ist vielleicht, wer dann die alten Flugzeuge kauft oder least. Zweit- oder drittklassige Billigflieger etwa?

Zum dritten ist die Piloten-Auswahl bei den großen, erfolgreichen Airlines wesentlich besser geworden. Psychologie sei Dank werden bei führenden Airlines nur die am ehesten geeigneten Anwärter als Copiloten angestellt.

Doch bei den meisten Billigflug-Firmen (Ausnahme easyJet Switzerland) ist es leider genau umgekehrt. Die nehmen jeden, der sich eine Ausbildung zum Co-Piloten geleistet hat. Natürlich nur, wenn er auch gleich die Kosten für das sogenannte Type-Rating übernimmt (ca. 15 000 Euro), damit für die Firma keine lästigen Kosten für die Umschulung auf deren eingesetztes Flugzeugmuster anfallen.

Und da fängt das Problem mit der Flugsicherheit an. Nicht die hellsten und motiviertesten Köpfe werden in Zukunft die Billigflug-Kisten steuern, sondern die Generation „Papa zahlt". Natürlich müssen auch sie alle Prüfungen bestehen, beziehungsweise gesundheitlich fit sein. Das schlechte daran ist, dass sie nach ein paar Jahren nicht mehr die gleiche Motivation aufbringen wie die finanziell unterbevorteilten Mitbewerber. Hier sind wieder die Psychologen gefordert. Ich persönlich glaube, dass dies in nicht allzu ferner Zukunft das Problem Nummer eins sein wird. Wer nicht motiviert ist (auch finanziell), arbeitet schlecht. Und das ist in der Fliegerei tödlich.

Wie sicher ist fliegen also? Diese Frage kriegen wir Piloten sehr oft gestellt. Und natürlich antworten wir darauf reflexartig mit „sicherer als Autofahren". Aber das ist nur die halbe Wahrheit. Oder sogar die Unwahrheit. Um das Autofahren mit dem Fliegen zu vergleichen begeben wir uns auf ein unsicheres Parkett. Es werden gewissermaßen Äpfel mit Birnen verglichen. Aber versuchen wir es trotzdem.

Vergleicht man die Anzahl Flug-Kilometer mit den Auto-Kilometern so zieht das Auto tatsächlich den Kürzeren. Kein Wunder, denn das Flugzeug fliegt mit durchschnittlich 800 Kilometern pro Stunde und größtenteils weit weg vom Boden und anderen Flugzeugen (außer bei Start/Landung). Außerdem sind nur Profis und keine Sonntagsflieger in der kommerziellen Luftfahrt tätig.

Vergleicht man aber die Anzahl der Flüge mit der Anzahl Autofahrten sieht die Geschichte schon ganz anders aus. Dann sind nämlich beide Transportmittel in etwa gleich oft in einen Unfall mit tödlichem Ausgang verwickelt. Überrascht?

Dies sind übrigens neueste Untersuchungen des NTSB und der FAA, beides amerikanische Stellen, die für die Sicherheit in der Fliegerei zuständig sind und wenig anfällig dafür sind, es den Airlines Recht machen zu wollen.

Diesen Vergleich werden sie, liebe Leser, weder in der seriösen, noch in der Boulevard-Presse finden. Es scheint offenbar noch keine Redaktoren zu interessieren.

Also: Ist fliegen sicher?

Die Flugsicherheit ist allgemein gewährleistet, sonst würden die Piloten ja nicht einsteigen. Macht Sinn.

Nun ist der Mensch ein Pragmatiker. Er passt sich den Umständen an. Ist der Zyklus der Jobverteilung gerade etwas im unteren Bereich, verzichtet er zugunsten des Arbeitsplatzerhaltes auch mal auf etwas Sicherheit. Das gilt natürlich auch für die Piloten!

Leider ist dies eine Eigenschaft des Menschen, die man gerade bei Piloten nicht erwarten würde. Aber eben, Mensch ist Mensch und die Familie will schließlich ernährt werden.

Mit dem Einzug der Low Cost Carriers, den Billigfliegern also, hat zudem auch eine neue Generation „Manager" das Ruder übernommen. Zwecks Profitmaximierung und weil ihnen die Ideen ausgegangen sind wird auf Teufel komm raus gespart!

Gespart wurde schon immer. Das ist auch vernünftig. Nur ist es heute leider so, dass branchenfremde Manager ohne Sicherheitskultur genau dort sparen wollen, wo geklotzt werden müsste. Nämlich eben bei der Flugsicherheit.

Sicherheit fängt schon bei der Herstellung des Flugzeuges an. Das heißt, bei dessen Entwicklung. Die großen Flugzeughersteller müssen sich an internationale Sicherheitsrichtlinien halten, welche vorgeben, dass die Möglichkeit eines katastrophalen Szenarios (Absturz) weniger als eins zu einer Milliarde pro Flugstunde ist. Das klingt sehr beruhigend, ist aber hinsichtlich der tausenden von Toten in der kommerziellen Luftfahrt doch sehr fragwürdig. Die statistische Wahrscheinlichkeit bei einem Flugunfall ums Leben zu kommen liegt bei einem durchschnittlichen Trip (hin und zurück) von fünf Flugstunden bei eins zu zwei Millionen. Also wahrscheinlicher als ein Lotto-Sechser!

Dazu kommt, dass in Drittweltländern, wie etwa in Südamerika und Afrika natürlich auch munter drauflosgeflogen wird und ebenso abgestürzt wird. Mit zum Teil bedenklichem Flugmaterial. Flugzeuge, welche in Europa unmöglich fliegen dürften, werden in diesen Ländern auf null Stunden nicht revidiert, sondern bestenfalls lackiert. Die schöne Farbe ist denn auch wirklich alles, was neu ist an diesen Seelenverkäufern. Diese Airlines leisten sich den Luxus ihre „nicht Original-Ersatzteile" zum Teil auf dem Schwarzmarkt zu kaufen. Mit fatalen Folgen. Afrika ist der Kontinent mit den meisten Unfällen pro Flug. Auch die Piloten-Qualität ist äußerst bedenklich. Training gibt es praktisch keines. Zu teuer! Glücklicherweise setzen die Afrika-Gesellschaften meist einen erfahrenen, westlichen Kapitän ins Cockpit. Die Copiloten sind jedoch vorwiegend „Members of the lucky Sperm". Mitglieder reicher Sippschaften also, die gerne eine Uniform tragen und Pilot spielen. Größtenteils nutzlose Sandsäcke. Ich hatte das zweifelhafte Vergnügen, verschiedene Afrikaner im Simulator zu beobachten. Mich kriegen keine zehn Pferde in ein afrikanisches Linienflugzeug (Ausnahmen: South African Airways, Air Namibia).

Aber gespart wird nicht nur in Afrika und Südamerika. Alaska Airlines, ein erfolgreicher Billigflieger aus den USA, sparte (gemäß dem NTSB-Unfallbericht) bei der Wartung. Mit tödlichem Ausgang. Bei einem wichtigen Teil der Höhensteuerung wurde das Wartungsintervall bewusst nicht eingehalten. Um Zeit und Geld zu sparen. Dieses Teil (eine Schneckenwelle zur Betätigung der Höhensteuerung, respektive der Trimmung) wurde zu heiß, weil es nicht ausreichend geschmiert wurde, und brach ab. Die Crew des Alaska Airlines Fluges 261 wurde während des Reisefluges überrascht. Obwohl sie noch eine halbe Stunde verzweifelt versuchten, ihre Maschine halbwegs zu kontrollieren drehte sich die MD-80 (DC-9) auf den Rücken. Sie und die Passagiere hingen in ihren Gurten und wussten, dass sie innerhalb der nächsten Minuten sterben würden. Die sehr erfahrenen Piloten hatten jetzt keine Chance mehr das Flugzeug zu steuern. Sie rasten mit über hundert Menschen und 700 km/h praktisch senkrecht in den Tod.

Der Flugzeughersteller erachtete es damals als unnötig, dieses wichtige Teil zweifach einzubauen. Der Hersteller ist nicht mehr im Business, und so fliegen auch heute noch munter hunderte Flugzeuge dieses Typs mit dieser „Fehlkonstruktion" herum. Über hundert auch in Europa. Mit Wissen der Piloten und mit Wissen der Behörden. Ich habe sie gewarnt, liebe Leser.

Da war auch die, ach so tolle, Swissair keine Ausnahme. Um den verwöhnten Passagieren das letzte an Unterhaltungsprogrammen mit Geldspielmöglichkeiten zu bieten fand man eine abgehalfterte Bude in Las Vegas (wie treffend). Diese kleine, billige Hinterhof-Firma bot Swissair ein Inflight-Entertainment-System zum Schnäppchenpreis an. Wer war eigentlich der zuständige Manager, der diese Verträge unterschrieben hat? Gemäß Unfallbericht der kanadischen TSB hatte Swissair dieses System natürlich grad selber eingebaut und auch sich selber kontrolliert. Obwohl das Schweizer Bundesamt für Zivilluftfahrt dafür zuständig gewesen war, wurde offenbar kein Beamter zur Kontrolle nach Zürich entsandt. Die billigen, nicht für diesen Zweck zertifizierten Kabel schmorten seit längerer Zeit. Obwohl die Stewardessen und Stewards x-mal auf diesen Umstand hingewiesen hatten, wurde nichts dagegen unternommen. Auf dem Flug von New York nach Genf entfachten diese Kabel kurz nach dem Start einen nicht löschbaren Cockpitbrand. Die Piloten versuchten verzweifelt mit Hilfe der viel zu detaillierten (weil offenbar von Swissair „verbesserten") Checklisten, den Brandherd zu finden. Sie kamen nicht einmal mehr dazu, ihre MD-11 notzulanden. Auch sie hatten keine Chance. Das brennende Flugzeug stürzte bei Halifax in den eiskalten Atlantik. 229 Tote.

Die Liste lässt sich beliebig verlängern. Was lernen wir daraus? Offensichtlich nicht viel. Wir suchen alle immer noch nach dem billigsten Flugticket! Und wundern uns, dass abgestürzt wird.

Die Verantwortung

Als Kapitän trägt man große Verantwortung. Verantwortung über das Leben anderer Menschen und deren Familien. Aber auch Verantwortung über sehr teure Flugzeuge und das Wohlergehen einer Airline.

Doch was bedeutet eigentlich Verantwortung?

Jeder Mensch trägt im normalen, täglichen Leben Verantwortung, ohne sich deren bewusst zu sein. Ob im Beruf oder zuhause als Eltern. Auch beim täglichen Umgang mit fremden Menschen muss man Rücksicht auf deren Gesundheit nehmen. Physisch wie auch psychisch. Das heißt, wir achten im ganz normalen Alltag darauf, niemandem auf die Füße zu treten, niemanden zu verletzen oder sonst zu benachteiligen. Die meisten unter uns jedenfalls.

Wenn andere Menschen zum Beispiel mit uns im Auto mitfahren, tragen wir die Verantwortung ihnen gegenüber. Das hat mit „Antworten" zu tun. Antworten auf Fragen, die gestellt werden, nachdem ein Unfall passiert ist. Hat man das „Richtige" gemacht? Die vernünftigste Lösung eines Problems gefunden? Richtig oder eben falsch reagiert? Oder war man leichtsinnig? Oder „einfach" müde?

Bei Autounfällen helfen Zeugenaussagen und das Straßenverkehrsgesetz, um zu einer Aufklärung des Sachverhaltes zu kommen. Die Beurteilung des Strafmaßes ist hier auch ziemlich klar definiert. Ab hier geht die Fliegerei einen ganz anderen Weg. Hier unterscheidet sich wesentlich, dass man es mit der dritten Dimension zu tun hat. Zusätzlich sind in Flugzeugen, im Vergleich zum Autofahren, praktisch ausschließlich Profis am Werk. Trotzdem passieren Unfälle. Über das „warum" haben wir schon gelesen. Aber wie sieht es aus, wenn ein Pilot einen Fehler macht, es überlebt und dann dem Richter vorgeführt wird?

Unfallursache: Menschliches Versagen! Nachdem eine Armada an Fachleuten monatelang einen Crash untersucht hat, kommen sie in etwa 80 Prozent der Fälle zum Schluss, dass die Piloten Fehler gemacht haben. Nun gibt es meine Gegenbehauptung: Wäre das Flugzeug pilotenfreundlicher, sprich sicherer konstruiert worden, wären die Piloten gar nicht erst in die Situation gekommen, diese 80 Prozent der Fehler zu produzieren.

Die Flugzeugindustrie ist ein träges Geschäft, wenn es um die Flugsicherheit geht. Und noch viel träger sind die staatlichen Kontrollstellen, die Luftfahrtsbundesämter und der Gesetzgeber. Bei vielen Unfällen müsste sie eigentlich die kollektive Mitverantwortung treffen!

Einzig die Piloten, ob sie es nun überlebt haben oder nicht, bekommen im Unfallbericht den Schwarzen Peter zugeschoben. Pilotenfehler. Eine saubere Sache also …

Bei der immensen Komplexität der modernen Fliegerei ist es kaum verwunderlich, dass auch häufiger Fehler gemacht werden. Die Airlines sind natürlich immer schnell mit der Behauptung, dass die Fliegerei an sich sehr viel sicherer geworden ist (im Vergleich mit dem Auto). Doch das ist eben nur die halbe Wahrheit, denn seit sich die Anzahl der Cockpit-Mitglieder von fünf auf zwei reduziert hat, ist die Kontrolle auch um drei wichtige Leute reduziert worden. Natürlich hat sich der vielgepriesene Computer im Cockpit einen wichtigen Platz erobert, aber für die Entscheidungsfindung seitens der Piloten ist er nur beschränkt hilfreich. Er gibt im modernen Cockpit (damit sind weltweit nur etwa fünfzig Prozent der Passagier-Flugzeuge ausgerüstet) sogar Lösungsvorschläge, indem er der Crew sagt, was genau kaputt sein könnte. Dann wird mit Hilfe der Checkliste „repariert", und es besteht in der Regel berechtigte Hoffnung, dass der Flug dadurch relativ normal weitergeführt werden kann. Doch was ist, wenn es dafür keine Checkliste gibt, respektive wegen kumulierten Systemausfällen eine Checkliste sogar irreführend sein kann? Für zwei Probleme auf einmal gibt es nämlich keine Checklisten.

Nun, dann ist eben die Crew gefordert, ihre Erfahrung mit ins Spiel zu bringen. Noch gibt es im Flugzeug keine Computer, die Erfahrung haben. Und um diese Erfahrung richtig einzusetzen ist eben die Verantwortung miteinzubeziehen. Da macht es dann schon einen riesigen Unterschied, ob man im Auto sitzt und mal eben rechts ranfährt um zu kucken was fehlt, oder ob man mit tausend Sachen in 10 000 Metern unterwegs ist.

Zudem geht vielleicht der Sprit zur Neige, das Wetter ist auch nicht so kooperativ und zusätzlich hat man eben noch diese zwei Systeme, die gerade jetzt ihren Dienst versagen.

Passiert selten? Leider nein, liebe Freunde der Luftfahrt. Das kommt täglich dutzendfach vor. Quer durch alle Airlines. Nur liest man davon nichts, weil die Akteure richtig und mit Augenmaß (Ausbildung, Erfahrung und Verantwortung) gehandelt haben. Jeder Pilot kann davon ein Liedchen singen. Nach über 13 000 Flugstunden sammelt sich so einiges an. Nicht dass wir von den Passagieren ein Schulterklopfen erwarten. Nein, es reicht, wenn die Öffentlichkeit uns wieder als das wahrnimmt, was wir sind. Nämlich verantwortungsvolle Mitmenschen, deren Ziel es ist, die Passagiere, das Flugzeug und die Fracht so sicher wie möglich ans Ziel zu bringen. Nicht mehr, nicht weniger. Und dass wir dafür ein anständiges Gehalt erwarten, leuchtet vielleicht irgendwann auch einmal den Managern und den Schnäppchenjägern ein. Für 99 Euro nach London zu fliegen ist purer Unsinn. Dann auch noch zu erwarten, dass nicht an der Sicherheit gespart wird, ist dummdreist. Aufwachen bitte!

Stratosphärenflug

Der Mond und die Sterne sind meine treuen Begleiter. Über den Weiten des Pazifiks werden sie zu guten Freunden. Trotz aller modernen Technik wie GPS, IRS und Satellitenkommunikation gibt es mir ein gutes Gefühl, mit Hilfe der Sternbilder die ungefähre Himmelsrichtung zu wissen.

Dabei hat es mir der Mond besonders angetan. Hundertmal hab ich ihn schon fotografiert. Aufgang, Untergang, Vollmond, Halbmond. Bei Tag und bei Nacht. Er ist immer wieder faszinierend. So nah und doch so fern. Er ist über 380 000 Kilometer weit weg. Etwa zehn Mal die Distanz rund um unseren Globus. Im Vergleich zu den Sternen ist er aber gleich um die Ecke. Besonders nah erscheint er uns bei Auf- und Untergang. Das ist aber eine optische Täuschung, versichern mir die Astro-Physiker. Auf jeden Fall wirkt er auf 10 000 Metern über Meer zum Greifen nah.

Seit Neil Armstrong im Juli 1969 seinen weißen Stiefel in den Mondsand setzte, verlor der Erdtrabant für den Menschen leider zunehmend an Faszination. Man hat ihn „bezwungen". Schade, denn er hat es nicht verdient. Für mich jedenfalls bleibt er der schönste und eindrücklichste Himmelskörper. Zwölf Menschen war es bisher vergönnt, ihn zu besuchen. Und alle waren sie tief beeindruckt von ihm. Nur ein Planet hat sie noch mehr in den Bann gezogen, als sie auf dem Mond spazierten: Die Mutter Erde! Von dort oben sieht die Weltkugel wie ein überdimensionaler Mond aus. Reinhardt Mey würde singen; … alle Ängste, alle Sorgen, sagt man – blieben darunter verborgen und dann – würde was uns groß und wichtig erscheint, plötzlich nichtig und klein …

Airport Security

errare humanum est ...

Ein Thema, welches speziell die Vielflieger unter ihnen interessieren dürfte. Zuerst etwas Grundsätzliches: Dass man genau kontrolliert, wer an Bord eines Flugzeuges darf und wer nicht, ist ziemlich einleuchtend. Wer will denn schon irgendwelche Spinner mit Liebeskummer oder sonstige Verwirrte im Flugzeug haben. Dies war auch bis weit in die 1990er Jahre relativ problemlos zu kontrollieren. Flugzeugentführungen waren, abgesehen von den wilden Siebzigerjahren, eher die Ausnahme. Wenn ein Terrorist ein Flugzeug kapern wollte, konnte er dies damals genau so einfach tun wie heute.

Doch damals hatten die Entführer (wenigstens) noch konkrete Forderungen an die Regierungen gestellt. Zum Beispiel eingesperrte Kumpane freipressen oder schlicht ein kommunistisches Land verlassen. Sie waren meist keine Selbstmord-Attentäter. Daran hat sich (objektiv) auch seit 9/11 nichts geändert!

Was sich seit George W. Bushs getürkter Wahl zum Präsidenten der Vereinigten Staaten geändert hat, ist die Art und Weise wie mit Moslems umgegangen wird. Sein Einmarsch im Irak hatte offensichtlich nur den Grund, an die Erdölreserven des Zweistromlandes und, zu einem späteren Zeitpunkt, an die Ölquellen des Irans zu gelangen. Dass er die Iraker vom Tyrannen Saddam Hussein befreien wollte, war nur ein willkommenes Propaganda-Nebenprodukt. Solche Tyrannen gibt es weltweit viele, nur haben die leider (noch) kein Öl.

Dass Bush dabei zwielichtigen Typen wie Osama Bin Ladens Terrorgruppe einen schon fast legitimen Auftrag erteilte, gegen die USA zu kämpfen, kommt Bushs zweitem Standbein, dem Waffengeschäft seines Vaters zugute. Vater (Ex-US-Präsident) und Mutter Bush (sein Vize) wussten immer schon, dass ihr Sohn ein Idiot ist. Aber mittlerweile ein ganz nützlicher. Sie haben ihrem Sohn den einfachen und klaren Auftrag erteilt, überall auf der Welt die kleinen „Buschfeuer" am Leben zu erhalten.

Nur so legitimiert es die verschiedenen Staatsoberhäupter und Despoten, milliardenteure Waffen „made in USA" zu erwerben (und sich dabei selber saftige Provisionszahlungen zuzuschanzen). Wenn man bedenkt, dass eine einzige F/A-18 für etwa 80 Millionen Euro über den Tisch geht, fällt schon einiges an Kickbacks an. Die reinen Kosten eines solchen Fighters belaufen sich nämlich auf „nur" etwa 30 Millionen.

Ich rede durchaus auch von Staatsleuten innerhalb Europas, welche sich ein Stück vom Kuchen abschneiden wollen. Die Beweise dafür schulde ich ihnen. Auch die europäischen Rüstungsbetriebe haben ein äußerst großes Interesse daran, dass Kriege stattfinden. Da kam ihnen Bush bisher sehr gelegen. Ohne diese latente Angst der Bürger vor einem Krieg wären die Waffenschmieden obsolet. Übrigens wurde 1957 die EU (EWG) ins Leben gerufen, damit sich die Staaten wirtschaftlich vereinten und somit kein Krieg mehr ausbrechen würde (könnte). Nun, das Ziel der heutigen EU hat sich offenbar sehr stark verändert.

Oberstes Ziel der europäischen Politiker ist es heute nämlich, den EU-Bürger so schnell über den Tisch zu ziehen, dass er die daraus resultierende Reibungshitze als Nestwärme empfindet ...

Im Zuge dieser allgemeinen Verunsicherung des EU- und US-Volkes wurde mit tatkräftiger Hilfe von Ex-Vizepräsident Dick Cheney und Ex-Außenminister Donald Rumsfeld eine riesige Sicherheitsindustrie aus dem Boden gestampft. Für sie eröffnete der Luftangriff auf die Wolkenkratzer in New York (ungeahnte?) Möglichkeiten.

Auf Dick Cheneys Konto geht unter anderem die „kugelsichere Cockpittüre". Mit einem riesigen Aufwand wurden seither alle Cockpit-Türen ausgewechselt. Kostenpunkt für eine B747: zirka 50 000 Euro. Und was nützt uns diese kugelsichere Tür? Gar nichts! Denn wenn ein Terrorist, bewaffnet mit einer Handgranate, ins Cockpit will, dann wird ihn der Kapitän wohl auch reinlassen. Es ist immer noch besser, darüber zu reden, bevor er die Handgranate zündet.

Oder das Beispiel des „Schuhbombers" Richard C. Reid. Der irre Engländer hatte auf einem Transatlantikflug von Paris nach Miami Sprengstoff in seinen Schuhen versteckt, um sich und die Maschine in die Luft zu jagen. Er hatte sich aber so auffällig benommen, dass er von einer Stewardess etwas genauer unter die Lupe genommen wurde. Und siehe da: Sprengstoff in den Schuhen! Die Passagiere überwältigten ihn. Es war der größte Tag in der Geschichte der Sicherheitsbeamten weltweit, obwohl sie nichts zu seiner Entdeckung beitragen konnten. Seither werden die Passagiere (vom Kleinkind bis zum Greis) genötigt, vor dem Flug die Schuhe auszuziehen, sie durch den Scanner zu schicken und danach wieder

anzuziehen. Nicht auszudenken, wenn sich der Schuh-
bomber seine Unterhose als Versteck für den Sprengstoff ausgesucht hätte ...

Übrigens wurde kein einziger Terrorist seit 9/11 bei
einer routinemäßigen Kontrolle an einem Flughafen entdeckt!!! Keiner! Obwohl auch sie ab zu und gerne per
Flugzeug verreisen.

Ohne die vielen herumgebotenen Verschwörungstheori-
en zu untermauern: als Produkt der durchaus von der
damaligen US-Führungsliga selbst produzierten, schlei-
chenden Massenhysterie konnte der kleine Präsident
Bush seinem Vater einen veritablen Brandherd im Nahen
Osten schaffen. Der Vize-Präsident nutzte dabei die Gelegenheit, seine Firma (Halliburton, weltweit in 120 Staaten für die USA tätig) auf Sicherheitseinrichtungen zu
spezialisieren. Ein Bombengeschäft, im wahrsten Sinne
des Wortes. Trotz Bekanntwerden dieser Fakten behan-
delte die US-Presse die beiden wenig überraschend mit
Samthandschuhen. Eine Hand wäscht die andere. Dabei
handelten die amerikanischen Medien verantwortungs-
los! Man darf aber nicht vergessen, dass Bush und Cheney sehr einflussreiche Leute sind. Soviel zur US-Demo-
kratie. Mal sehen, ob Barack Obama die Wende bringt.

Fakt ist, dass seither Ängste geschürt werden. Folgedessen boomt der „Verkauf" von Sicherheit. Von der
Diebstahl-Anlage bis zum Passagier-Scanner wird seither alles an die Flughäfen verkauft, was in irgendeiner
Form Sicherheit suggeriert. Jedes öffentliche Gebäude
der westlichen Welt hat seither eine Armada an uniform-
mierten „Sicherheitsleuten", welche im Prinzip unbe-
zahlbar sind. Nicht weil sie uns Mitbürgern unschätzbare
Dienste erweisen, sondern weil sie nichts, aber auch gar
nichts bringen!!! Im Gegenteil: Sie verängstigen bestenfalls das Volk. Und kosten den Steuerzahler (also sie und
mich) Milliarden.

Der einfache Bürger, das brave Schaf, beginnt sich damit abzufinden. Was soll er denn auch anders machen? Die Zeitungen sind schließlich täglich voll mit schlechten Meldungen. Diese schaffen logischerweise höhere Auflagen, Quoten oder wie auch immer gewisse Verleger ihren Qualitätsmaßstab nennen. Selbst die „guten Zeitungen" scheinen mittlerweile mitzumachen. Es ist heute verdammt schwierig, die guten und schlechten Zeitungen auseinander zu halten. Will man wirklich gut informiert sein, ist man gezwungen unterschiedliche Zeitungen und vor allem das Internet selektiv zu konsultieren. Ich persönlich ziehe Wochenzeitungen den Tageszeitungen vor. Der Grund ist sehr einfach: Eine Tageszeitung hat z. B. abends um 23 Uhr Redaktionsschluss und die Zeitung muss raus. Eine Wochenzeitung hat zwangsläufig mehr Zeit zu recherchieren und ist somit der Wahrheit möglicherweise etwas näher. Zudem werden die Handlungen im Laufe einer Woche auch transparenter und die Schlussfolgerungen der Redaktion dadurch möglicherweise genauer.

Jeder will eine Meinung haben. Doch eine eigene Meinung zu haben wird immer mehr zum Luxus. Um sich eine Meinung zu erwerben, muss man vorher viele Stunden gelesen, studiert und verglichen haben. Das war früher einfacher. Die schiere Masse an Information macht es heute ungleich schwieriger, die „Wahrheit" herauszufinden.

Man kann sich das Leben allerdings auch einfacher machen, indem man die Meinung des Stammtisch-Führers oder der Politiker übernimmt und artig nickt. Bloß nicht gegen den Strom schwimmen.

Ich schweife wieder ab. Trotzdem; die Versicherungs-Industrie trägt das ihre zur Angsterhaltung bei. Sie erhöht die Prämien ständig und streicht die Leistungen, ohne dass sich auch nur ein einziger Politiker dagegen wehren würde. Und schon überlegen wir uns allen Ernstes, ob wir nicht vielleicht doch unterversichert sind. Dieser Kreislauf hat System und hat vor allem schon lange seine gewollte Eigendynamik entwickelt. Sie ist von unseren schwachen Politikern nicht mehr zu bremsen. Weil sie, unter anderem, es nicht wollen.

Seit 9/11 weht diesbezüglich also ein völlig anderer Wind. Es wurden zum ersten Mal keine Forderungen mehr gestellt, bevor man die Flieger in die Wolkenkratzer steuerte. Vier professionelle, flugerfahrene Ex-Linienpiloten wurden zu Selbstmord-Attentätern umgepolte Terroristen. Sie steuerten ihre Flugzeuge mit verblüffender Präzision in die riesigen World Trade Center Gebäude (und eventuell ins Pentagon).

Und wer behauptet, dass es Moslems waren, welche zuvor ein paar Flugstunden in Florida auf der Cessna absolvierten, hat entweder einen triftigen Grund dafür oder ist schwachsinnig! Selbst gestandene Piloten versuchen uns bisweilen diesen unerträglichen Mist zu erzählen. Und diejenigen, welche von Berufes wegen zu kurz denken, klatschen sich wieder in die Hände; allen voran die Sicherheits-Industrie.

Die subtile Art, wie das Weiße Haus mit Hilfe von CNN und Co. die Welt seither in Angst und Schrecken versetzt ist hoffentlich bald vorbei. Wie die neue US-Regierung unter Barack Obama sich diesbezüglich verhält, bleibt abzuwarten, denn die Eigendynamik dieser anhaltenden Schockstrategie ist nicht zu unterschätzen. Genau, so nennt sich die geheime Strategie der Keynesianer, respektive der berühmt berüchtigten Wirtschaftsprofessoren der University of Chicago, allen voran Milton Friedman, ein Verehrer von Friedrich von Hayek. Hayek war der Wirtschaftsguru der 1950er Jahre. Friedman sein Vasalle. Er lehrte an der Uni, wie man eine kleine Rezession dazu verwendet, Chaos in die Zivilbevölkerung zu bringen und ihnen dann genau vorausgeplante „Lösungen" präsentiert. Damit hatte er (Friedman) Lateinamerika dahin gebracht, wo es noch lange bleiben wird. Der kleine Unterschied zu den damaligen Liberal-Wirtschaftlern ist heute der, dass man fortan nicht nur alles allein der Wirtschaft überlassen würde, sondern auch gleichzeitig den Staat aushöhlt. Um angeblich Arbeitsplätze zu sichern. Für uns, den normalen Bürger, ist sowieso nicht mehr nachzuvollziehen, wer wem wieviele Millionen abgeschrieben hat. Man vertraut den Politikern, welche möglicherweise noch weniger Ahnung haben und alles schönreden um, richtig, wiedergewählt zu werden.

So werden heute hunderte von Milliarden an Staatshilfe für marode Banken und Versicherungen verwendet, welche zuvor munter alles verzockt haben und nun nach dem Staat flennen ... damit sie sich damit ihre fetten Boni ausschütten können. Hallo? Jemand zuhause?

Man hätte die Firmen doch einfach sterben lassen sollen: General Motors, Ford, Opel, AIG.

Auch die Schweiz braucht nicht zwingend eine UBS. Milton Friedman hatte übrigens einige berühmte Gefolgsleute in seinem Studiensaal in Chicago. Unter ihnen war zum Beispiel auch Donald Rumsfeld. Und woher kommt eigentlich Obama? Wir wissen es nicht. Oder doch? Kenia, Hawaii, Indonesien und Gouverneur von (...) Chicago. Zufall? Yes, we can.

Inwieweit sich die Anschläge des 11. September 2001 mit dem Islam in Verbindung bringen lassen, vermag ich nicht zu beurteilen. Dafür ist die Sache zu komplex. Es muss aber mit aller Kraft darauf hingewiesen werden, dass die überwältigende Mehrheit der Moslems mit Terror nichts am Hut hat. Sie sind ein sehr friedliebendes Volk. Manchmal vielleicht ein bisschen emotional, aber nie gefährlich! In meiner Zeit als Pilot in Saudi Arabien und in den Vereinigten Arabischen Emiraten hatte ich kein einziges Mal das Gefühl gehabt, es mit fanatischen Glaubenskriegern zu tun zu haben. Ganz im Gegenteil. Ihre Gastfreundschaft ist legendär, und Freundschaft hat, im Gegensatz zu vielen westlichen Kulturen, weder mit Geld noch mit beruflichem Erfolg zu tun.

Fakt ist auch, dass bei den Anschlägen die damalige US-Regierung ihre Finger mit im Spiel haben musste. Wie ist es zum Beispiel zu erklären, dass die 100 Tonnen Boeing 757 im Pentagon nur gerade ein fünf Meter breites Einschlag-Loch hinterließ und man weder ein einziges Teil des Flugzeuges noch eine einzige Leiche gefunden hatte??? Ich frag ja nur.

Gegen Selbstmordattentäter ist man schlicht und ergreifend machtlos. Es gibt fast keine Möglichkeit, die Terroristen aus den Millionen von Passagieren herauszufinden.

Besserung gibt es vielleicht dann, wenn eine vernünftige Nahost-Politik gemacht wird. Dazu gehört unter anderem auch, dass die Palästinenser endlich ihren Teil des Landes von den Israelis zurückbekommen!

Ich wagte kurz nach 9/11 (entgegen dem Zeitgeist) sogar die Behauptung, dass in naher Zukunft keine ähnlichen Angriffe auf Wolkenkratzer mehr stattfinden würden. Dagegen kann man sich sowieso nicht wehren. Da helfen auch keine noch so gut gemeinten Sicherheitskontrollen vor dem Einsteigen. Um Terroristen aufzuspüren, müsste man Heerscharen von Polizei-Psychologen aufbieten. Die Israelis wissen genau, wie das geht. Oder man sollte zum Beispiel die Millionen auch dafür investieren, die Regierung Jemens bei der Suche nach Terror-Camps zu unterstützen.

Aber bei Flughäfen gilt letztlich; wo es eine Tür gibt, kommt man notfalls hinein. Mit anderen Worten: ein als

Flughafenangestellter getarnter Terrorist hätte keine Mühe, in den Bauch einer Passagiermaschine zu gelangen, um dort Sprengstoff zu deponieren.

Wer sich in der Diskussion um Sicherheits-Standards in der Fliegerei der simplen Tatsache entzieht, dass es keine totale Sicherheit geben kann, verlässt den Boden rationaler Argumentation und driftet frei im Raum der irrationalen Ängste!

Die ganze Hysterie der Sicherheitskontrollen hat für mich bestenfalls Beruhigungscharakter. Allerdings zu einem gigantischen Preis. Dahinter steckt, wie gesagt, eine riesige Industrie: das Geschäft mit der Angst.

Die Kontrollen an den Flughäfen werden immer stupider. Im ehemals paradiesischen Honolulu, Hawaii, wurde ich aufgefordert, meine fünf Zentimeter lange Nagelschere rauszurücken. Ein übereifriger Angestellter der Homeland-Security hatte mein Mordwerkzeug in meinem Koffer entdeckt. Bravo. Dummerweise ließ ich mich auf eine Diskussion mit dem „Sicherheitsbeamten" ein. Ich versuchte ihm klar zu machen, dass ich als Kapitän des Flugzeuges kaum jemanden, respektive mich selbst damit umbringen würde/könnte. Andererseits machte ich ihm auch klar, dass ich, wenn ich denn das Bedürfnis hätte jemanden um die Ecke zu bringen, dazu doch eher die 80cm lange Axt benutzen würde, welche Standard in jedem Airliner-Cockpit ist. Das war zuviel für ihn. Er alarmierte seinen Vorgesetzten, und wir lieferten uns ein Wortgefecht über Sinn und Unsinn ihres Jobs. Nachdem ich in die Mündung einer M-16 des herbeigeeilten, kahlköpfigen Marines-Soldaten schaute, konnte ich mir ein Kopfschütteln nicht verkneifen. Natürlich unterlag ich in unserer Diskussion haushoch, denn ich wollte schließlich pünktlich mit meiner Crew und den Passagieren die Insel verlassen. Denn wie gesagt: Streite dich nie mit einem Idioten, denn er zieht dich auf sein Niveau hinunter und schlägt dich dank seiner Erfahrung.

In diesem Zusammenhang hab ich später einiges in Erfahrung gebracht. Nach 9/11 wurden in aller Eile Sicherheitsbeamte „ausgebildet". Von der Straße. Die Auswahl war ziemlich erfrischend: Es stellte sich heraus, dass 5 % der schnellgebleichten Security-Officers ehemalige Knastbrüder waren ... Kein Witz! Diese Zahl hat sich mittlerweile auf beruhigende 2 % reduziert. Mit anderen Worten; auf jedem fünfzigsten Flug werden wir Passagiere und Piloten in den USA ausschließlich von Ex-Gefangenen kontrolliert. Das sind Kreaturen, welche kurze Zeit zuvor nach ihrem Freigang im Gefängnishof bis auf die Unterhose durchsucht wurden. Rache ist süß. It's payback time!

Das schlimmste an diesen Sicherheitsleuten ist, dass sie auch noch glauben, sie würden die Fliegerei sicherer machen. Wenn ich mir diese teilweise sehr naiven Damen und Herren anschaue, fällt mir wirklich nicht mehr viel dazu ein. Erhöhte Flugsicherheit? Ein sehr teurer, dummer Trugschluss.

Gemäß (von Flughäfen durchgeführten) Umfragen fühlen sich die Passagiere durch diese „Kontrollen" sicherer. Eine für mich schwer nachvollziehbare Tatsache. Speziell intellektuell unterbevorteilte Menschen machen sich offenbar weniger aus diesen Kontrollen. Man macht halt, was eine Uniform einem befiehlt. Schuhe und Gürtel ausziehen, Flüssigkeiten abgeben etc.

Diese Obrigkeits-Hörigkeit bezahlen wir alle mit sehr langen Wartezeiten und höheren Ticketpreisen. Auch wir Flugzeugbesatzungen lassen uns zum Teil mehrmals täglich von diesen Typen demütigen. Ich wundere mich, dass noch kein „Sicherheitsbeamter" erwürgt worden ist. Bei deren Arroganz ist auch das wohl nur eine Frage der Zeit.

Noch etwas zur Effizienz von Sicherheits-Kontrollen: Nach der Terror-Attacke auf einen Pan-Am Jumbo (1988, Lockerbie/Schottland, 270 Tote) wurde das sogenannte Red-Team ins Leben gerufen. Diese vom FAA und CIA gesponserte Spezialeinheit hatte die Aufgabe, die US-Flughäfen auf Sicherheitsmängel hin zu überprüfen. Jährlich wurden so über hundert Airports getestet. Das Resultat war ernüchternd: Bei 90% der Tests ist es ihnen gelungen, Waffen, Sprengstoff und Rauschgift in die Flugzeuge zu schmuggeln!

Heute, zwanzig Jahre später liegt die „Erfolgsquote" immer noch bei 80 %.

Meines Erachtens ist das der Beweis, dass die ganzen Sicherheitskontrollen keine Wirkung auf Terroristen haben können. Das ganze ist also ein großes, sehr teures Theater!

Frauen im Cockpit

First Officer Maria Saraiva, Brasilien (Jumbo-Copilotin)

Ein durchaus heißes Eisen: Lassen sie mich versuchen, mich richtig auszudrücken. Dieses sensible Thema bedarf einer äußerst behutsamen, korrekten Behandlung. Es wird erfahrungsgemäß sehr schnell pauschalisiert oder polemisiert, und ich möchte schließlich nicht als Frauenfeind bezeichnet werden.

Nun, ich hab anfangs des Buches schon beschrieben, dass jedermann/frau Pilot werden kann. Das ist natürlich durchaus richtig, vom intellektuellen Standpunkt Frau/Mann aus gesehen. Ob es aber letztlich der Flugsicherheit dienlich ist, dass Frauen ins Cockpit wollen, möchte ich im Raum stehen lassen. Womit ich natürlich bereits Partei bezogen habe! Das hat aber weniger mit dem Können der Frau zu tun, als es mit dem Unvermögen des Mannes zu tun hat! Ich möchte keineswegs in die „Frauen-sind-anders-als-Männer"-Debatte verfallen. Denn dazu haben die Psychologen schon so viele Fakten zusammengetragen und diese zum Teil auch seriös analysiert, dass ich dazu nun wirklich keinen professionellen Beitrag leisten kann.

Wir kennen den Spruch „Männer sind vom Mars, Frauen von der Venus". Vielleicht hat der eine oder andere auch schon das Buch mit gleichem Titel gelesen. Trotz aller Fakten, die unsere Psychologen seit Jahren verbreiten, scheint sich diesbezüglich wenig auf das bessere Zusammenleben beider Geschlechter ausgewirkt zu haben.

Hauptgrund: Der Mann verdrängt die Tatsachen.

Das fängt damit an, dass er nach wie vor stur an das alte „Frau/Herd"-Prinzip glaubt und endet mit der zum Teil bis zu zwanzig Prozent schlechteren Bezahlung der Frau. Für den gleichen Job, notabene.

Mann und Frau funktionieren bekannterweise sehr unterschiedlich. Seit jeher. Eine wirklich neue Erkenntnis in diesem Zusammenhang ist vielleicht, dass der Mann und die Frau unterschiedlich mit negativen Gefühlen umgehen. So können Frauen zum Beispiel Trauer leichter nachempfinden und sich so schneller in diesen Gefühlszustand hineinversetzen als der Mann. Das gilt auch für gelesenes oder im Kino gesehenes. Beim Mann geschieht offenbar ähnliches, wenn es um Ärger geht. Was weltpolitisch durchaus gefährlich werden kann.

Versuchen wir die Fakten aufzutischen. Physisch kann der Mann wie auch die Frau ein Flugzeug in jeder Situation steuern. Es gibt sowohl starke Frauen wie auch schwache Männer. Selbst wenn die Hydraulik-Systeme nicht einwandfrei funktionieren sollten oder ein Triebwerk den Geist aufgibt, bringen beide Geschlechter genügend physische Kraft auf, das Flugzeug sicher zu steuern.

Doch wie sieht es mit der Psyche aus, mit dem sogenannten CRM (Crew Ressource Management)? Meine

Erfahrung mit den Damen im Cockpit beschränkt sich vorwiegend auf Co-pilotinnen und ist deshalb nicht repräsentativ. Während meiner Zeit als Copilot hatte ich nur eine einzige Frau Kapitän. Wenn ich mich in meinem Pilotenkreis umhöre, muss sie die absolute, positive Ausnahme gewesen sein, denn sie verstand es, ein Arbeitsklima des gegenseitigen Akzeptierens herzustellen. Nicht nur des Tolerierens.

Wie gesagt, kann ich deshalb nur Einschätzungen zu meinen Copilotinnen geben. Zuerst vielleicht eine ketzerische Frage: Warum wird eine Frau Pilotin? Was ist ihre Motivation? Bestätigung, Überschuss an männlichen Hormonen, Karrieresucht oder Emanzengehabe? Natürlich nicht! Ich glaube, dass der Hauptgrund viel einfacher und naheliegender ist: nämlich einfach die Freude am Fliegen. Klar mögen die oben genannten Gründe ihren kleinen Einfluss haben. Aber beherrschend sind sie sehr selten.

Das hilft uns also nicht weiter. Warum also stellt sich uns Männern überhaupt die Frage: „Was haben Frauen im Cockpit verloren?" Fliegen ist doch was für harte Burschen, nicht? Top-Guns, ganze Kerle.

Aha! Wir scheinen uns dem Problem zu nähern; wir Männer wollen nicht, dass uns die Frauen auch das noch wegnehmen, basta. Es kratzt an unserem Lack. Aber: Es ist unschwer herauszufinden, dass eine Frau im Cockpit das Klima verändern kann. Und es auch tut. Nicht nur mit ihrem Parfum. Pilotinnen verbreiten (ob sie es wollen oder nicht) eine Aura, welche die Flugsicherheit beeinträchtigen kann! Denn: Grundsätzlich ist es bedeutend einfacher für einen Kapitän oder Copiloten, einem männlichen Kollegen zu sagen was er will, respektive was ihm nicht passt. Ohne das ganze psychologische Mann/Frau-Kommunikations-Gesülze. Andererseits muss es für eine Frau Kapitän schwierig sein, einem männlichen 2-Meter Copiloten zu sagen, was Sache ist.

Hingegen: Fragt man einen Herrn Kapitän oder eine Frau Copilotin, ob es irgendwelche geschlechtsspezifische Probleme im Cockpit gebe, lügen beide mit gleicher Inbrunst!!! Vor lauter Harmoniebedürfnis blenden sie die wirklichen Probleme mit gekonnten, gespielten CRM-Antworten aus. Dabei wäre es bestimmt interessant (wissenschaftlich) zu prüfen, wie sehr sich ein gemischtes Cockpit auf die Flugsicherheit auswirkt. Ich wage die Behauptung, dass es besser wäre: wenn schon Frauen im Cockpit, dann bitte gleich beide. Kapitänin und Copilotin. Damit würde, meiner Meinung nach, ein potenzieller Brandherd klinisch sauber entfernt.

Ich persönlich habe leider oftmals die Erfahrung machen müssen, dass sich in der Copiloten-Uniform eine Streberin verbirgt. Da ich mich selber als, sagen wir mal, ziemlich toleranten und durchaus der Psychologie offen eingestellten Zeitgenossen bezeichne, konnte ich manche Situation auch ohne Dr. Phil's Ratschläge im Keime ersticken. Einige meiner diesbezüglich weniger mitfühlenden Kollegen haben mir jedoch bei einem Glas Bier schon von dutzenden Begegnungen der femininen Art berichtet, wo die Situation durchaus gefährlichen Charakter bekam. In einer Zeit, wo soviel über Kommunikation geredet wird, wäre es durchaus angebracht, sich über die Frauen im Cockpit Gedanken zu machen und sie als komplette Damen-Crew ihren Job ausüben zu lassen. Im Sinne der Flug-Sicherheit.

Und zu guter Letzt noch dieser:
Männer haben (wissenschaftlich erwiesen) ein sehr viel besseres Gehör als die Frauen. Sie hören zum Beispiel Sachen, welche eine Frau gar nicht gesagt hat.
Vor allem aber können Männer etwas, was keine Frau in der Lage ist: Sie hören ... WEG!

Die Umwelt und ich

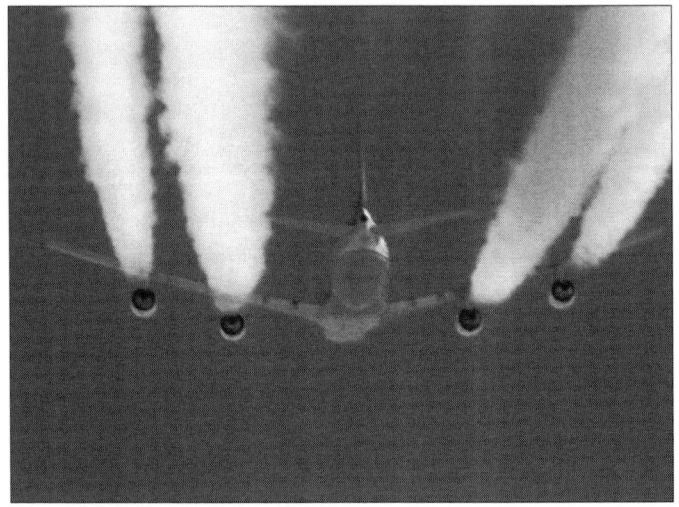

Kondensstreifen vom EVA Airlines Jumbo, 1000 Fuss über uns. Verfolgungsjagd über dem Pazifik.

Die „Umweltorganisation" Greenpeace und IPCC (Intergovernmental Panel on Climate Change) behaupten, dass die von der Fliegerei verursachten Emissionen zwei bis drei Prozent der weltweiten CO_2 Produktion ausmachen und somit auch zu zwei bis drei Prozent für die globale Erwärmung verantwortlich sind.

So weit, so schlecht. Vergleicht man, gemäß IPCC, die Fliegerei mit anderen Transportmitteln (Auto, Bus, Bahn) oder mit der Stromherstellung (Kohle-, Gas-, Atomkraftwerke) oder einfach mit dem allgemeinen Stromverbrauch in den Haushalten, sieht deren Statistik sogar noch schlechter aus. Dann verursacht die Fliegerei angeblich sogar etwa acht Prozent der Emissionen.

Was IPCC eben leider NICHT sagt: gemessen am vom Menschen verursachten Kohlendioxidausstoß, welcher gemäß dieser UNO-Organisation und allgemeiner Meinung für die globale Erwärmung hauptverantwortlich ist. Nun lohnt es sich, die allgemeine Meinung etwas unter die Lupe zu nehmen: Schnallen sie sich an! Was sie jetzt zu lesen bekommen, ist möglicherweise für viele unter ihnen ziemlich schwere Kost.

Versuchen sie, folgenden Abschnitt frei von jeder publizierten Mainstream-Meinung zu lesen und sich danach selber, zum Beispiel im Internet, objektiv zu informieren. Es geht mir bestimmt nicht darum, mit dem Finger auf jemanden zu zeigen. Mir geht es darum, dass wir wenigstens darüber diskutieren dürfen, ob CO_2 wirklich das Problem Nummer eins ist, welches von uns Menschen gelöst werden soll, respektive gelöst werden kann.

Auch wer nun Recht hat oder nicht ist für mich persönlich nicht die zentrale Frage. Es zählt alleine WAS RICHTIG ist. Und um das herauszufinden, erlaube ich mir die Fragen zu stellen, welche die meisten Wissenschaftler aus Angst vor Repressalien, respektive Jobverlust nicht stellen.

Diese „meine Meinung" ist ein Produkt seriöser Recherche. Ich habe mit bestem Wissen und Gewissen, und vor allem frei von jeder Voreingenommenheit, respektive Abhängigkeit versucht, alle zurzeit verfügbaren Fakten über die globale Erwärmung zusammenzutragen und dann zu (m)einer Meinung zu verschmelzen. Es kann natürlich durchaus sein, dass ich falsch liege. Die Wahrheit herauszufinden ist überaus schwierig, weil sehr viele Interessengruppen eine Unmenge Geld investieren, um ihre Ziele zu erreichen. Aber wir werden sehen. Im Augenblick sieht es so aus, als ob ich Recht hätte.

Zauberformel CO_2:

Aus noch nicht ganz geklärten Gründen verweisen Wissenschaftler, Politiker und Umweltaktivisten seit etwa der Jahrtausendwende auf das vom Menschen verursachte Kohlendioxid als Hauptursache für die globale Erwärmung.

Von CO_2-Abgaben und Umweltprozenten reden die Politiker mittlerweile, wenn sie von den wirklichen Problemen ablenken wollen. Das Auto ist in ihrer professionellen, politischen Denkweise der größte Umweltverschmutzer. Und mit ihm natürlich der Autofahrer. Dieser hat praktischerweise keine Lobby und ist somit ihnen, den Politikern, schutzlos ausgeliefert. Aber davon etwas später.

Auch ich habe sehr lange die ALLGEMEINE MEINUNG vertreten. Ich ließ mich vom Fernsehen, von den staatlichen Organisationen, von der UNO, von Greenpeace und den anderen, selbsternannten Umweltorganisationen einlullen. Ich war der Meinung, dass alle diese Leute nur das Beste für unsere Umwelt wollten. Auch der Film „Inconvenient Truth" von Ex-US-Vizepräsident Al Gore, hat dazu beigetragen, dass ich diese allgemeine Meinung bestätigt sah. Darin wird (übrigens ohne wissenschaftliche Begründung) festgestellt, dass das vom Menschen verursachte CO_2 für die globale Erwärmung verantwortlich sei. Al Gore dienten alleine ein paar Bohrungen im antarktischen Eis, um zu beweisen, dass der weltweite Temperaturanstieg auf den weltweiten Kohlenstoffanstieg zurückzuführen sei … und bekam dafür prompt den Nobelpreis. Unfassbar!

Nachdem mich mein langjähriger Freund und Jumbo Kapitän Georgi Stoyanov aus Bulgarien, ein äußerst intelligenter Zeitgenosse, bei einer hitzigen Diskussion (im noch heißeren Abu Dhabi) über Umweltfragen um meine Meinung über CO_2, Ozonloch und Recycling bat, war er nicht besonders erstaunt über meine Ausführungen. Sie entsprachen in etwa dem, was die Zeitungen und die Politiker von sich gaben. Mainstream eben. Ich fing also an zu erzählen, mit welcher Überzeugung ich zum Beispiel den Müll trenne und entsprechend ein vorbildlicher Mitbürger sei. Und dass alle anderen Menschen es mir gleich tun sollten. Der Umwelt zuliebe. Nachdem er mir eine Weile geduldig zuhörte, sagte er ganz cool zu mir, dass ich auf dem Holzweg sei, weil gemäß seinen Studien im Internet zum Beispiel das Recyclen mehr Energie verbraucht, als wenn man einfach ein neues Produkt herstellt ... Und übrigens, fast 40 % der angeblich recycleten Materialien landen sowieso auf der Mülldeponie.

Er zählte mir mehrere Beispiele auf und veranlasste mich so, selber herauszufinden, was Sache ist. Georgi in Ehren, aber seine Thesen konnte ich nicht einfach so im Raum stehen lassen. So begann ich, selber Informationen über den Sinn oder eben Unsinn der Wiederverwendung von Plastikflaschen, Zeitungen usw. zu sammeln. Das Resultat meiner monatelangen Nachforschungen war ziemlich ernüchternd! Er schien (leider) vollkommen Recht zu haben. Meine kleine, heile Welt brach zusammen. Das einzige Material, welches offenbar wirklich Sinn macht zu recyclen, ist Aluminium. Vielleicht noch PET-Flaschen und Glas. Batterien und andere giftige Materialien sollte man natürlich auch separat entsorgen. Alles andere aber kann man getrost auf eine moderne (!) Müll-Deponie werfen. Sofern es auch dort landet, denn besonders schlaue Politiker haben nämlich herausgefunden, dass mit Müllverbrennungsanlagen gutes Geld verdient werden kann. Praktischerweise sitzen sie nicht selten auch grad in deren Aufsichtsrat.

Schon mal was von Müll-Tourismus gehört? Nicht erst seit Napoli im Müll erstickt werden täglich hunderte Lastwagenladungen quer durch das Land oder gar durch Länder transportiert, um dann irgendwo verbrannt zu werden. Mit amtlicher Bescheinigung, dass alles mit rechten Dingen zugehen soll. Natürlich brüstet sich jeder Verbrennungsanlage-Direktor, egal ob hierzulande oder etwa in Ungarn oder Rumänien, dass das Letzte an Hightech verwendet wird, um den Müll auch wirklich ohne jegliche Umweltbelastung zu entsorgen. Das ist natürlich mehr denn je eine faustdicke Lüge! Zum einen besteht kaum eine Kontrolle, was mit dem Müll geschieht und zum andern interessiert es auch niemanden! Hauptsache weg damit. Um die Verbrennung des aufwendig getrennten Mülls zu fördern werden zudem Brandbeschleuniger, sprich benzinähnliche Substanzen, verwendet. Auch in Mitteleuropa! In der Schweiz. Da es im Müll fast keine Zeitungen mehr hat, die werden ja separat gesammelt und recyclet, findet auch keine natürliche Verbrennung mehr statt. Die Müllverbrennungsanlagen haben ein „natürliches Interesse", möglichst viel Abfall zu verbrennen, denn hier wird pro Tonne abgerechnet, und somit herrscht das Paradoxem, dass letztlich der Staat daran verdient, wenn mehr Abfall produziert wird ... Diese Anlagen werden übrigens (wen wunderts?) zusätzlich vom gleichen Staat quersubventioniert!

Die Europäer, speziell wir Schweizer, sind Weltmeister im Altpapier sammeln. Landauf, landab werden ahnungslose Schüler dazu missbraucht, an freien Nachmittagen ganze Dörfer zu durchkämmen. Es wird ihnen weißgemacht, wie wichtig es ist, Papier zu recyclen. Von wegen Regenwald und so. Ihre Lehrer nötigen sie wider besseren Wissens dazu und glauben auch noch, dass sie das Richtige tun. Keiner scheint hier einzugreifen. Fazit: nur schon um die Zeitungen von den privaten Haushalten bis in eine Recycling-Fabrik zu transportieren wird mehr Energie verpufft, als benötigt würde, neue Zeitungen zu produzieren. Kommt dazu, dass die wiederverwendeten Zeitungen mit extrem giftiger und sehr schwer abbaubarer Chemie gebleicht werden. Aber auch hier erhält die Papier-Lobby Millionen, um die ganze Maschinerie am Leben zu erhalten. Ein völliger Unsinn. Zeitungen werden heute übrigens größtenteils aus extra zu diesem Zweck gezüchteten Bäumen hergestellt. Ist nämlich billiger. Mit dem kleiner werdenden Amazonaswald hat das praktisch nichts zu tun.

Nachdem ich nun hunderte von Websites konsultiert habe (gute und schlechte) komme ich zum Schluss, dass es nachweisbar klüger ist, den ganzen Müll auf eine moderne Deponie zu werfen. Besser als die teuren, energiefressenden und umweltbelastenden Verbrennungsanlagen zu füttern. Es ist unglaublich, gegen welch sachliche Unkenntnis von Seiten der Politiker, aber auch von Umweltschutzverbänden gekämpft werden muss. Diese Ignoranz kostet den Staat, und somit wieder uns, viele Steuer-Milliarden. Milliarden, welche zum Beispiel in die Bildung oder in soziale Systeme fließen sollten. Oder in die Aufklärung des Bürgers. Aber solange der Bürger sich seine Bildung vom Privat-TV (Hartz-IV Fernsehen …) holt und sich mit Boulevardpresse zumüllt, genießen die teilweise dümmlichen Fernsehmoderatoren und Voralpen-Berlusconis ihre folgenschwere Narrenfreiheit, indem sie sich gegenseitig beweihräuchern und für „prominent" erklären … Es gibt zum Glück aber auch gute Berichterstatter und Fernsehstationen, die qualitativ gute Information verbreiten. Nur scheint diese Art von Journalismus nicht so sexy zu sein … entsprechend schlecht ist die Zuschauerquote.

Umweltschutz sollte (neben Wirtschaft) längst ein ernst zu nehmendes Schulfach sein. Ich erachte es zum Beispiel als erwiesen, dass eine moderne Mülldeponie weniger Schadstoffe entwickelt als eine Müllverbrennung verursacht. Darüber hinaus herrscht auch seit vielen Jahren ein Mythos darüber, dass wir dereinst in unserem Müll ersticken werden. Das hat natürlich wieder System. Die staatlich subventionierten Miesmacher werden nicht müde, uns den riesigen Müllberg vor Augen zu führen!

Die tatsächliche Größe aber, welche beispielsweise für ganz Europa als Müll-Deponie gebraucht würde, entspricht weit weniger als der Fläche vom Zwergstaat Luxemburg, etwa 50 km x 50 km und etwa 150 Meter hoch.

Und zwar für alle 500 Millionen Einwohner Europas und für die nächsten 100 Jahre! Hundert Jahre!

Teilt man diesen Müllberg auf alle 47 europäischen Staaten auf, sieht man, dass er offensichtlich sehr wenig Platz beansprucht. Nach der Nutzung dieses Raumes als moderne Mülldeponie kann er mit High Tech Dichtmasse und Erde überdeckt zum Beispiel als Golfplatz dienen. Da eine moderne Mülldeponie absolut wasserdicht ist und die darin entstehenden Methan-Gase abgesaugt und zu Biogas umgeformt ganze Städte heizen können, stellt sich die Frage der Gefährlichkeit nur am Rande. Verglichen mit Atom-Endlagern sind solche Deponien sogar wahre Naherholungsgebiete! Was mich nahtlos zum nächsten Mythos führt: Stromknappheit und AKW's. Atomkraftwerke sind heute dermaßen sicher, dass wir statt nur in Wind- und Solarenergien doch auch in die Entsorgung, respektive in die Umformung der Nuklearabfälle investieren sollten. Natürlich ist es wichtig, alternative Energien zu fördern. Aber mit Maß. Und mit gesunder Skepsis, denn auch hier tummeln sich viele selbsternannte Weltverbesserer und sahnen tüchtig ab.

Im Übrigen haben wir mehr als genügend Strom. Leider ist auch daraus ein Riesenbusiness geworden. Stichwort Strombarone. Stromsparen und bessere Elektrogeräte sind denen ein Dorn im Auge. Also aufpassen, was „kommuniziert" wird!

Ich hoffe, dass ich sie, liebe Leser anregen kann, sich darüber zu informieren, wie es um unsere Politiker steht. Meine Daten basieren zudem auf unzähligen Gesprächen mit Menschen aus aller Welt. Vom unbestechlichen Politiker bis zum ehrlichen Wissenschaftler. Und immer wieder kommen wir zum gemeinsamen Schluss, dass das Problem bei den ahnungslosen (und zum Teil korrupten) Politikern zu finden ist.

Kommen wir zurück zum CO_2 Ausstoß von Flugzeugen.

Dass das vom Menschen verursachte CO_2, das Kohlendioxid also, für die globale Erwärmung hauptverantwortlich ist, ist schlichtweg eine Falschinformation.

Es gibt erdrückend viele Statistiken, die beweisen, dass absolut kein Zusammenhang zwischen dem von unseren Autos, Flugzeugen und (leider immer noch gebauten) Kohlekraftwerken produzierten CO_2 und der globalen Erwärmung besteht. Keiner! Es ist nämlich genau andersrum:

Erhöhter Kohlendioxidgehalt in der Atmosphäre entsteht deshalb, weil sich die Temperatur erhöht hat! Das ist ein wesentlicher Unterschied.

Die Temperatur ist „schuld", denn das vom Menschen verursachte CO_2 ist verschwindend klein und liegt im tiefen, einstelligen Prozentbereich. Wissenschaftler aller Couleur streiten sich ob es zwei oder sechs Prozent sind. Also recht wenig im Vergleich zu den Vulkanen, natürlicher Verwesung/Abbau von organischem Material und dem gewaltigen CO_2-Ausstoß der Meere!

Der Treibhauseffekt basiert übrigens zu 90 % auf der riesigen Fläche von Wolken, welche die Wärme der Sonnenstrahlen nach dem Eintreten in die Atmosphäre nicht mehr nach „draußen" lassen. Dafür kann ich ihnen genügend Beweise liefern, denn ich verbringe jedes Jahr etwa 800 Stunden über genau diesen Wolken. Das ist mehr als ein Monat pro Jahr. Der größte Teil des Globus ist von Wolken bedeckt. Somit ist Wasserdampf mit etwa 36 % das anteilsmäßig größte Treibhausgas!!!

Al Gore's berühmte Kurve, die ganz plötzlich ganz steil in die Höhe steigt, ist zwar sehr publikumswirksam, aber eben falsch. Viele hundert, wirklich führende und unabhängige Wissenschaftler, allesamt mit Doktortitel, Master of Science oder zumindest mit Bachelor of Science bewaffnet, haben das „Oregon Protocol" unterschrieben (siehe Website). Darin steht unter anderem, dass für den Treibhauseffekt nicht das vom Menschen verursachte CO_2, sondern die Sonne und das Meer verantwortlich sind! Und zwar ist es die Kombination der Sonnenflecken-Aktivität und der daraus resultierende CO_2-Ausstoß der Ozeane. Die Sonne ist momentan in ihrer aktivsten Phase seit vielen Jahren.

Der Anteil von Kohlendioxid in der Luft ist hauchdünn: 0,058 %. Der CO_2-Gehalt in der Luft hat sich im Laufe der Jahrmillionen ständig verändert. So wie sich auch das Klima ständig verändert hat und es auch in Zukunft tun wird. Mit oder ohne Menschen!
  Die andere Seite des wissenschaftlichen Spektrums, die vom Staat subventionierten Wissenschaftler (vom Meteorologen über den Glaziologen bis zum Geologen und Meeresbiologen) müssen aber, um ihre Forschungsgelder zu bekommen, eine andere These vertreten. Diese Staatlichen Wissenschaftler brauchen spektakuläre Resultate, um an die Subventionen zu kommen und um endlich ihre langersehnte Anerkennung zu bekommen. Wenn sie heute von Meeresspiegel-Erhöhung und Weltuntergang sprechen, fließen die Gelder schon fast automatisch, denn jeder Politiker will dabei sein, wenn

die Welt gerettet wird. Der Meeresspiegel, und da sind sich nun wirklich alle Wissenschaftler mittlerweile einig, wird in den nächsten 100 Jahren um weit weniger als 50 Zentimeter steigen.

Professor Patrick Michaels (University of Virginia) bemerkt zu Recht, dass hunderttausende Jobs von der globalen Erwärmung abhängen. Es ist ein Big Business geworden.

Ihre Millionen bekommen sie vom Staat aber nur, wenn sie von Zeit zu Zeit auch interessante Neuigkeiten vorweisen können. Also dramatisiert man. Diese Berichte werden dann in einschlägigen Fachzeitschriften von selbsternannten „Wissenschafts-Journalisten" ungefiltert verbreitet. Von hier bis zum Boulevard-Journalismus ist es ein Katzensprung; und schon haben wir den Salat.

Journalisten werden pro Zeile bezahlt. Headlines and bad news sell. Schlechte Meldungen verkaufen sich besser.

Das Geschäft mit der Angst des Bürgers boomt nicht erst seit gestern. Die Auflagen und Quoten steigen somit kontinuierlich. Ob im Internet, TV oder in der gedruckten Presse.

Erst wenige Wissenschaftler trauen sich heute, ihre Überzeugung in Sachen „Global Warming" auch öffentlich zu zeigen. Der Druck von der staatlichen Wissenschafts-Lobby ist einfach noch zu groß.

Uns wird seit einigen Jahren erzählt, dass sich das Klima verändert. Das stimmt natürlich. Doch das ist nichts Neues. Das hat es schon immer getan, auch ohne Hilfe des Menschen. Stichworte „Kleine Eiszeit" im 14. Jahrhundert oder die „Mittelalterliche Wärmeperiode" um das 12., 13. Jahrhundert. Man kann das ganze bis etwa 8000 vor Christi Geburt relativ exakt, auf ein Jahr genau, nachweisen. Knut und seine Vorfahren, die Polarbären haben übrigens auch diese Zeiten starker Erwärmung offensichtlich gut überstanden. Sie wanderten einfach weiter in den Süden und fraßen weniger Robben. Die Wikinger betrieben in Grönland sogar Ackerbau.

Interessant ist beispielsweise auch, dass sich seit der Industriellen Revolution das Klima kaum verändert hat. Von 1900 bis etwa 1940 nahm die globale Temperatur um etwa 0,5 Grad zu. Danach nahm die Zunahme des vom Menschen produzierten CO_2 exponentiell zu. Die Temperatur aber sank, obwohl sie nach Meinung der Wissenschaftler hätte steigen müssen!!!

Danach, als kurz nach dem Krieg das Wirtschaftswunder mit der Produktion von Millionen von Autos, Kühlschränken und anderen stromfressenden Haushaltsgeräten begann, sank die durchschnittliche Temperatur gar weiter. Und zwar für volle 30 Jahre. Man sprach sogar von einer neuen Eiszeit! Erst in der Rezession von 1975 begann die Temperatur wieder leicht anzusteigen. Ohne dass sich CO_2-mäßig viel geändert hatte … Seit 1999 ist kein wesentlicher Anstieg der globalen Durchschnitts-Temperatur festzustellen. Den staatlichen Wissenschaftlern scheinen die Felle davon zu schwimmen.

Beobachtet man den Zusammenhang von Kohlendioxid (CO_2) und Temperatur während der letzten 300 000 Jahre, so stellt man fest, dass mit regelmäßigen 800 Jahren Verspätung die CO_2-Spitzenwerte den Temperatur-Spitzenwerten folgen. CO2 kann rein wissenschaftlich gar keine Temperatur beeinflussen. Im Gegenteil: Der CO_2-Ausstoß ist von der Temperatur abhängig!

Hier die Erklärung der Wissenschaft: Je wärmer es ist, umso mehr CO_2 wird vom Meer produziert. Je kühler es ist, umso mehr CO_2 wird vom Meer aufgenommen, respektive abgebaut.

Jetzt kommen wir der Sache schon näher. Der Grund, warum der Zeitabstand von Erwärmung und CO_2-Zunahme so groß ist (800 Jahre) liegt in der unendlichen Größe der Ozeane. Sie bedecken ja immerhin etwa Dreiviertel der Erde. Die Größe des Pazifiks zum Beispiel, kann man sich als Passagier kaum vorstellen. Man schläft ja die meiste Zeit oder schaut sich ein paar Filme an. Wenn ich aber für zehn Stunden (bei 950 km/h) aus dem Cockpit schaue und nur Wasser unter mir habe, beeindruckt mich dessen Größe schon. Es dauert also hunderte von Jahren, bis sich das Meer erwärmt oder eben abkühlt.

Dr. Piers Corbyn, Solarwissenschaftler aus London, erklärt anhand seiner Studien folgendes: Sonnenflecken sind intensive Magnetfelder, welche bei erhöhter Sonnentätigkeit auftreten. Je mehr Sonnenaktivität, umso mehr Sonnenflecken, umso mehr Temperatur in den Meeren und zu guter Letzt eben erhöhte CO_2-Werte.

CO_2 ist ein natürliches Gas, welches wie gesagt unter anderem von allen Lebewesen produziert wird. Ja, auch von ihnen, lieber Leser. Gemäß Professor Dr. Carl Wunsch (Ozeanograph des M.I.T., University Of Cambridge und der Harvard University) ist der bei weitem größte CO_2-Produzent: das Meer. Und der muss es ja wissen. Wenn einer so reich dekoriert ist, hat er es nicht nötig, sich von Öl-Multis bezahlen zu lassen. Wenn man dieses Zusammenspiel der Politik, Presse und Wissenschaft einmal begriffen hat sieht die Welt plötzlich nicht mehr so aus, wie wir sie von unseren Eltern erzählt bekommen haben.

Dass die Umwelt-Verbände wie Greenpeace und so weiter auf dem Holzweg sind belegt deren Mitbegründer, Patrick Moore wie folgt: „Ich habe Greenpeace verlassen, weil immer mehr linke Mitglieder unseren Verband für ihre politischen Zwecke missbrauchten. Greenpeace wurde nach und nach zur Plattform kommunistischer und anderer verirrter Gutmenschen und geht heute in Richtung Verband gegen die Multis und allgemein gegen die Reichen. Es sind politische Aktivisten, für die Umweltschutz nur noch eine marginale Bedeutung hat.

Greenpeace zieht aber erstaunlicherweise immer noch genügend junge Leute an. Sie sind offenbar leichter zu manipulieren.

Jetzt flieg ich also ganz stolz diesen riesigen Luftverpester jede Woche an einen anderen Kontinent. Schlechtes Gewissen? Ja und nein. Grundsätzlich ist es natürlich klar, dass man bei einem Treibstoffverbrauch von etwa zehn Tonnen pro Flugstunde kaum eine vernünftige Entschuldigung hervorzaubern kann. Schon gar nicht, wenn dieser Schadstoffausstoß auf 10 000 Metern, also exakt am sensitivsten Ort des Klimas, nämlich der Ozonschicht geschieht. Welche Auswirkungen dies auf die Umwelt hat, versuchen die Airlines (und vor allem deren Top-Manager) natürlich zu vertuschen. Sie verweisen auf ihre „umweltfreundlichen, neuen Flugzeuge mit besonders spritsparenden Triebwerken. Kommt dazu, dass sie nicht müde werden, uns das drei Liter pro 100 Kilometer Flugzeug anzupreisen. Mit anderen Worten, das Flugzeug soll ökonomischer sein als das Auto! So ein Unsinn. Wie grün können wir sein, ohne rot zu werden?

Sie verweisen auf die immer effizienteren Triebwerke der neuen Generation. Das heißt im Klartext, dass diese neuen Flugzeuge zwar weniger Sprit verbrauchen, aber eben genau deshalb mehr Zuladung (Passagiere, Fracht) mitnehmen können. Die Airline-Bosse verschweigen uns also bewusst, dass sie diese Effizienz dazu missbrauchen, um letztlich mehr Tickets zu verkaufen! Schlaumeier.

Okay, rechnen wir Lufthansas äußerst erfolgreichen Österreicher Wolfgang (Schlau-)Mayrhubers drei Liter pro Passagier auf hundert Kilometer mal gemeinsam aus: Gehen wir vom Jumbo-Jet aus, welcher 400 Passagiere mit einer großzügig gerechneten Durchschnittsgeschwindigkeit (Start, Steigflug, Reiseflug, Sinkflug, Landung) von etwa 900 Kilometern pro Stunde befördert.

Dabei verbraucht das Flugzeug insgesamt (vier Triebwerke) im Schnitt 10 000 kg Kerosin pro Flugstunde. Das macht pro hundert Kilometer Flugstrecke etwa 1100 kg. Teilt man diese Zahl auf die 400 Passagiere (wenn das Flugzeug voll ausgelastet ist) kommen dabei die 2,8 kg oder eben etwa drei Liter pro Passagier zustande. Also weniger als ein Auto! Soweit, so gut. Aber eben falsch. Aufgepasst! Wir sind hier bei Wanderpredigern und Staubsaugerverkäufern. Man vergisst ob der schönen, blauen Augen und beruhigenden Stimme des Verkäufers einen wichtigen Faktor; nämlich dass beim Auto vier Personen drinsitzen könnten. Oder dass vielleicht nur 250 Passagiere im Jumbo sitzen. Wäre halt nett, wenn die Airlines dieses Detail nachschieben würden. Und noch etwas viel wichtigeres. Wer von uns würde schon mit dem Auto auf die Kanaren, nach Asien oder gar nach Amerika fahren …

Nach dieser Berechnung, welche ich übrigens täglich auf meinen Instrumenten im Cockpit überprüfen kann, fühlen wir uns möglicherweise etwas ungut auf unseren zukünftigen Flugreisen. Speziell wenn ich ihnen sage, dass sie für eine Amerika-Reise (total zwanzig Flugstunden) von insgesamt 18 000 Kilometern getrost mit dem Porsche Cayenne oder sogar mit dem Panzer zum Flughafen fahren dürfen. Für ihren Flug-Trip werden sie nämlich 540 Liter Treibstoff verpuffen. Und jeder ihrer 399 Mitpassagiere tut dasselbe. Zur Vertiefung: bei einer jährlichen Kilometerleistung mit ihrem Auto von 15 000 Kilometern macht das in etwa soviel wie sie in sechs Monaten tanken. Zwanzig Stunden fliegen, ein halbes Jahr Autofahren …

Ja, ich weiß, dass ich jetzt definitiv zum Nestbeschmutzer der Fliegerei mutiere. Allerdings nicht um jemandem eins auszuwischen. Ich und Millionen andere sind von der Luftfahrt abhängig. Es ist auch für mich faszinierend, in diesem lebendigen Geschäft mitzumachen. Wir dürfen aber nicht außer Acht lassen, dass wir dabei eine Menge Abfall produzieren. Die sechs Kilo, welche wir pro Flug produzieren (Essen, Getränke, Verpackung, Toilette) will ich nicht in die Berechnung einbeziehen, weil wir in dieser Zeit ja auch ohne Amerika-Flug etwas essen und trinken würden. Aber wenn man die zwei Tonnen Abfall nach der Landung auf einem Haufen sieht, stimmt das einen schon nachdenklich. Und das ist erst der Hinflug. Für die kurzen und (viel zu) billigen Städtereisen gilt die gleiche Berechnung. Normalerweise haben diese Low Cost Carrier Flugzeuge nur etwa 150 Sitze. Das heißt, dass ein 60 Tonnen-Flieger anderthalb Stunden hin- und anderthalb Stunden zurückfliegt, um ein paar Menschen die große weite Welt zu zeigen. Meiner Meinung nach der absolute Schwachsinn, denn die Passagiere werden mit diesen Angeboten geradezu süchtig gemacht, jährlich sieben, achtmal eine europäische Metropole zu besuchen. Kommt dazu, dass speziell die jungen Leute (welche uns alten vorwerfen, die Umwelt kaputt gemacht zu haben) es schick finden, übers Wochenende schnell nach Mallorca zu jetten, um sich beim Ballermann zuzudröhnen …

Gibt es eigentlich irgendein Grundrecht, dass jeder fliegen darf und soll? Natürlich gönne ich jedem seine Freiheit. Aber über die Folgen sollte man auch reden dürfen.

Es bleibt abzuwarten, wie sich die Politik diesem Thema stellen wird. Es mutet bisweilen zynisch an, wenn sich Politiker darüber streiten, ob sich die Erde bis 2050 zwei oder drei Grad erwärmen darf. Zurzeit ist es jedenfalls so, dass gerade sie gerne im Regierungs-Privatjet zu ihren ach so wichtigen Treffen ins Ausland fliegen. Aus Sicherheitsgründen und Zeitersparnis wird uns vorgegaukelt. Pustekuchen! Es mutet fast schon sarkastisch an, wenn morgens über Umweltschutz debattiert wird und nachmittags per Privatjet und Hubschrauber in New York oder Genf über Hungersnöte und Ozonschicht diskutiert wird.

Wie gesagt; nicht das CO_2 ist das Problem, welches wir lösen können, sondern die Luftverschmutzung allgemein. Hunderttausende von Menschen leiden wegen der schlechten Luft an Atembeschwerden und viele tausend Menschen sterben weltweit jedes Jahr daran.

Deshalb finde ich, ohne gleich zum Bono oder Bob Geldoff der Aviatik zu werden, dass man weniger Öl verbrennen sollte und allgemein Energie sparen sollte. Das fängt beim Privatauto an und hört beim Licht löschen auf. Die Stromversorgung wird in Europa immer noch zum großen Teil mit Atom- und Kohlekraftwerken sichergestellt. Speziell die Kohlekraftwerke sind ein ökologischer Unsinn. Diese Dreckschleudern gehören verboten! In China gehen jede Woche bis zu drei neue Kohlekraftwerke ans Netz! Ich sehe ihre Rauchfahnen von meinem Flieger aus. Auch den Smog über Peking und Shanghai.

Aber ich denke, der Markt wird's richten. Die Förderung des Öls wird in Zukunft so teuer sein, dass es sich nur die Reichen unter uns leisten werden, eine Flugreise zu unternehmen. Diese werden dann 200 Euro Umweltsteuern bezahlen plus einen Kerosinzuschlag von 50 Euro pro Flugstunde entrichten.

Außer es beginnt sich ein Umdenken der zivilisierten Menschheit zu manifestieren oder aber es werden neue Antriebsformen für Fahr- und Flugzeuge gefunden. Letzteres, glaube ich persönlich, gibt es bereits. Nur ist es so, dass die allmächtige Öl-Lobby diese Patente, respektive Erfindungen für sehr viel Geld so lange wie möglich unter Verschluss halten. Das mutet zwar sehr abenteuerlich an, hat aber in der Vergangenheit bereits einige Male stattgefunden. Ich glaube nicht, dass die Ölscheichs besonders entzückt darüber wären, wenn da plötzlich Motoren die Welt erobern, welche zum Beispiel Meerwasser oder gar Sonnenenergie als Treibstoff hätten.

Den Treibstoffzellen wird möglicherweise die Zukunft gehören. Öl aber wird für andere, wichtigere Sachen verwendet werden. Wenn sie sich zuhause oder an ihrem Arbeitsplatz umsehen, werden sie feststellen, dass unzählige Gegenstände ohne den Rohstoff Öl schlichtweg fehlen würden. Doch die Öl-Ressourcen neigen sich dem Ende. Zumindest das einfach aus der Erde gepumpte schwarze Gold. In Dubai steht die größte Baustelle (-ruine?) der Welt. Scheich Mohammed Maktoum geht das Öl aus, deshalb macht er die Flucht nach vorn. Er baut nämlich ein Paradies für Otto Normalverbraucher. Diesen hasst er eigentlich abgrundtief, aber als Einnahmequelle wird er seinen Dienst tun. Mit seiner riesigen Emirates-Airline versucht der Scheich die Vereinigten Arabischen Emirate als Knotenpunkt zwischen Europa/ USA und Asien zu positionieren. Sein Ziel ist es, dass sich die Menschen in seinem Staat niederlassen und Geschäfte machen. Die relative Nähe zu Europa und Asien (5-7 Flugstunden) und das vorwiegend mediterrane Klima (außer im Sommer!) würde tausende Geschäftsleute und deren Familien in sein Land locken, so seine Rechnung. Sein Nachbar und Nummer Zwei in den Emiraten (mein ehemaliger Chef) hat mir im persönlichen Gespräch gesagt, dass er selber nicht auf dieser Welle reiten werde. Eine Begründung dafür konnte ich ihm leider nicht entlocken. Nur eben, dass Allah mit ihm gnädig gewesen sei und seine Geologen und Wissenschaftler neue Öl-Quellen gefunden hätten.

Und so glaube ich auch, dass in Zukunft nicht die Globale Erwärmung das Problem darstellt, sondern der Kampf um die verbleibenden Ölreserven und der Kampf um die Wasserrechte. Öl wird man noch eine ganze Weile haben. Die Förderung wird einfach wesentlich teurer, weil die verbleibenden Vorkommen vorwiegend im Sand eingebettet sind. Bis man dieses Öl aus dem Sand gepresst hat, dauert es und wird vor allem sehr viel kosten.

Gemäß „meinem" Scheich kostet die Produktion eines Barrels Öl vor seinem Königreich wie gesagt nur etwa zwei US-Dollars (Verkauf z. Zt. etwa 80 USD). Kein Wunder, spritzt ihm doch das schwarze Gold förmlich in seine Tanker hinauf. Billiger wird er sein Öl nie fördern können. Deshalb schauen die Amis seit Jahren neidisch in Richtung Nahen Osten und haben mittlerweile alles versucht, ans billige Öl zu kommen. Irak war die erste Station, und mit wenig Fantasie wird der Iran das nächste Schlachtfeld.

Dieses Kapitel heißt ja „Umwelt und ich". Was also kann ich persönlich für meine Umwelt tun?

Natürlich möglichst spritsparend fliegen. Nun, tut man das nicht automatisch und immer? Nicht jeder und nicht immer. Es kommt tatsächlich auf die Motivation und das Können der Piloten an, ob Sprit gespart wird oder eben nicht. Das wäre vielleicht ein Denkanstoß für unsere klugen Airline-Manager, die Piloten am gesparten Treibstoff finanziell teilhaben zu lassen ... als Bonus oder so.

Dabei kann der einzelne Pilot enorm viel erreichen. Mit zunehmender Erfahrung kennt er die Flugeigenschaften seines geflogenen Flugzeug-Typs immer besser. Will heißen, dass er genau weiß wann und wie er die Masse des Flugzeuges in Geschwindigkeit umsetzen kann. Das bedingt, dass er vorausplant und dass auch die Fluglotsen ihren Job gut machen. Beim Start ist es zum Beispiel wichtig, dass man einen optimalen Steigflug, respektive eine optimale Steiggeschwindigkeit erreicht, indem man exakt nach Buch fliegt. So exakt wie möglich halt. Auch während des Reisefluges muss man als Pilot stets bemüht sein, von den Fluglotsen die optimale Flughöhe zu bekommen. Es kann unter Umständen entscheidend sein, ob man tausend Meter höher oder tiefer fliegt. Der Sinkflug ist idealerweise dort zu beginnen, wo für den Rest des Fluges bis zum eigentlichen Landeanflug (etwa 1000 Meter über Grund, zwanzig Kilometer vor der Piste) die Schubhebel nicht mehr nach vorne bewegt werden müssen und die Triebwerke somit nur noch im Leerlauf drehen. Man segelt also bis hinunter zu der Höhe, wo die Landeklappen und das Fahrwerk ausgefahren werden. Erst dann gibt der Pilot wieder etwas Gas, um die letzten fünf Minuten bis zur Piste zu fliegen.

Hat er alles richtig gemacht, kann er so mit dem Jumbo auf jedem Flug leicht bis zu 1000 Liter Treibstoff einsparen, ohne die Sicherheit zu beeinträchtigen! Das macht pro Pilot 100000 Liter pro Jahr. Genau das ist, natürlich unter Beibehaltung der Flugsicherheit, meine Maxime. Und die der meisten Piloten. Und somit habe ich übrigens auch meinen persönlichen CO_2-Ausstoß pro Jahr drastisch reduziert. Oder sogar den meiner ganzen Verwandtschaft ... rein statistisch. Für Greenpeace, IPCC, Kyoto und Bono.

Aber wie gesagt, ist dieser Hype um das Kohlendioxid zu einem großen Teil „hausgemacht". Nicht dass ich das Problem herunterspielen möchte. Nein, ganz gewiss nicht. Aber wir sollten uns auch sehr gut überlegen, ob wir nicht andere, wichtigere Probleme lösen sollten. Nämlich Probleme, die wir lösen können.

Bei gleich bleibendem Energieverbrauch soll sich die durchschnittliche Temperatur bis im Jahr 2100 um etwa zwei bis drei Grad erhöhen. Um das viel gepriesene „Kyoto Protokoll" einzuhalten wird das die Staaten weltweit jährlich etwa 180 Milliarden Dollar kosten und wird bis Ende dieses Jahrhunderts nur etwa 0,2 Grad Celsius weniger Erderwärmung bringen!

Der Meeresspiegel würde sich anstatt 35 Zentimeter nur um 30 Zentimeter erhöhen! Zum Vergleich: Die letzten 150 Jahre hat sich der Meeresspiegel erwiesenermaßen um 50 Zentimeter erhöht. Also sollten wir es auch schaffen, die nächsten neunzig Jahre mit besagten 35 Zentimetern zu überleben. Die Globale Erwärmung ist eine Tatsache. Dass der Mensch dafür mitverantwortlich ist, ist denkbar. Aber zu welchem Prozentsatz er dies tut, ist gemäß unabhängigen Studien zwar nicht vernachlässigbar, jedoch viel zu klein um aus eigener Kraft den Erwärmungsprozess zu verhindern. Die Globale Erwärmung würde nämlich auch ohne uns Menschen stattfinden! Genau so, wie es in den vergangenen Jahrmillionen geschehen ist. Wärme- und Kälteperioden wechseln sich ab. Gletscher schrumpfen und wachsen. So kam es in der Schweiz in den letzten 10 000 Jahren zu zwölf Ausdehnungen und Rückzügen dieser Art. Aber davon spricht natürlich kein Umweltaktivist.

Und dass das schmelzende Polar-Eis den Meeresspiegel heben soll gehört ausschließlich dem Physikunterricht Al Gores Märchenwelt an. Beobachten sie einen Eiswürfel im Glas. Was passiert mit dem Wasserstand wenn er schmilzt? Eben. Und das alles, liebe Leser, wissen die allermeisten Wissenschaftler natürlich nur zu genau.

Die Gehirnforschung und die Psychologen arbeiten daran, um herauszufinden, warum der Mensch teilweise so egoistisch handelt und sich so schwer zu neuen Erkenntnissen und Handlungen überreden lässt. Neueste Untersuchungen diesbezüglich haben ergeben, dass zum Beispiel die Spiegelneuronen uns veranlassen, den Schmerz, welche andere empfinden, teilweise auch zu spüren. Also wenn ich zum Beispiel sehe, wie sich jemand beim Zwiebelschneiden in den Finger schneidet, empfinde ich für ganz kurze Zeit denselben Schmerz und reagiere mit einem „Autsch". Wäre der Mensch nun fähig das Empfinden eines aidskranken oder hungernden Menschen nachzuvollziehen, würde er wohl auch eher bereit sein, genau eben diesen Menschen zu helfen.

Es wäre bestimmt wünschenswert, wenn die Debatte um die Art und Weise, welche Probleme zuerst angegangen werden sollten, in einem ruhigen, auf nachhaltige Resultate fokussierten Stil geführt werden könnten.

Das CO_2 auf 50 % zu reduzieren ist meiner Meinung nach eines der praktisch unmöglichen Ziele des Kyoto Protokolles und würde Unmengen von Geld verschlingen. Geld, welches gebraucht werden könnte, die Armut in der Dritten Welt zu lindern. Zum Beispiel mit wirklicher Entwicklungshilfe, damit diese Staaten selber produzieren und so am weltweiten Handel fair mitmischen könnten. Dazu braucht es drei Dinge: Erstens müssten unsere Politiker aufhören, diese größtenteils von Despoten und Herrschern geführten Länder zu hofieren und zu korrumpieren. Zweitens müsste endlich mit der unsinnigen Subventionierung unserer eigenen Landwirtschaft aufgehört werden. Zum Dritten könnte dann das Problem Hunger, AIDS und Malaria wirksam bekämpft werden.

Zur Erinnerung: Jährlich sterben von den 800 Millionen Unterernährten, vier Millionen Menschen. Drei Millionen sterben an AIDS, zweieinhalb Millionen an Luftverschmutzung, zwei Millionen am Mangel an Spurenelementen (Vitamine) und über zwei Millionen an verschmutztem Trinkwasser!

Macht jedes Jahr etwa zweimal soviel Menschen, wie die Schweiz Einwohner zählt ... Und da sind die Menschenleben, welche bei Kriegen und Auseinandersetzungen wegen Öl, Geld und Macht weltweit verloren gehen, noch gar nicht mit eingerechnet.

Fragen sie die Hinterbliebenen dieser Menschen, ob wir jährlich 180 Kyoto-Milliarden Dollar für 0,2 Grad

Temperaturunterschied innerhalb neunzig Jahren investieren sollten ... Fragen sie die zwei Milliarden Menschen, welche ohne Kanalisation auskommen müssen und täglich eine Stunde damit verbringen, zur Gemeinschaftstoilette zu gehen und zu warten, bis sie dran sind ... wenn sie denn so lange warten können.

Der dänische Wissenschaftler Björn Lomborg bringt es mit seinem Bestseller „Cool it" mit folgenden Worten auf den Punkt: „Wenn es uns gelingt, in der Diskussion über die Umwelt gelassen und zielorientiert zu bleiben, wird unsere Gesellschaft am Ende des 21. Jahrhunderts wahrscheinlich weniger von Tod, Unglück und Elend geprägt und dafür gefestigter sein. Den (meisten) Menschen wird mehr Wohlstand zuteil werden. Sie werden bisher ungekannte Lebenschancen geboten bekommen, und dies in einer saubereren und gesunden Umwelt."

Die globale Erwärmung ist also nicht das größte Problem der Menschheit! Es wird aber leider von Politikern und Wissenschaftlern für ihre eigenen Zwecke missbraucht. Wobei ich nicht all diesen Leuten unterstelle, sich keine Sorgen um unsere Welt zu machen. Nein, aber es passt ihnen offenbar gut in ihr Konzept. Speziell die Wissenschaftler (welche an sich der Wahrheit verpflichtet wären) geraten immer mehr unter Druck, spektakuläre Entdeckungen zu „produzieren", um weiterhin ihre Gelder vom Staat zu bekommen.

Was wir letztlich also brauchen ist eine Akzentverschiebung in der Politik. Wir brauchen menschlichere Konzepte. Dazu kommen Investitionen in neue Energietechnologien, wobei mit sehr viel Augenmaß abgeschätzt werden muss, wo man wieviel investiert! Die hässlichen Windkraftanlagen sind zum Beispiel sehr ineffizient und produzieren bei deren Herstellung so viel CO_2, dass sie erst nach etwa fünf Jahren „relativ sauber" Strom (unregelmäßig) produzieren. Und das bei Kosten von etwa drei Millionen Euro pro Stück! Wer verdient hier eigentlich?

Der Umweltschutz wird in den nächsten Jahren leider ganz gewaltig in den Hintergrund gedrängt werden. Durch die an-haltende Finanzkrise werden die Karten neu gemischt und es entstehen neue globale Führungsnationen. Vor allem China, aber in seinem Sog auch die USA werden wohl an der Spitze bleiben. Europa hingegen wird durch das Klumpenrisiko des ehemaligen Ostblocks und der PIGGS-Staaten seine größte Bewährungsprobe haben.

Die Party ist definitiv vorbei! Das Geld ist weg und der mündige Europäer wird den Politikern das Märchen vom endlosen Wachstum nicht mehr abnehmen können. Ende der Fahnenstange. Es ist zu befürchten, dass die ganze Situation wieder einige wenige „Kriegsgewinnler" produzieren wird. Ist ja nichts Neues. Die Milton Friedmans unserer Zeit haben ihre Hausaufgaben schließlich gemacht und sich lange darauf vorbereitet. Die Schockstrategie greift. Wie damals in Südamerika, Asien, Polen und Russland. Und letztlich im Irak. Nur wird diese Strategie diesmal weltweit und auf einen Schlag angewendet. Es ist an der Zeit, sich warm anzuziehen!

Das, was sie jetzt gelesen haben, ist meine ganz persönliche Meinung und hat bestenfalls ansatzweise Anspruch auf wissenschaftliche Richtigkeit!

Versuchen auch sie liebe Leser, trotz allem sorgfältig mit unserer Umwelt umzugehen. Vertrauen sie auf ihren gesunden Menschenverstand. Lassen sie sich nicht einfach vom CO_2 Gerede betäuben. Hinterfragen sie ihre Politiker sowie ihre staatlichen und privaten Wissenschaftler. Sie bezahlen sie schließlich.

Fliegen tötet ...!

Autofahren auch. Heizen auch. Indirekt, natürlich. Das Atmen der in den USA allein durch die Fliegerei verursachten Luftverschmutzung bringt jährlich nachweisbar 321 Menschen um. Fast eine ganze Jumboladung also. Die ICAO (UNO-Unterorganisation) beauftragte das M. I. T. (Massachusetts Institute of Technology) herauszufinden, wie tödlich die Luftverschmutzung allgemein und eben in Bezug auf die Fliegerei ist.

Dabei sterben gemäß dieser wohl seriösen Studie zwischen 100 000 und 300 000 Menschen an den Folgen der Allgemeinen Luftverschmutzung. Zum Beispiel durch Atemwegserkrankungen und Krebs. Vor allem natürlich durch die Abgase, welcher der Straßenverkehr verursacht und offenbar nicht besonders besorgnis-, dafür sehr krebserregend ist! Während in der Fliegerei versucht wird, möglichst spritsparende Triebwerke zu benützen (um in erster Linie den Gewinn zu maximieren) dürfen die US-Autohersteller immer noch steinalte Technologie in ihren Fahrzeugen auf die Straße schicken. Die Finanzkrise könnte sie möglicherweise endlich dazu zwingen, sich wenigstens dem europäischen Standard anzupassen.

Die Politiker haben aber nach wie vor zu viel Schiss vor der mächtigen US-Autolobby. Auch wenn mittlerweile ein paar Köpfe gerollt sind bei GM und Ford; sie werden wahrscheinlich munter weiterbauen.

Tatsache ist, dass wir uns und unseren Nachkommen (meine Frau und ich sind übrigens kinderlos) keinen Gefallen tun, wenn wir weiterhin so tun, als sei alles in bester Ordnung. Nehmen sie ihre Politiker in die Pflicht. Fragen sie ihre Volksvertreter an den öffentlichen Bürgerversammlungen, was sie genau unternehmen, um unsere Umwelt zu schützen. Haken sie nach, falls sie eine typische Politikerantwort bekommen, denn die Parlamentarier sind es, die positive Veränderungen herbeiführen können und müssen. Sie sind schuld, dass es so aussieht, wie es heute eben aussieht. Wählen sie diese Leute ab, wenn sie ihren Job schlecht machen.

Zumindest bei uns in der Schweiz hat der einzelne Bürger diese Macht noch. Und doch scheint er sie kaum zu gebrauchen. Im Gegenteil: In ihrer, wie auch in meiner Gemeinde sitzen jahrelang einige Räte, die es gewohnt sind, dass keiner widerspricht. Versucht zum Beispiel ein kleiner Geschäftsmann vom Dorf etwas an der Politik des Gemeindepräsidenten zu kritisieren, muss er damit rechnen, von gewissen Bürgern in Zukunft gemieden zu werden. So dämlich sind leider einige. In jedem Dorf. So hält man halt die Klappe und hofft auf bessere Zeiten und wird so zum Steigbügelhalter der Lokalpolitiker. Selber Schuld. Jede Gemeinde bekommt die Volksvertreter, die sie verdient. Und genau so lange können die Politiker ihr Amt als Plattform für ihre eigene Selbstvermarktung missbrauchen.

Sorry, ich bin schon wieder in die Politik abgedriftet. Wenn ich schon dabei bin, hier noch eine kleine Auswahl an auswendiggelernten Politiker-Sätzen, welche ich vor Jahren in einer etwas linkischen Zeitung gefunden habe. Köstlich. Unsere staatl. dipl. Worthülsen-Akrobaten zelebrieren dies in ihrer von Amtszeiten geprägten Laufbahn zur Perfektion.

„Ich bin gerne bereit, darüber zu reden."

Satz von Politikern, die in Rhetorikkursen gelernt haben, auch bei undiskutabel Jenseitigem stets den Diskussions-bereiten zu mimen.

„Das Problem ist erkannt."

Heißt: Es ist zu spät.

„Das ist eine Frage, die sich so nicht stellt."
Zeugt von der tiefen Unfähigkeit, respektive vom prinzipiellen Unwillen, eine Frage zu beantworten.

„Wir müssen wieder sachlicher werden."
Zwei Wochen später jammern dieselben Leute garantiert, wir hätten keine richtige Streitkultur.

„Das ist politisch nicht durchsetzbar."
Sagen Politiker, wenn eine Idee Chancen hätte, für die sie sich aber nicht engagieren mögen. Weil Politiker sich generell nicht unbeliebt machen wollen, schieben sie in solchen Situationen den Sachzwang der Nichtdurchsetzbarkeit vor. Faul, aber wirkungsvoll.

„Es ist jetzt nicht der Zeitpunkt Personalfragen zu diskutieren."
Sagen Politiker, wenn sie wirklich was ausgefressen haben und mit Rücktrittsforderungen konfrontiert sind.

„Ich bin mir immer treu geblieben."
Eventuell schade. Denn es könnte ja sein, dass diese Person sich dringend verändern müsste.

„Das Gespräch fand in einer offenen und konstruktiven Atmosphäre statt."
Alle sprachen, keiner hörte zu. Und niemand war gewillt sich auch nur einen atmosphärischen Hauch von seiner Position wegzubewegen.

MEL (minimum equipment list)

Wie schon erwähnt besteht ein Jumbojet aus etwa sechs Millionen Teilen. Nieten und Schrauben miteingerechnet. Es ist somit kaum verwunderlich, dass bei dieser riesigen Anzahl auch ab und zu ein Teil kaputt geht. Immerhin befindet sich eine Langstreckenmaschine nicht selten 17 Stunden pro Tag in der Luft. Bei Minus 56 Grad. Danach wird zum Beispiel in Asien, bei plus 35 Grad und einer Luftfeuchtigkeit von 100 % gelandet. Das ganze bei Turbulenz und dauernden Vibrationen. Jetzt kann man natürlich sagen, dass bei einem Preisschild von 150 Millionen Euro auch nichts kaputt gehen darf. Nun, auch ein modernes Flugzeug hat seine Grenzen. Man darf auch nicht vergessen, dass eine solche Maschine für eine Lebensdauer von etwa 25 Jahren ausgelegt ist. Wobei die ersten fünf Jahre bedeutend problemloser sind als der Rest eines Flugzeuglebens. Dabei kann man durchaus das Auto zum Vergleich hinzuziehen. Werden der Ölstand und die Bremsen gecheckt und die Reifen regelmäßig geprüft, respektive ausgewechselt, steht einem normalen Fahr-, respektive Flugbetrieb nichts im Weg. Schwieriger wird es, wenn einzelne Teile das Ende ihrer Lebensdauer erreicht haben. Diese Lebensdauer liegt bei jedem Teil woanders. Zum Beispiel der Rumpf und die Triebwerke sind für 25 bis 30 Jahre konstruiert. Wenn man gesetzlich bestimmte Modifikationen durchführt, kann die Lebensdauer auch wesentlich höher sein. Nur wird es eben immer teurer. Es ist, wie wenn man einen Oldtimer im täglichen Einsatz hätte. Deshalb trennen sich gute Airlines relativ früh von ihren Flugzeugen. Das hat drei große Vorteile. Zum einen spart man sich so teure Nachrüstungen und zum anderen kriegt man noch einen guten Preis für das dann mittlerweile etwa 10-jährige Flugzeug. Zum Dritten verbrauchen neue Triebwerke weniger Treibstoff.

Käufer dieser Gebrauchtflugzeuge sind dann zumeist, richtig, die Billigflieger. Für die meisten kommt wegen des chronischen Geldmangels der Kauf neuen Fluggerätes nicht in Frage. Also schaut man sich auf dem Gebraucht-Markt um. Die nötigsten Modifikationen und Reparaturen plus eine neue Lackierung lassen eine alte Kiste schnell zu neuem Leben erwachen. Als Passagier weiß man in der Regel nichts davon. Selber Schuld. Man will ja zum Schnäppchenpreis nach London.

Was aber auch diese Unternehmen beachten müssen ist die sogenannte MEL (Minimum Equipment List, Minimalausrüstungsliste). Das ist gewissermaßen die Bibel der Mechaniker und der Piloten. Diese Liste zeigt an, ob ein gewisses Teil ersetzt werden muss oder ob man trotz Defekt noch eine Weile fliegen darf.

Um sicher zu gehen ob man, trotz eines schadhaften Teils, einen Flug durchführen darf, wurde diese Liste ins Leben gerufen. Mit deren Hilfe, in Wahrheit ein dickes Buch, kann man abwägen, ob es Sinn macht ein defektes Teil sofort zu ersetzen und damit eine Verspätung in Kauf zu nehmen, oder ob man, ohne die Flugsicherheit zu beeinträchtigen, zur geplanten Destination aufbrechen kann.

Dabei muss man verschiedene Faktoren mit einbeziehen. Ist zum Beispiel ein Navigationsgerät defekt und man zwölf Stunden über den Pazifik fliegen muss, ist es schon wichtig, ob man mit den verbleibenden zwei Systemen genügend Sicherheit hat, den Zielflughafen auch wirklich 100% zu finden. Das hängt nicht zuletzt vom voraussichtlichen Wetter an der Destination ab. Ist zur geplanten Landezeit etwa Nebel angesagt, ist dafür sehr wahrscheinlich eine automatisch ausgeführte Landung erforderlich. Dazu gibt es gemäß der MEL eine genau vorgeschriebene Anzahl Navigationssysteme, die dazu zwingend gebraucht werden. Ist die Wettervorhersage für die geplante Ankunftszeit gut genug für eine manuelle Landung, kann auf eine Reparatur vorerst verzichtet werden.

Natürlich kann der Kapitän jederzeit verlangen, dass auch solche Reparaturen sofort ausgeführt werden, welche nicht unbedingt erforderlich sind. Bei meiner Firma (Korean Air) ist man bestrebt, die Flugzeuge immer ohne solche Mängel in die Luft zu schicken. Das ist mit ein Grund, dass ich sehr viel Vertrauen in diesen Betrieb habe. Bei anderen Airlines musste ich vor jedem Flug abwägen, ob denn der geplante Flug auch wirklich legal durchzuführen war.

Blacklist Airlines

Die Schwarze Liste der maroden Seelenverkäufer wird immer länger. Fliegen mit solchen Airlines ist statistisch rund fünfzig Mal gefährlicher als mit einer renommierten Fluggesellschaft.

Diese Statistik gilt weltweit. Im Vergleich zu Europas relativ (noch) sicheren Fluggesellschaften steigt diese Zahl gar auf hundert. Obwohl diese schwarzen Schafe nur gerade eben 0,3 % des Gesamtluftverkehrs (Anzahl Flüge) ausmachen, sind sie für 14 % der Unfälle verantwortlich!!!

Jeder siebte Crash geht auf ihr Konto, obwohl sie nur jeden 300sten Flug machen.

Deshalb arbeiten die verschiedenen Mitgliedstaaten der UNO-Unterorganisation ICAO (International Civil Aviation Organization, Zivilluftfahrtorganisation) an einer sogenannt Schwarzen Liste für Fluggesellschaften, die man unbedingt meiden muss, respektive welche nicht, oder nur sehr beschränkt und mit großen Auflagen am weltweiten Luftverkehr teilnehmen dürfen. Grundsätzlich kann gesagt werden, dass amerikanische und europäische Airlines am besten abschneiden. Dann folgt Asien, und Schlusslichter sind Afrika und Südamerika.

Handeln sie auch hier instinktiv. Ein teureres Produkt ist in der Fliegerei IMMER sicherer!!!

Wenn sie im Internet das Wort „Blacklist Airlines" eingoogeln, werden sie schnell herausfinden, ob ihr Schnäppchen die dreißig Silberlinge für den Familienausflug wert waren.

Geldtransport

Es war im Spätherbst 1998. Mein isländischer Arbeitgeber, welcher mich an Lufthansa ausgeliehen hatte, wartete mit einer kleinen Überraschung auf. In einer Nacht- und Nebelaktion sollten ein paar Tonnen Spezialfracht in Norwegen verteilt werden. Da die Skandinavier ihren eigenen Landsleuten offenbar nicht über den Weg trauten, beauftragten sie Lufthansa mit dieser Aufgabe.

Ich wurde in der Hotelhalle von der Polizei empfangen. Nachdem ich ihnen meine Papiere, Lizenzen und den Pass zeigte, brachten sie mich im Streifenwagen zum Flughafen Oslo. Auf dem Weg dorthin versuchte ich natürlich herauszufinden, warum mir diese spezielle Aufmerksamkeit zuteil wurde. Unsere Konversation erschöpfte sich in einem milden Lächeln der zwei Polizisten. Abwarten. Am Flughafen angekommen, öffneten sich alle Tore und in rasantem Tempo ging es zum riesigen Hangar der SAS. In dichtem Schneetreiben standen etwa zehn Soldaten der Königlichen Armee mit ihren MP's im Anschlag vor den Toren. Ohne einen Ton von sich zu geben stiegen die Cops aus und öffneten mir die Tür. Draußen wurde ich bei klirrender Kälte von den Soldaten durchsucht. Und dies nicht gerade zimperlich. Fehlte nur, dass sie mir jetzt noch die Augen verbinden. Das Tor ging auf und da stand sie vor mir. Nein nicht Ursula Andress, sondern meine B737. Unsere Fracht-Boeing stand etwas verloren in der riesigen Werft und wurde von zwanzig Soldaten beladen. So langsam dämmerte es mir. Ein Geldtransport war angesagt. Unser Chefpilot war persönlich zugegen und empfing mich mit einem breiten Grinsen. Er weihte mich ein: „Also, mein Freund, die Norweger erachten einen Schweizer als relativ kleines Risiko, mit 250 Millionen Dollar durchzubrennen!"

Er erklärte mir, dass wir zwei heute für die Königliche Staatskasse Norwegische Kronen im Wert von rund einer Viertelmilliarde Dollar an drei noch geheime Flugplätze entlang der Westküste abliefern sollten. Wohin die Reise gehe, würden wir in der Luft erfahren. Das Flugzeug wäre vollgetankt und zu unserer Sicherheit würden zehn Soldaten und vier Polizisten mitfliegen. Und ich solle keine Fragen stellen. Und fotografieren sei tabu.

Nun, das war die erste Regel, welche ich überhören musste. Ich hatte schließlich einen frischen Film in meiner Pocketkamera und machte sogleich einige interessante Schnappschüsse, als die Soldaten eine der Geldkassetten öffneten. Natürlich klammheimlich. Es war wie bei 007. Es war der richtige Zeitpunkt für Handgranaten, Feuergefecht und Bond, James Bond. Aber nichts geschah. Ich fragte meinen Chef, warum sich die Bank denn ausgerechnet dieses Hundswetter ausgesucht hätte. Er meinte, dass es so schwieriger wäre, unterwegs, zum Beispiel im Landeanflug, gezielt ein paar Geldkassetten aus dem Flugzeug zu schmeißen ...

Nach etwa einer Stunde waren alle bereit. Die Tore öffneten sich, und unsere Boeing wurde ins Freie geschleppt. Es schneite horizontal. Triebwerksstart. Langsam rollten wir in den nebligen Morgen. Wir wurden bis zur Piste von Polizei und Radpanzern eskortiert. Ich schob die zwei Hebel auf „laut", und schon ging's die Piste runter. Bei 250 Kilometern pro Stunde zog ich etwas am Steuer und schon stießen wir in die Wolken. Fahrwerk rein. Der nasse Schnee klatschte gegen die Scheibe. Obwohl ich alle Heizungen in Betrieb hatte, setzte sich an den Flügeln Eis an. Glücklicherweise kamen wir schnell aus der Suppe heraus. Oben schien die Sonne. Aber wohin jetzt? Der Fluglotse wusste offenbar mehr als wir und sogleich wies er uns an, in Richtung Nordwesten abzudrehen. Als wir auf etwa achttausend Metern angekommen waren, gab er uns endlich unseren Zielort bekannt. Na also, geht doch. Bodö, am nördlichen Polarkreis, hieß unser Etappenziel. Ich hatte bis dato noch nie von Bodö gehört. Es blieb uns leider auch wenig Zeit, die Anflugskarten zu studieren. Aber zusammen mit meinem Chefpiloten, er war auf dem Copilotensitz, würden wir das Kaff, respektive dessen Landebahn, schon finden.

Meine Nase sagte mir, dass sich derweil unsere tapferen Soldaten im Frachtraum ihr Frühstück nochmals durch den Kopf gehen ließen. Die Turbulenzen waren wohl etwas zuviel für sie. Als wir unsere Anflugskärtchen für Bodö etwas genauer ansahen, schauten wir uns verdutzt an. Der Platz hatte bloß ein sogenanntes Nonprecision-Anflugsverfahren. Wie der Name erahnen lässt, handelte es sich dabei um eine nicht sehr präzise Landehilfe. Und das beim heutigen Schneetreiben. Bis zum jetzigen Zeitpunkt hatte ich keinen Gedanken an unsere Millionenfracht verschwendet. Aber dass man aus „Sicherheit" auf solches Wetter wartet, nur um ein paar Scheine an die Banken zu verteilen, erschien mir in diesem Moment grotesk. Doch zum Lamentieren fehlte uns die Zeit. In zwanzig Minuten war bereits die Landung angesagt. Wir begannen unseren Sinkflug in Richtung der Fjorde. Wir wussten, dass wir von Bergen umzingelt waren. Also jetzt ganz genau fliegen. Mit Hilfe des Wetterradars war eine Rinne auf dem Bildschirm erkennbar, welche mit der Anzeige unserer Funkpeilung in etwa übereinstimmte. Als wir auf knapp zweihundert Metern über Grund die Anflugsbefeuerung der Landebahn ausmachten, war ich seitlich viel zu stark versetzt, um auf die Piste einzudrehen. Eine Richtungskorrektur wäre auf dieser Höhe zu riskant gewesen. Also durchstarten. Die Triebwerke heulten auf und wir stiegen in Richtung Atlantik wieder auf sichere tausend Meter. Zweiter Versuch. Diesmal wussten wir, dass wir im Endanflug etwas mehr nach links eindrehen mussten, um die Piste zu treffen. Meine Hände waren feucht, die Anspannung groß. Auch mein Chefpilot war konzentriert. „Fünfhundert Meter, vierhundert Meter, dreihundert Meter. Dort rechts, die Piste. Bleib ein paar Sekunden genau in dieser Richtung. Jetzt eindrehen. Gut so", meinte er. Nun, es war nicht meine beste Landung, aber bestimmt mein bester Anflug. Es schneite und der Pistenbelag war wie Schmierseife. Ich hatte Mühe, die Kiste auf Kurs zu halten. Voller Umkehrschub half mir, die Kontrolle über die Boeing zu behalten. Geschafft! Am Pistenende wurden wir wieder von Armeefahrzeugen abgeholt. Nachdem etwa dreißig Kisten ausgeladen waren, wurde uns mitgeteilt, dass unser nächstes Ziel Tromso hieß. Wir errechneten eine Flugzeit von etwa dreißig Minuten. Diesmal schauten wir unsere Anflugskarten genauer an. Wäre aber nicht nötig gewesen, denn dieser Flughafen verfügte über ein perfektes, modernes Instrumentenlandesystem, welches sogar Automatische Landungen zuließ. Ja, sie ahnen es; natürlich herrschte bei unserer Ankunft in Tromso schönstes Herbstwetter. Norwegen zeigte sich von seiner besten Seite. Nach einem kleinen Imbiss in der Militärbaracke machten wir unsere 737 wieder startklar. Mein Chef saß ab jetzt am Steuer und ich war sein Assistent. Unser drittes Ziel, bevor es wieder zurück nach Oslo ging, hieß Banak. Es handelte sich dabei um eine Luftwaffenbasis der NATO und entsprechend geheim war seine Existenz. Bis ich mit meiner Kamera ... Weiter nördlich waren wirklich nur noch Spitzbergen und der Nordpol. Das Wetter spielte wieder mit dem Auftraggeber mit, und so wurden wir im dichten Nebel vom amerikanischen Militärlotsen zur Piste hinuntergeführt. Und zwar mit dem sogenannten GCA-Verfahren. Dabei hatten wir ihm zuzuhören und seinen Anweisungen strikte zu folgen. Etwas links, etwas rechts, etwas höher, tiefer, schneller oder langsamer. Wir mussten ihm blind vertrauen. Und siehe da, etwa achthundert Meter vor der

Piste stießen wir aus dem Nebel. Wir setzten sanft auf und wurden wieder zum Parkplatz begleitet. Nachdem auch die letzten Kisten ausgeladen waren, bedankte sich ein ziemlich erleichterter Kommandant bei uns und lud uns auf eine Flasche Wodka ein. Leider mussten wir ihm eine Absage erteilen, denn unser Flugzeug wurde heute Abend wieder in Oslo erwartet. Auf dem Rückflug sinnierten wir beide über die verpasste Chance, relativ einfach und schnell Millionär zu werden. Na ja, beim nächsten Mal vielleicht, Ronald Biggs.

Bombenstimmung!

Es war im Sommer 2004. Die Lage hatte sich in der Flie-gerei seit den Terroranschlägen etwas normalisiert. In Amerika wenigstens. Außer natürlich den unsäglichen Sicherheitskontrollen auf den Flughäfen. Auf meinem Monatsplan stand der exotische Name Colombo in Cey-lon, Pardon Sri Lanka. Da China Airlines diesen Ort nur zweimal pro Woche mit ihren Fracht-Jumbos ansteuerte, hieß das für uns Piloten, dass wir vier Tage frei hatten. Auf der Insel! Ich war schon ein paarmal dort und woll-te diesmal meine Frau mitnehmen. Da die Vorschriften eine Mitnahme von Familienmitgliedern an Bord des Frachters untersagten, musste Marietta mit Thai Airways nach Colombo fliegen. Mit Zwischenstopp in Bangkok. Ich holte sie vom Flughafen ab, und dann machten wir uns sogleich auf den Weg ins Landesinnere. Zu diesem Zweck mieteten wir uns ein Taxi inklusive einem Fahrer, welcher sich als exzellenter Führer entpuppte. Er war äu-ßerst nett und sein Englisch perfekt, und so genossen wir unsere Rolle als Touristen. Auf dem Weg zur Edelstein-stadt Candy und zum 2000 Meter hohen High Society Ort Nuwara Eliya erzählte er uns von der Geschichte Cey-lons, dem britischen Einfluss und natürlich von seiner Familie. Die Teeplantagen waren ein herrlicher Anblick. Die grünen Hügel und Wälder eine Pracht. Ein friedli-ches Land. Wenn da nicht immer wieder die Meldungen aus der Zeitung und am Fernsehen gewesen wären. Seit Jahren hörte man davon, ohne wirklich zu wissen, wer dort gegen wen kämpfte. Von Tamil-Tigers war die Rede. Diese Rebellen im Norden der Insel terrorisierten seit Jahren immer wieder die ganze Region. Dies führte zu einer regelrechten Landflucht. Seither flohen tausende nach Europa, vor allem auch in die Schweiz.

Nach ein paar Tagen herumreisen und unzähligen Eindrücken im Kopf war es an der Zeit, wieder nach Colombo zurückzukehren. An der Rezeption des Hill Clubs fragte mich der Portier ungläubig, ob wir denn wirklich morgen abzufliegen gedachten. Diese Frage machte uns etwas stutzig. Warum sollten wir denn nicht abfliegen wollen oder können? Er führte uns zum Foyer des Hotels. Er schaltete den Fernseher ein und auf allen Sendern waren Live-Bilder einer Kriegsszene zu sehen. Rambo auf allen Kanälen? Unser Portier übersetzte mit zittriger Stimme. Die Tamil-Tigers waren gerade dabei, den größten Anschlag in Sri Lankas Geschichte auszuüben. Überall wurde geschossen. Feuer, Sirenen, Panik. Der internationale Flughafen von Colombo stand in Flammen. Mir war schnell klar, dass ich auf keinen Fall am nächsten Tag meinen Fracht-Jumbo nach Luxemburg fliegen würde. Und vor allem; wie kommen wir hier überhaupt weg? Es herrschte offenbar Krieg!

Meine Frau und ich beschlossen, nach Colombo zu fahren. Mitten ins Geschehen. Wir erachteten es als sicherer in der Hauptstadt zu sein, als eventuell ein gefundenes Fressen für die Tamil-Tigers hier auf dem Land zu sein. Man hört ja immer wieder von Entführungen. In unserem Hotel in Colombo angekommen schien sich die Lage etwas beruhigt zu haben. Mein Abflug hatte sich um einen Tag verschoben, denn der Flughafen brannte. Die Terroristen beschossen zivile Flugzeuge der Sri Lankan Airways mit Raketen. Ein Airbus A340 und zwei A320 wurden zerstört. Dazu kamen etwa ein Dutzend Mirage-Kampfflugzeuge der Armee. Viele Tote waren zu beklagen.

Ich versuchte mit allen Mitteln von meiner Firma eine Genehmigung zu erhalten, Marietta auf dem Jumbo nach Europa mitzunehmen. Fehlanzeige. Ich stand plötzlich vor der Wahl, am nächsten Tag alleine abzufliegen und meine Frau im Kriegsgebiet zurückzulassen, oder sie irgendwie in unser Flugzeug zu schmuggeln. Obwohl ich nichts unversucht ließ, schaffte ich es nicht sie an Bord zu bringen. Sie musste nochmals einen Tag in Sri Lanka ausharren, um dann nach Bangkok zu fliegen. Ich machte den Kapitän ihres Thai Airways Fluges ausfindig und beschwor ihn, meiner Frau absolute Priorität zu gewähren.

Fracht-Jumbo in Colombo

Und so schaffte sie es, am nächsten Tag mit dem ersten Flugzeug die Insel endlich zu verlassen.

Musste also nur noch ich heil davonkommen. Die Fenster der Abflughalle waren von Schüssen durchsiebt, und auch auf dem Vorfeld qualmte immer noch Rauch, kleine Feuer loderten. Viele Flugzeuge lagen in Schutt und

Asche. Da sah ich endlich unsere Fracht B747 einschwe-
ben. Sie rollte zu uns herüber. Ich befahl der Bodenmann-
schaft, sich nicht dem Flugzeug zu nähern, keine Türen
zu öffnen, keine Fracht ein- oder auszuladen und orderte
den lokalen Militär mit dem größten Hut an, unser Flugzeug mit Soldaten zu umzingeln und zu bewachen. Dieser war äußerst kooperativ und so wurde die Treppe mit
Begleitschutz ans Flugzeug gefahren. Ich stieg sie hoch,
öffnete die Tür und traf auf meine leicht verängstigten,
chinesischen Kollegen. Sie wollten logischerweise nicht
aussteigen, respektive ins Hotel nach Colombo gehen.
Also blieben sie an Bord. Ich versuchte, so gut es halt
eben ging, die einzuladende Fracht nach verstecktem
Sprengstoff zu kontrollieren. Die Flugzeugbetankung
überwachte ich peinlich genau, denn gerade dort wäre
das Anbringen von Plastik-Sprengstoff sehr einfach gewesen. Am Schluss machte ich meinen Rundgang um
das Flugzeug und suchte jede Ecke nach Bomben ab.
Danach schloss ich alle Türen persönlich und stieg die
Leiter ins Oberdeck des Jumbos hoch. Es war voll. Drei
Piloten und zwei Mechaniker vom Flug Taipeh-Colombo
und wir drei Piloten, welche das Flugzeug von Colombo nach Luxemburg fliegen sollten. Ich setzte mich ins
Cockpit und versuchte, wieder Routine zu zeigen. Von
hier oben war das Ausmaß der Anschläge erst wirklich
richtig auszumachen. Bloß weg hier! Mein erster Offizier hatte alle Vorbereitungen bereits getroffen, sodass
ich nur noch die Triebwerke starten musste. Ohne Briefing ging's auf direktem Wege zur Piste. Wir entschieden
uns in Richtung Meer zu starten. Trotz Rückenwind. Wir
wollten ja nicht von einem irren Tamilen abgeschossen
werden! Vollgas und weg, in Richtung Indien. Der gröbs-
te Stress war nun vorbei. Eigentlich Zeit für ein Bier.
Aber eben. Auf 9000 Fuß erlaubte ich mir einen Scherz
mit meinen Kollegen. „Sagt mal, es gibt doch Bomben,
welche auf 10 000 Fuß explodieren." Mein Copilot wurde

augenblicklich kreidebleich und starrte entsetzt auf den Höhenmesser. Als dann auch nach Erreichen der Reiseflughöhe nichts explodierte, schien für ihn die Welt fürs Erste wieder in Ordnung zu sein. Bis ich ihm sagte, dass es auch schon vorkam, dass die Bombe mittels Zeitzünder zum Detonieren gebracht wurde. In Lockerbie zum Beispiel.

Okay, das war nicht fair. Mein chinesischer Freund musste wohl die schlimmsten neun Stunden seines Lebens verbracht haben. Erst nach der Landung in Europa bekam er wieder etwas Farbe ins Gesicht.

Der Monatsplan

Pilotenfamilien leben von Monat zu Monat. Zumindest was die Lebens- und Freizeitplanung angeht. Die persönlichen Einsatzpläne werden so um den 20sten des Monates über die firmeneigene Website verbreitet. Das heißt, dass man eine gute Woche vor Monatsende definitiv weiß, wohin die Reise im Folgemonat gehen wird.

Doch das ist das kleinere Problem. Wie schon im Kapitel „Immer unterwegs" erwähnt, hat man sich als Pilot (respektive dessen Partner/in und Kids) daran zu gewöhnen, wichtige Familienanlässe, Partys oder andere Termine nicht wahrnehmen zu können, weil eben der Flugplaner emotionslos seinen Computer mit den für ihn wichtigen Daten füllt. Da kümmert es ihn wenig bis gar nicht, dass ein Hochzeitstag, ein runder Geburtstag oder ein Arzttermin bevorsteht.

Auch gegen Bestechungsversuche sind diese Leute ziemlich resistent. Versucht haben es schon einige. Mit mäßigem Erfolg. Speziell wenn man die Flugplaner mit zu wenig Geld ködern wollte.

In großen Airlines werden deshalb die Einsatzplaner in einem unregelmäßigen Turnus ausgewechselt. Der Fairness zuliebe halt. Doch warum bekommen einige Checkpiloten immer die exotischen Destinationen mit dreitägigen Kurzurlauben? ... Man weiß es nicht.

Natürlich dürfen wir normalsterbliche Piloten jeden Monat eine Liste mit unseren Wunschdestinationen ausfüllen. Auf dieser Liste dürfen wir so schön klingende Orte wie zum Beispiel Hawaii, Fidschi oder Bali aufschreiben. Aber die ganze Sache hat mittlerweile bestenfalls symbolischen Charakter, denn die meisten Wünsche werden ohne Begründung abgewiesen. Einmal pro Jahr schickt man uns dorthin, damit wir wieder „current" sind, das heißt, dass wir genügend Übung haben und nicht vergessen, wie man dort korrekt anfliegt. Sollten aber wirklich wichtige außerbetriebliche Termine anstehen, hat man noch die Möglichkeit, den ganzen Monatsplan mit einem Kollegen zu tauschen. Wenn man denn einen findet, der dazu bereit ist.

Mir persönlich ist es ziemlich egal, wohin ich fliege. Hauptsache, ich verbringe soviel Zeit wie möglich bei meiner Frau zuhause in der schönen Schweiz. Klar fliege ich sehr gerne ab und zu nach Bangkok, Hongkong oder nach Tokio. Aber wichtiger ist für mich, dass ich nicht all zu oft nach Amerika muss. Die US-Großstädte sind einfach langweilig und zudem sind die Security-Checks in den USA seit 9/11 ziemlich nervend.

Für ein paar Jahre hatte ich Frankfurt als „Heimatbasis", wobei der Begriff etwas täuscht. Ich übernahm am ersten Arbeitstag in Frankfurt einen Jumbo und flog damit nach Taiwan. Von dort flog ich dann nach USA oder Europa, mit ein paar Abstechern innerhalb Asiens. Mal mit dem Fracht-Jumbo, mal mit dem Passagier-Jumbo. Dazwischen hatte ich natürlich meine Freitage. Ruhezeit nennt man das bei uns. Nach etwa 18 bis 21 Tagen Zigeunerleben landete ich wieder in Frankfurt und begann meine zehn Freitage zuhause in der Schweiz. Zusätzlich bekam ich 24 Urlaubstage pro Jahr. Das reichte, um sich vom Jetlag zu erholen. Ob es aber auch reichte, eine Beziehung oder einen Freundeskreis aufrecht zu erhalten steht auf einem anderen Blatt Papier geschrieben.

Um diese Situation zu verbessern fliege ich seit 2008 für Korean Air. Diese bietet mir mehr Freitage zuhause in der Schweiz und zahlt auch etwas anständiger. Und seit kurzem fliege ich meinen Jumbo auch selber nach Zürich. Super!

Es gibt moderne Airlines, welche ein sogenanntes Bidding-System haben. Das ist ein Computerprogramm, welches den Wünschen der Crews so oft wie möglich nachkommt. Dabei erhält man im ersten Monat praktisch alle Wünsche auf dem Silbertablett. Der zweite Monat sieht auch ganz ordentlich aus, und der dritte Monat ist dann unter Umständen ganz schlecht, was die Destinationen und die gewünschten Freitage betrifft.

Aber davon ist meine Firma leider noch meilenweit entfernt. Also erwarte ich jeweils vor Ende des Monats gespannt meinen neuen Flugplan.

Die Hoffnung stirbt bekanntlich zuletzt. Und siehe da, ich bin tatsächlich wieder einmal zum Geburtstag meiner Frau daheim!

Was rauscht und zischt denn da?

Anfangs dieses Buches habe ich ihnen versprochen, dass sie nach dessen Lektüre weniger Flugangst haben werden. Um dies zu erreichen, bin ich, wie gesagt, auf ihre Mithilfe angewiesen.

Um die Flugangst zu verlieren hilft es, wenn sie in etwa verstehen, warum ein Flugzeug fliegt und auch wissen, was all diese Geräusche während eines Fluges bedeuten.

Fangen wir mit dem Boarding, dem Betreten des Flugzeuges an. Wenn sie durch den „Finger", die schlauchförmige Fluggastbrücke zum Flugzeug gehen, fällt ihnen vielleicht auf, dass es draußen mit hoher Frequenz rauscht und zischt. Das ist die Klimaanlage des Flugzeuges, welche sich die Luft von draußen ansaugt und mit Hilfe des APU (Auxiliary Power Unit) auf angenehme Raumtemperatur in der Flugzeug-Kabine umformt. Dieses kleine Düsentriebwerk befindet sich am Heck des Flugzeuges. Es dient zusätzlich dazu, die Stromversorgung für das Flugzeug zu sichern, während die Triebwerke stillstehen. Für den Triebwerkstart wird vom APU die hohe Druckluft abgezapft, um die Turbine auf eine gewisse Drehzahl zu bringen. Kurz vor dem eigentlichen Starten der Motoren wird es etwas ruhiger, denn jetzt wird die Klimaanlage ausgeschaltet. Die ganze Luft des APU wird jetzt für den Triebwerkstart benötigt. Ach ja, noch was zur Klimaanlage: sollten sie Rauch aus den Lüftungsschlitzen bemerken, ist das völlig normal und kommt speziell bei sehr heißen und feuchten Tagen vor. Es handelt sich hierbei um kondensierte Luft oder schlicht Wasserdampf.

Aber der Reihe nach: Die nette Stewardess hat sie nun zu ihrem First Class Sitz begleitet und bringt ihnen zur Begrüßung ein Glas Champagner. Da fällt ihnen auf, dass es unter ihrem auf 180 Grad auslegbaren Sessel manchmal vibriert. Es poltert, fast wie bei einer Kegelbahn. Das sind die Frachtmitarbeiter im Bauch des Flugzeuges. Sie bringen die Paletten auf den im Frachtraum montierten Rollen an die richtige Position. Dabei kann es sein, dass beim Einrasten ein Rucken durch das ganze Flugzeug geht.

Endlich sind auch die letzten Economy Gäste an Bord und die Flight Attendants schließen die Tür. Das wird manchmal mit wenig Sinn für die Technik gemacht und äußert sich oft mit einem ziemlich lauten Knall. Hat aber den Vorteil, dass man sich genau jetzt den freien Sitz am Fenster ergattern kann. Kein Passagier wird mehr zusteigen.

Bis zu diesem Zeitpunkt haben wir schon einige Male ein „Dingdong" gehört. Verbunden mit dem Aufleuchten kleiner, farbiger Lämpchen an der Decke der Galley (oder auf einem kleinen Display) wissen die Stewardessen, wer denn wo gerufen hat. Das kann ein Passagier auf der Toilette sein oder auch ein kleiner Junge, der den Knopf über seinem Kopf gesichtet hat und ihn nun ausgiebig ausprobiert. Der Klang dieses „Chime" ist unterschiedlich und so kann es auch sein, dass der Kapitän sich einen Kaffee wünscht. Bei größeren Flugzeugen wird der Kaffee aber ausschließlich per Bordtelefon bestellt. Es ist etwas persönlicher und schafft einen besseren Kontakt zu den Flight Attendants.

Jetzt ist es Zeit für den Pushback, das Zurückstoßen des Flugzeuges und den Engine Start. Zuerst wird das Flugzeug, mit einem kleinen Ruck, aus der Parkposition geschoben und gleichzeitig werden die Triebwerke gestartet. Bei kleinen und mittelgroßen Flugzeugen wird nach erfolgtem Triebwerkstart die Stromquelle vom APU zu den Triebwerksgeneratoren gewechselt. Dabei kann es zu einem kleinen Stromunterbruch kommen, welcher auch wieder einen „Chime", ein akustisches Signal also, zur Folge haben kann. Nichts ungewöhnliches, denn der Stromunterbruch dauert kaum eine Viertelsekunde.

Die Triebwerke laufen nun, und auch die Klimaanlage wird wieder in Betrieb genommen. Der Lärmpegel erhöht sich zunehmend. Während die Flight Attendants ihre Ansagen machen (und wir ihnen dabei aufmerksam zuhören) rollen wir in Richtung Startbahn. Dabei dröhnt es plötzlich mit hoher Drehzahl. Es sind die Flaps (Start/ Landeklappen) welche nun mittels Elektro- oder Hydraulikmotoren auf Startposition gestellt werden. Diese Flaps vergrößern und verändern das Profil des Flügels, damit wir mit relativ tiefen Geschwindigkeiten (ca. 250 km/h) starten und auch wieder landen können. Für den Reiseflug werden diese Klappen dann nach und nach wieder eingefahren, weil sie bei hohen Geschwindigkeiten nicht mehr gebraucht werden.

Auch das kann akustisch wahrgenommen werden. Beim Rollen zur Startbahn kann es auch sein, dass sie den Geruch von verbranntem Gummi oder Treibstoff wahrnehmen. Keine Angst; der verbrannte Treibstoff kommt von den Abgasen des vor uns rollenden Flugzeuges und der Gummi stammt von den Rädern des neben uns gelandeten Flugzeugs, denn unsere Atemluft im Flugzeug wird von den Triebwerken (und folglich auch aus der Umgebungsluft) abgezapft und kann am Boden manchmal etwas unangenehm sein.

Während des Rollens bemerken sie auch, dass es in regelmäßigen Abständen einen kleinen Schlag auf das Bugrad gibt. Das ist nicht etwa ein Plattfuß, sondern das sind die im Boden versenkten Leuchten, welche dem Piloten bei Nacht den Weg durch das Airport-Labyrinth weisen. Wir versuchen deshalb, immer etwas neben der Mittellinie zu fahren. Ist angenehmer für die Passagiere.

Endlich sind wir soweit: Start. Vom Cockpit kommt jetzt, über den Lautsprecher, wieder ein Zeichen oder eine Ansage an die Stewardessen: Bereit zum Start. Dann geht es Schlag auf Schlag. Die nächsten 25 bis 55 Sekunden habens in sich. Der Pilot schiebt die Treibstoffregler nach vorne und schon bewegt sich das Flugzeug in konstanter Beschleunigung von 0 auf 250. Der Lärm hat nun seinen Höhepunkt erreicht. Langsam zieht er die Nase des Flugzeuges auf etwa 15 Grad hoch. Den Passagieren erscheint es weit mehr. Aber das hat mit der Schwerkraft und mit der beschränkten Sicht nach draußen zu tun. Maximal dürfen wir den Jumbo höchstens 20 Grad in den Himmel stellen, was speziell bei extrem kurzen Flügen (und entsprechend leichtem Flugzeug) von Seoul nach Shanghai zur Folge hat, dass wir mit einer Steigrate von anfangs bis zu 6000 Fuß pro Minute auf unsere Reiseflughöhe gehen. Das sind schon fast Kampfjet-Werte und ist für die Passagiere nicht immer angenehm. Wir heben also ab. Das nächste komische Geräusch stammt vom Einfahren der Räder. Speziell Sie in der ersten Klasse spüren das, weil sie genau über dem Bugrad sitzen. Denn bevor die Räder im Bauch verschwinden, werden sie von 250 km/h auf Null abgebremst. Mit den akustischen Nebenwirkungen.

Nach etwa ein, zwei Minuten vermindert sich der Lärmpegel etwas und auch der Steigwinkel scheint etwas abzuflachen. Der Pilot hat jetzt nämlich die Triebwerke von Start- auf Steigleistung zurückgenommen. Die volle Triebwerkskraft (B747 etwa 120000 PS) war nur für den Start nötig. Für den Steigflug reichen etwa 75 % davon aus. Mit zunehmender Höhe und Geschwindigkeit erhöht sich übrigens auch die rechnerische PS-Leistung der Triebwerke. Doch auch hier ist dann bei etwa 250 000 PS Schluss (Grüße an die Porschefahrer).

Auf etwa 10 000 Fuß oder 3000 Metern erlischt das „Fasten Seat Belt" Zeichen mit einem begleitenden Ton. Sie dürfen sich jetzt losschnallen und sich frei in der Kabine bewegen. Der Triebwerkslärm ist jetzt dem Rauschen der Umgebungsluft gewichen. Da wir bis auf knapp 1000 km/h beschleunigen ist es einleuchtend, dass durch diese hohe Geschwindigkeit auch die den Rumpf „umfließende" Luft zu hören ist. Dabei bewegt sich der Flieger knapp an der Schallgrenze. Ein typischer Reiseflug wird bei etwa 86 % der Schallgeschwindigkeit geflogen. Maximal erlaubt sind 92 %. Wenn man nicht aufpasst, kann im Sinkflug sogar die Schallmauer durchbrochen werden. Wurde in meiner ehemaligen Firma vor zwanzig Jahren praktiziert. Im fast senkrechten Sturzflug mit anschließender Rolle rissen Teile der Höhenruder und des Seitenruders ab. Glücklicherweise konnte der Jumbo in San Francisco notlanden. Wie sie sehen, braucht es unwahrscheinlich viel, bis wirklich etwas kaputt geht und man deswegen in Lebensgefahr gerät.

Während des Reisefluges versucht man sich die Zeit mit Essen, Trinken, Videogames oder mit den letzten Kino-Filmen zu verkürzen. Dabei kann es sein, dass man vom Piloten kurz unterbrochen wird. Anschnallen ist angesagt. Turbulenzen sollen die Idylle für eine Weile stören. Was sind Turbulenzen? Nun, erstens sind sie nichts Gefährliches. Es sind vertikale Luftströmungen, welche zumeist auf Luftmassen verschiedener Temperatur zurückzuführen sind. Von Luftlöchern ist auch manchmal die Rede. Diese Turbulenzen können aber sehr unangenehm sein. Denn selbst in der First Class haben sie nur ein kleines Guckloch, um nach draußen zu sehen. Die Piloten haben es da sehr viel ein-facher. Durch die großen

Cockpitscheiben haben sie, auch bei Nacht, einen herrlichen Ausblick. Bei Turbulenz übrigens sehr wichtig, um Übelkeit vorzubeugen.

Ich empfehle den Passagieren, sich auch anzuschnallen, wenn grad keine Turbulenz herrscht. Es kann durchaus sein, dass wir von solchen überrascht werden und somit keine Vorwarnzeit geben können. Deshalb sind wir im Cockpit logischerweise immer angeschnallt.

Turbulenzen können auch in der Nähe von Gewittern aufkommen. Diese versucht der Pilot großräumig zu umschiffen. Manchmal ist dies aber unmöglich und dann muss man eben durch. Auch hier zeigt sich die hohe Widerstandskraft, speziell großer Flugzeuge. Wegen Turbulenzen ist noch nie ein Großraum-Passagierjet abgestürzt. Allerdings kommt es hin und wieder vor, dass sich Passagiere, weil sie eben nicht angeschnallt waren, verletzt haben. Nachdem sie von der ganzen Palette, vom Kaviar bis zum Lachs und den sonstigen kleinen Aufmerksamkeiten ausgiebig Gebrauch gemacht haben, ist es Zeit für den Sinkflug und die Landung. Wie schon erwähnt ist der Sinkflug ein eigentlicher Gleitflug. Dabei wird die Triebwerksleistung ganz zurückgenommen, das Flugzeug wird etwas langsamer und deshalb wird es auch fast still. Das Rauschen der Luft ist natürlich immer noch da, aber das Ohr hat sich mittlerweile daran gewöhnt. Man hat sich im Übrigen auch daran gewöhnt, etwas lauter zu sprechen. Auf 10 000 Fuß geht dann wieder das Anschnallzeichen an und wir nähern uns der Landebahn. Etwa 35 Kilometer davon entfernt und in etwa 2000 Meter Höhe beginnt der Pilot auf Landegeschwindigkeit zu reduzieren. Dazu braucht er wieder die Landeklappen (Flaps) um den Auftrieb bei langsamer Geschwindigkeit zu erhöhen. Das hat natürlich wieder die bekannten Flaps-Motorengeräusche und Windgeräusche zur Folge. Etwa 700 Meter über dem Boden wird das Fahrwerk ausgefahren. Die nochmals erhöhten Windgeräusche und ein Klacken bestätigen uns dann, dass die Räder draußen sind. Durch den dadurch erhöhten Luftwiderstand muss wieder etwas Schub gegeben werden, um das Flugzeug stabil in Richtung Landebahn zu bringen. Und wenn der Pilot einen guten Tag erwischt, dann „schleckt" er die Kiste auf die Bahn. Das Aufheulen der Schubumkehr signalisiert, dass wir auch wirklich gelandet sind. Dabei ist es nicht etwa so, dass sich das Triebwerk irgendwie dreht. Mittels Klappen am Ende oder an den Seiten des Triebwerkes wird die ausströmende Luft nach vorne gelenkt und hilft so den Radbremsen, die Maschine zum Stillstand zu bringen.

Es kommt natürlich auch vor, dass der Pilot die Maschine unsanft hinstellt. Grund dafür kann ein kleiner Windstoß oder die Beschaffenheit der Landebahn sein. Ist sie nämlich nass oder mit Schnee bedeckt, tut man gut daran das Flugzeug hart aber herzlich zu landen. Die Landedistanz verkürzt sich dadurch beträchtlich. Weiche Landungen sind also nicht immer gute Landungen!

Vielleicht gehören sie sogar zu den Leuten, die schon einen Durchstart miterleben durften. Gründe für einen solchen Go-Around gibt es viele. Zum einen war die Piste vielleicht noch nicht frei oder ein anderes Flugzeug hatte Priorität. Zum anderen befand sich möglicherweise ein Reh oder ein Rudel Hasen auf der Bahn. Beides ist nur bedingt Triebwerksverträglich. Oder vielleicht war der Pilot etwas zu hoch oder zu schnell unterwegs und hat sich für einen Durchstart entschieden. Das ist keineswegs dramatisch und kommt öfter vor als sie denken.

Die restlichen Geräusche bis zum Andocken sind in etwa die gleichen wie vor dem Start.

Ich hoffe, dass sie auf dem nächsten Flug ein weniger ungutes Gefühl haben.

Der gefährliche Teil jedoch fängt erst nach der Landung an: Die Autofahrt nach Hause.

Klassenwechsel

Über die Low Cost Carriers haben wir uns ja schon etwas unterhalten. Deren Passagiere rekrutieren sich vorwiegend aus einem Mix von Aldi-Membern und sogenannten Schlau-Früh-Buchern, welche es sich durchaus leisten könnten mit einer richtigen, sichereren Airline zu einem vernünftigen Preis zu fliegen, es aber aus Geiz nicht tun.

Hier geht es mir im Moment nicht darum, zu beurteilen, welche Gruppe schlimmer ist. Es ist aber erstaunlich, wie man sie an ihrem Verhalten sofort identifizieren kann. Selbst bei den Billigfliegern gibt es Geschäftsleute, die es sich leisten eine ganze Sitzreihe zu buchen. Somit haben sie einerseits natürlich mehr Platz um ihre ach so wichtigen Unterlagen zu studieren und genießen nebenbei noch den Promi-Effekt. Während alle anderen Passagiere sich in ihre engen Sitze drängen, fällt er als VIP, vorne mit Fensterplatz auf. Er ist quasi der Hecht im Karpfenteich.

Bei den regulären Airlines gibt's natürlich auch eine Abstufung der Klassen. Den Passagier vom hintersten Teil der Maschine kennen wir ja. Sie und ich … Die nächsthöhere Auszeichnung ist der Businessclass-Fluggast. Als Mittleres Kader ist er meist für die Firma unterwegs und darf ergo in der Businessclass residieren. Dabei freut er sich besonders auf das Boarding, das Einsteigen also. Fluggäste in dieser Klasse dürfen nämlich vor dem gemeinen Volk das Flugzeug betreten. Sie bekommen auch Gratis-Zeitungen und einen Drink vor dem Abflug. So werden sie vom Lautsprecher zuerst begrüßt und zum Einsteigen gebeten. Jetzt können sie allen Economyclass-Passagieren zeigen, dass sie es beruflich geschafft haben. Sie sind die Leute, welche die Wirtschaft am Leben halten. Sie sind die Elite. Sie sind: Hecht im Karpfenteich.

Weiter geht's mit den Firstclass-Passagieren. Auf Kurzstrecken eine Seltenheit, ereignen sich diese Leute meist auf Langstreckenflügen nach USA, Asien oder Südamerika. Es sind die Firmenchefs mit ihren Ehefrauen. Oder noch lieber alleine. Es sind Schauspieler oder Politiker zweiter Klasse, die sich einen Privatjet nicht leisten können. Was sie keineswegs daran hindert, alles zu fordern. Bei einem Ticketpreis von 6000 Euro darf man das wohl auch. Es darf nichts schiefgehen. Pünktlicher Abflug, exzellentes Essen, ruhiger Flug und sanfte Landung sind ein Muss. Sonst wird die Airline mit langen Klage-Briefen bombardiert. Sie sind eigentlich die schlimmsten, wie mir von geprüften Flight-Attendants berichtet wird.

Ach ja, gerne hätten diese Passagiere auch junge, hübsche Stewardessen. Doch leider geht die Hierarchie bei den Airlines andersrum. Anfänger unter den Flugbegleiterinnen beginnen ihre Karriere hinten in der Economyclass und beenden sie, mit fortgeschrittenem Alter, in der Firstclass. So kann es durchaus sein, dass die Ehefrau eines reifen Erst-Klass-Passagiers jünger ist als die Stewardess.

Sie ahnen es, die Liste geht weiter. Nämlich mit den Privat-Jet Kunden. Sie mieten sich für ein paar Stunden ein kleines Privatflugzeug mit Piloten, um ihren Tätigkeiten nachzugehen. So ein Tag kann schnell mal in die Zehntausende gehen. Aber auch hier gilt es, eine Abstufung vom Mieter zum Besitzer zu machen. Der Privat-Jet Besitzer hat zumindest den finanziellen Olymp erreicht. Für ein solches Flugzeug mittlerer Größe mit Platz für, sagen wir 14 Passagiere, muss er etwa 25 Millionen Euro hinblättern. Auch für Millionäre nicht wenig. So befinden sich praktisch ausschließlich Milliardäre unter den Glücklichen, die sich diese Art von Fortbewegung leisten können. Sie sind die Überflieger schlechthin. Über den ökologischen Sinn lasse ich sie urteilen, liebe Leser. Die Privat-Jet Besitzer selber werden aber nicht müde, ihnen anhand verschiedenster Statistiken vorzurechnen, wie wichtig der Zeitgewinn für das Wohl der Firma ist.

Die nach oben fast unbegrenzte Richterskala der Transportmittel erreicht einen vorläufigen Höhepunkt in Form der Airforce One. Das Präsidentenflugzeug der USA. Genauer gesagt sind es zwei identische Boeing 747 Jumbojets, welche für die Bedürfnisse des amtierenden Präsidenten der Vereinigten Staaten umgebaut wurden. Es sind fliegende Kommandozentralen mit allem Drum und Dran was die USA braucht, um auch von einem Flugzeug aus geführt werden zu können. Theoretisch kann dieses Flugzeug, dank Luftbetankung, tagelang in der Luft bleiben.

Der momentane Höhepunkt ist aber der Jumbo-Jet seiner Heiligkeit Scheich Maktoum von Dubai. Ich benutzte die Gelegenheit, ab und zu in sein Flugzeug zu steigen, Pardon, es barfuß zu betreten. Da ich ja in Diensten seines Nachbarn war, nutzten wir Piloten unsere wöchentlichen Wartezeiten in Abu Dhabi für einen Flugzeugvergleich. Zeig du mir deinen, dann zeig ich dir meinen. Und diese Boeing 747 ist der absolute Hammer! Luxus pur. Keine Wünsche werden offen gelassen. Alle Optionen sind eingebaut. Sagen sie mir eine und ich sage ihnen: Sie ist drin! Vom Jacuzzi bis zum Kinosaal hat es alles. Selbst ein Mini-Spital mit OP gönnt er sich. Der Privat-Hubschrauber und die Staatskarossen werden mit separatem, riesigem Transportflugzeug mitgeführt. Aber damit nicht genug; er hat sich kürzlich einen Airbus A380 bestellt, welcher wahrscheinlich noch prächtiger ausgerüstet sein wird. The latest and the greatest.

Und deswegen gibt es nur einen besseren Platz im Flugzeug als im Jumbo VORNE LINKS:

HINTEN RECHTS! ... in Scheich Sultans Privatjet.

Final Checklist ...

Vor drei Jahren saß ich vor einem großen, weißen Blatt Papier und wusste nicht so recht, was ich damit anfangen sollte. Ich fing an, Stichworte zu sammeln und versuchte, die Ereignisse der Reihe nach aufzuschreiben. Es dauerte nicht lange, bis ich merkte, dass dieses Buch gar keiner Reihenfolge bedurfte. Es wurde auch nicht eine wirkliche Autobiografie. Ist auch gut so, denn dafür muss man wohl mehr geleistet haben, als Pilot geworden zu sein. Das ist keineswegs falsche Bescheidenheit, sondern wohl eher gesunder Realitätssinn. Aber wie ich anfangs schon bemerkte, hatte das Schreiben dieses Buches einen kleinen, therapeutischen Nebeneffekt bekommen. Ich bekam durch das Niederschreiben Gelegenheit, meine Gedanken zu ordnen und zusätzlich angehenden Piloten und auch anderen Menschen einen kleinen Einblick in meine Laufbahn als Flieger zu geben.

Dass es nicht immer besonders aufregend ist, stundenlang in einem zehn Kubikmeter großen Cockpit über den Pazifik zu düsen, scheint mittlerweile auch jedem Flugenthusiasten klar geworden zu sein. Dafür wird man aber als Pilot in vielerlei Hinsicht belohnt. Der Start und die Landung gehören genauso dazu wie die tollen Sonnenauf- und untergänge. Tausende Sternschnuppen mit den entsprechenden Wünschen gehören dazu wie das Beobachten des Himmelszeltes, des Mondes, der Satelliten und des Space Shuttles. Auf einem Asien–USA Trip überholte er uns gleich zweimal! Mit 27 000 km/h und 400 Kilometer über uns! Der Aufenthalt in Vier- und Fünfstern Hotels an zum Teil wirklich traumhaften Destinationen und die Möglichkeit, mit verschiedensten Menschen zusammen zu arbeiten lässt sich mit einem nullachtfünfzehn Bürojob auch eher nicht vergleichen.

Zwischendurch bekomme ich fliegerische Abwechslung auf einem kurzen Seoul-Tokio-Seoul Flug um dann wieder ein paar Tage nach Honolulu, Singapur oder San Francisco zu fliegen. Auch das Pendeln zwischen den Welten und Kulturen in Europa, Asien und USA haben seinen Reiz. Wenn man dafür offen ist, natürlich. Auch die Gewissheit, dass man als Kapitän für einen reibungslosen Einsatz und vor allem für den sicheren Flug die volle Verantwortung tragen darf, steuert zum allgemeinen Selbstbewusstsein bei. Vom teuren Flugzeug gar nicht zu reden (ich tu es trotzdem).

Und wenn die vierhundert Passagiere den Flug als ereignislos bewertet haben, dann haben wir Piloten unseren Job perfekt gemacht. Klar muss die Arbeit zu 100 % gemacht werden und Fehler werden in diesem Job eher selten verziehen. Aber meine Frau meint, dass bei mir ohnehin nicht von Arbeit gesprochen werden kann, weil ich ja mein Hobby zum Beruf gemacht habe. Da hat sie natürlich vollkommen recht. Und zu guter Letzt werde ich dafür auch noch vergleichsweise gut bezahlt.

Ich hoffe, dass ich den einen oder anderen mit diesem Buch für die Fliegerei begeistern konnte, und hoffe auch, dass sich einige der Leser von ihrer Flugangst befreien konnten. Oder dass sie jetzt zumindest wissen, warum sie welche hatten.

Während meiner über zwanzigjährigen Karriere als Pilot durfte ich eine Unmenge schöner Erfahrungen machen. Die paar Stolpersteine, welche sich dann und wann in meinen Weg stellten, waren rückblickend bestenfalls ein Wachrütteln, weil es mir zwischendurch zu gut ging und ich nicht mehr so ganz auf dem Teppich war. Und ohne meine fantastische Frau wäre es bestimmt auch eher unmöglich gewesen, ein ausgefülltes Pilotenleben plus eine funktionierende Beziehung zu führen.

Ich darf ihnen, liebe Leser, mit großer Überzeugung sagen, dass sich der Weg mehr als gelohnt hat. Ich war und bin ein Glückspilz und wünsche, dass es ihnen dereinst auch so gut gelaufen ist wie mir. Voraussetzung dafür ist eigentlich nur, dass man gesund bleibt. Wobei das „NUR" ohne Zweifel mehr ist, als man sich dies als Gesunder je vorstellen kann. Alles in allem bin ich äußerst zufrieden mit meinem bisherigen Leben. Außer vielleicht, dass die Zeit seit ein paar Jahren irgendwie extrem schnell an mir vorbei saust. Geht es ihnen auch so? Der mögliche Grund, warum die Zeit einem mit zunehmendem Alter davonrennt ist vielleicht folgender: Im zarten Alter von zehn Jahren dauert das gerade erlebte Jahr 10 % des bisherigen Lebens. Also ziemlich lange. Ist man fünfzig Jahre alt und hat somit schon einiges erleben dürfen und müssen, dann dauert das genau gleiche Jahr gerade mal einen Fünfzigstel des bisherigen Lebens. Also nur schlappe zwei Prozent!!! Selig, wer schlecht im Rechnen ist.

Und wenn wir schon beim Alter sind; ich bin ihnen noch die Antwort schuldig, wann wir in den Ruhestand dürfen. Nun, das scheint eine sich dauernd nach oben ändernde Zahl zu sein. Im Moment geht man als verantwortlicher Kapitän mit sechzig Jahren in Rente. Man darf dann noch ein paar Jahre als Copilot anhängen. Hat man dann immer noch nicht genug vom Fliegen, dann darf man, solange man körperlich fit ist, Privat-Jets fliegen. Das können durchaus auch große Passagier-Jets sein. Ein guter Freund von mir flog bis weit über Siebzig auf einer privaten Gulfstream! Es kommt halt auf jeden einzelnen an, wie gut seine Gesundheit ist, wie alt er sich fühlt und wieviel Geld er auf dem Konto hat. Aber die meisten von uns hören mit Sechzig auf. Bis ich soweit bin, werden uns die Mediziner wahrscheinlich bis 67 als Kapitän fliegen lassen.

Was ist denn nun dran am Mythos Pilot? Ich persönlich glaube, dass es ihn schon lange nicht mehr gibt. Und das ist auch gut so, denn die meisten von uns Piloten sind einfach sehr glücklich und (mit Recht) auch stolz darauf, es geschafft zu haben.

Auf jeden Fall weiß ich eines: Wäre ich nochmals zwanzig, ich würde wieder alles investieren, um diesen wunderschönen Beruf zu erlernen. Es ist ein Beruf auf der Sonnenseite des Lebens!

Glückspilz im Büro mit Aussicht.

Nicht weil es schwierig ist, wagen wir es nicht –
sondern weil wir es nicht wagen, ist es schwierig!
(Sokrates)

Vielen Dank fürs Lesen

Your Captain *Renato Stiefenhofer*

EIN HERZ FÜR AUTOREN A HEART FOR AUTHORS À L'ÉCOUTE DES AUTEURS MIA KAP
HJÄRTA FÖR FÖRFATTARE UN CORAZÓN POR LOS AUTORES YAZARLARIMIZA GÖNÜL
CUORE PER AUTORI ET HJERTE FOR FORFATTERE EEN HART VOOR SCHRIJVERS TEM
SZERZŐINKÉRT SERCE DLA AUTORÓW EIN HERZ FÜR AUTOREN A HEART FOR AUTHC
CORAÇÃO BCEЙ ДУШОЙ К АВТОРАМ ETT HJÄRTA FÖR FÖRFATTARE Á LA ESCUCHA D
AUTEURS MIA KAPΔIA ΓIA ΣYГГPAΦEIΣ UN CUORE PER AUTORI ET HJERTE FOR FORFA
SZERZŐINKÉRT SERCE DLA AUTORÓW I
CORAÇÃO BCEЙ ДУШОЙ К АВТОРАМ ETT

Der Autor

Renato Stiefenhofer träumte vom
Fliegen. Als Quereinsteiger den
Sprung vom Bürostuhl ins Cockpit
auf den linken, den Kapitänssitz der
Boeing 747 in knapp 15 Jahren zu
schaffen, traute ihm keiner zu.
Als ehemaliger Privatjet-Pilot und
Kosmopolit(-Pilot?) ist er mit vielen
Kulturen, Sprachen und Völkern ver-
traut. Vom Schickimicki bis zum Leben im Bergdorf.
Der Autor ist Ende vierzig und fliegt seit vielen
Jahren für asiatische Airlines.

novum 🔴 VERLAG FÜR NEUAUTOREN

Der Verlag

„Semper Reformandum", der unaufhörliche Zwang
sich zu erneuern begleitet die novum publishing gmbh
seit Gründung im Jahr 1997. Der Name steht für etwas
Einzigartiges, bisher noch nie da Gewesenes.

Im abwechslungsreichen Verlagsprogramm finden sich
Bücher, die alle Mitarbeiter des Verlages sowie den
Verleger persönlich begeistern, ein breites Spektrum
der aktuellen Literaturszene abbilden und in den
Ländern Deutschland, Österreich und der Schweiz
publiziert werden.

Dabei konzentriert sich der mehrfach prämierte Verlag
speziell auf die Gruppe der Erstautoren und gilt als Ent-
decker und Förderer literarischer Neulinge.

**Neue Manuskripte sind jederzeit herzlich
willkommen!**

novum publishing gmbh
Rathausgasse 73 · A-7311 Neckenmarkt
Tel: +43 2610 431 11 · Fax: +43 2610 431 11 28
Internet: office@novumpro.com · www.novumpro.com

AUSTRIA · GERMANY · HUNGARY · SPAIN · SWITZERLAND